TRANZLATY

Sprache ist für alle da

언어는 모든 사람을 위한 것입니다

Der Ruf der Wildnis

야생의 부름

Jack London
잭 런던

Deutsch / 한국어

Ins Primitive
원시 속으로

Buck las keine Zeitungen
벅은 신문을 읽지 않았다.
Hätte er die Zeitung gelesen, hätte er gewusst, dass Ärger im Anzug war.
그가 신문을 읽었더라면 문제가 생길 것이라는 걸
알았을 겁니다.
Nicht nur er selbst, sondern jeder einzelne Tidewater-Hund bekam Ärger.
문제는 그 자신에게만 있는 것이 아니라 모든 조수
개에게 있었습니다.
Jeder Hund mit starken Muskeln und warmem, langem Fell würde in Schwierigkeiten geraten.
근육이 튼튼하고 털이 따뜻하고 긴 개들은 모두 곤경에
처할 것입니다.
Von Puget Bay bis San Diego konnte kein Hund dem entkommen, was auf ihn zukam.
퓨젯 베이에서 샌디에이고까지, 어떤 개도 다가오는
일에서 벗어날 수 없었습니다.
Männer, die in der arktischen Dunkelheit herumtasteten, hatten ein gelbes Metall gefunden.
사람들은 북극의 어둠 속에서 더듬거리다가 노란 금속을
발견했습니다.
Dampfschiff- und Transportunternehmen waren auf der Jagd nach der Entdeckung.
증기선과 운송 회사들이 그 발견을 추적했습니다.
Tausende von Männern strömten ins Nordland.
수천 명의 사람들이 북쪽 땅으로 달려갔습니다.
Diese Männer wollten Hunde, und die Hunde, die sie wollten, waren schwere Hunde.
이 남자들은 개를 원했는데, 그들이 원했던 개는 몸집이
큰 개들이었습니다.
Hunde mit starken Muskeln, die sie zum Arbeiten brauchen.
힘든 일을 할 수 있을 만큼 강한 근육을 가진 개.

Hunde mit Pelzmantel, der sie vor Frost schützt.
서리로부터 몸을 보호하기 위해 털이 있는 개.

Buck lebte in einem großen Haus im sonnenverwöhnten Santa Clara Valley.
벅은 햇살이 가득한 산타클라라 밸리의 큰 집에서 살았습니다.

Der Ort, an dem Richter Miller wohnte, wurde sein Haus genannt.
밀러 판사의 집이라고 불렸습니다.

Sein Haus stand etwas abseits der Straße, halb zwischen den Bäumen versteckt.
그의 집은 길에서 멀리 떨어져 있었고, 나무 사이에 반쯤 숨겨져 있었습니다.

Man konnte einen Blick auf die breite Veranda erhaschen, die rund um das Haus verläuft.
집 주변에 펼쳐진 넓은 베란다를 엿볼 수 있었습니다.

Die Zufahrt zum Haus erfolgte über geschotterte Zufahrten.
그 집은 자갈길을 따라 접근했습니다.

Die Wege schlängelten sich durch weitläufige Rasenflächen.
길은 넓게 펼쳐진 잔디밭 사이로 구불구불하게 이어져 있었습니다.

Über ihnen waren die ineinander verschlungenen Zweige hoher Pappeln.
머리 위로는 키 큰 포플러나무 가지가 서로 얽혀 있었습니다.

Auf der Rückseite des Hauses ging es noch geräumiger zu.
집 뒤쪽은 훨씬 더 넓었습니다.

Es gab große Ställe, in denen ein Dutzend Stallknechte plauderten
12명의 신랑이 이야기를 나누고 있는 큰 마구간이 있었습니다.

Es gab Reihen von weinbewachsenen Dienstbotenhäusern
포도나무로 덮인 하인들의 오두막이 줄지어 있었습니다.

Und es gab eine endlose und ordentliche Reihe von Toilettenhäuschen

그리고 끝없이 질서정연하게 늘어선 변소들이
있었습니다.

Lange Weinlauben, grüne Weiden, Obstgärten und
Beerenfelder.

긴 포도 나무, 푸른 목초지, 과수원, 딸기 농장.

Dann gab es noch die Pumpanlage für den artesischen
Brunnen.

그리고 자연 샘물을 위한 펌핑 시설도 있었습니다.

Und da war der große Zementtank, der mit Wasser gefüllt
war.

그리고 물이 가득 찬 큰 시멘트 탱크가 있었습니다.

Hier nahmen die Jungs von Richter Miller ihr
morgendliches Bad.

여기서 밀러 판사의 아들들이 아침 수영을 했습니다.

Und auch dort kühlten sie sich am heißen Nachmittag ab.

그리고 그들은 더운 오후에도 그곳에서 식었습니다.

Und über dieses große Gebiet herrschte Buck über alles.

그리고 이 광대한 영역 전체를 통치하는 사람은
벅이었습니다.

Buck wurde auf diesem Land geboren und lebte hier sein
ganzes vierjähriges Leben.

벅은 이 땅에서 태어나서 4년 동안 이곳에서 살았습니다.

Es gab zwar noch andere Hunde, aber die spielten keine
wirkliche Rolle.

물론 다른 개들도 있었지만, 그들은 정말 중요하지
않았습니다.

An einem so riesigen Ort wie diesem wurden andere Hunde
erwartet.

이처럼 넓은 장소에는 다른 개들이 있을 것으로
예상되었습니다.

Diese Hunde kamen und gingen oder lebten in den
geschäftigen Zwingern.

이 개들은 왔다가 갔거나, 바쁜 개집 안에서 살았습니다.

Manche Hunde lebten versteckt im Haus, wie Toots und
Ysabel.

어떤 개들은 투츠와 이사벨처럼 집 안에 숨어서
살았습니다.

Toots war ein japanischer Mops, Ysabel ein mexikanischer
Nackthund.

투츠는 일본산 퍼그이고, 이사벨은 털이 없는 멕시코산
개입니다.

Diese seltsamen Kreaturen verließen das Haus kaum.

이 이상한 생물들은 집 밖으로 거의 나가지 않았습니다.

Sie berührten weder den Boden noch schnüffelten sie
draußen an der frischen Luft.

그들은 땅을 밟지도 않았고, 바깥 공기를 맡지도
않았습니다.

Außerdem gab es Foxterrier, mindestens zwanzig an der
Zahl.

또한 폭스 테리어도 있었는데, 그 수가 적어도 20마리는
되었습니다.

Diese Terrier bellten Toots und Ysabel im Haus wild an.

이 테리어들은 집 안에 있는 투츠와 이사벨을 향해
사납게 짖었습니다.

Toots und Ysabel blieben hinter Fenstern, in Sicherheit.

투츠와 이사벨은 창문 뒤에 숨어서 피해를 입지
않았습니다.

Sie wurden von Hausmädchen mit Besen und Wischmopps
bewacht.

그들은 빗자루와 걸레를 든 하녀들의 보호를
받았습니다.

Aber Buck war kein Haushund und auch kein
Zwingerhund.

하지만 벅은 집에서 키우는 개도 아니고, 개집에 있는
개도 아니었습니다.

Das gesamte Anwesen gehörte Buck als seinem
rechtmäßigen Reich.

그 재산 전체는 벅의 합법적 영토에 속했습니다.

Buck schwamm im Becken oder ging mit den Söhnen des
Richters auf die Jagd.

벅은 탱크에서 수영을 하거나 판사의 아들들과 사냥을
갔습니다.

Er ging in den frühen oder späten Morgenstunden mit
Mollie und Alice spazieren.

그는 이른 아침이나 늦은 시간에 몰리와 앨리스와 함께
걸었습니다.

In kalten Nächten lag er mit dem Richter vor dem
Kaminfeuer der Bibliothek.

추운 밤에는 그는 판사와 함께 도서관 불 앞에 누워
있었습니다.

Buck ließ die Enkel des Richters auf seinem starken Rücken
herumreiten.

벅은 튼튼한 등에 판사의 손자들을 태워주었다.

Er wälzte sich mit den Jungen im Gras und bewachte sie
genau.

그는 소년들과 함께 풀밭에 뒹굴며 그들을 단단히
지켰다.

Sie wagten sich bis zum Brunnen und sogar an den
Beerenfeldern vorbei.

그들은 분수까지 갔고 심지어 베리밭을 지나치기도
했습니다.

Unter den Foxterriern lief Buck immer mit königlichem
Stolz.

폭스 테리어들 사이에서 벅은 언제나 왕족의 자부심을
가지고 걸었다.

Er ignorierte Toots und Ysabel und behandelte sie, als wären
sie Luft.

그는 투츠와 이사벨을 무시하고 공기처럼 대했습니다.

Buck herrschte über alle Lebewesen auf Richter Millers
Land.

벅은 밀러 판사의 땅에 사는 모든 생물을 다스렸습니다.

Er herrschte über Tiere, Insekten, Vögel und sogar
Menschen

그는 동물, 곤충, 새, 심지어 인간까지 다스렸습니다.

Bucks Vater Elmo war ein großer und treuer Bernhardiner
gewesen.

벅의 아버지 엘모는 거대하고 충성스러운 세인트
버나드였습니다.

**Elmo wich dem Richter nie von der Seite und diente ihm
treu.**

엘모는 판사 곁을 떠난 적이 없으며, 충실하게 그를
섬겼습니다.

**Buck schien bereit, dem edlen Beispiel seines Vaters zu
folgen.**

벅은 아버지의 고귀한 모범을 따를 준비가 된 것 같았다.

Buck war nicht ganz so groß und wog hundertvierzig Pfund.

벅은 그보다 조금 더 컸고, 무게는 140파운드였다.

**Seine Mutter Shep war eine schöne schottische
Schäferhündin gewesen.**

그의 어머니 셰프는 훌륭한 스코티시
세퍼드견이었습니다.

**Aber selbst mit diesem Gewicht hatte Buck eine königliche
Ausstrahlung.**

하지만 그 무게에도 불구하고 벅은 당당한 위엄을
가지고 걸었다.

**Dies kam vom guten Essen und dem Respekt, der ihm
immer entgegengebracht wurde.**

이는 맛있는 음식과 그가 항상 받았던 존경에서
비롯되었습니다.

**Vier Jahre lang hatte Buck wie ein verwöhnter Adliger
gelebt.**

4년 동안 벅은 버릇없는 귀족처럼 살았습니다.

Er war stolz auf sich und sogar ein wenig egoistisch.

그는 자신을 자랑스러워했고, 심지어 약간은 자만심이
강했습니다.

**Diese Art von Stolz war bei den Herren abgelegener
Landstriche weit verbreitet.**

그런 종류의 자부심은 멀리 떨어진 시골 영주들에게서
흔히 볼 수 있었습니다.

**Doch Buck hat es vermieden, ein verwöhnter Haushund zu
werden.**

하지만 벅은 자신을 애지중지하는 집고양이로 전락하는
것을 막았습니다.

Durch die Jagd und das Training blieb er schlank und stark.
그는 사냥과 운동을 통해 날씬하고 강한 몸매를
유지했습니다.

**Er liebte Wasser zutiefst, wie Menschen, die in kalten Seen
baden.**
그는 차가운 호수에서 목욕하는 사람들처럼 물을 매우
사랑했습니다.

Diese Liebe zum Wasser hielt Buck stark und sehr gesund.
물을 좋아하는 마음 덕분에 벅은 강하고 매우 건강하게
자랐습니다.

**Dies war der Hund, zu dem Buck im Herbst 1897 geworden
war.**
벅은 1897년 가을에 이런 개로 변했습니다.

**Als der Klondike-Angriff die Menschen in den eisigen
Norden trieb.**
클론다이크 파업으로 사람들이 얼어붙은 북쪽으로
이주하게 됐습니다.

Menschen aus aller Welt strömten in das kalte Land.
사람들은 전 세계에서 추운 땅으로 몰려들었습니다.

**Buck las jedoch weder die Zeitungen noch verstand er
Nachrichten.**
하지만 벅은 신문을 읽지 않았고, 뉴스도 이해하지
못했습니다.

**Er wusste nicht, dass es nicht gut war, Zeit mit Manuel zu
verbringen.**
그는 마누엘이 주변에 있으면 안 좋은 사람이라는 걸
몰랐다.

Manuel, der im Garten half, hatte ein großes Problem.
정원 일을 돕는 마누엘은 심각한 문제를 안고
있었습니다.

Manuel war spielsüchtig nach der chinesischen Lotterie.
마누엘은 중국 복권 도박에 중독되어 있었습니다.

Er glaubte auch fest an ein festes System zum Gewinnen.

그는 또한 승리를 위한 고정된 시스템을 굳게
믿었습니다.

**Dieser Glaube machte sein Scheitern sicher und
unvermeidlich.**

그 믿음이 그의 실패를 확실하고 불가피하게
만들었습니다.

**Um ein System zu spielen, braucht man Geld, und das fehlte
Manuel.**

시스템에 따라 플레이하려면 돈이 필요한데,
마누엘에게는 그게 없었습니다.

**Sein Gehalt reichte kaum zum Überleben seiner Frau und
seiner vielen Kinder.**

그의 급여로는 아내와 많은 아이들을 부양하기
어려웠습니다.

In der Nacht, in der Manuel Buck verriet, war alles normal.

마누엘이 벅을 배신한 밤, 모든 것은 평범했습니다.

**Der Richter war bei einem Treffen der
Rosinenanbauervereinigung.**

판사는 건포도 재배자 협회 회의에 참석했습니다.

**Die Söhne des Richters waren damals damit beschäftigt,
einen Sportverein zu gründen.**

그 당시 판사의 아들들은 운동 클럽을 조직하는 데
바빴습니다.

**Niemand sah, wie Manuel und Buck durch den Obstgarten
gingen.**

마누엘과 벅이 과수원을 떠나는 것을 본 사람은 아무도
없었다.

**Buck dachte, dieser Spaziergang sei nur ein einfacher
nächtlicher Spaziergang.**

벅은 이 산책이 단순한 야간 산책일 뿐이라고
생각했습니다.

**Sie trafen nur einen Mann an der Flaggenstation im College
Park.**

그들은 칼리지 파크의 깃발 역에서 단 한 명의 남자를
만났습니다.

Dieser Mann sprach mit Manuel und sie tauschten Geld aus.

그 남자는 마누엘에게 말을 걸었고, 그들은 돈을
교환했습니다.

**„Verpacken Sie die Waren, bevor Sie sie ausliefern", schlug
er vor**

"물품을 배달하기 전에 포장하세요."라고 그는
제안했습니다.

**Die Stimme des Mannes war rau und ungeduldig, als er
sprach.**

그 남자는 말할 때 거칠고 참을성 없는 목소리로 말했다.

Manuel band Buck vorsichtig ein dickes Seil um den Hals.

마누엘은 벅의 목에 두꺼운 밧줄을 조심스럽게 묶었다.

„Verdreh das Seil, und du wirst ihn gründlich erwürgen"

"밧줄을 비틀면 그를 충분히 목졸라 죽일 수 있을 거야"

**Der Fremde gab ein Grunzen von sich und zeigte damit,
dass er gut verstanden hatte.**

낯선 사람은 웅얼거림을 내며 잘 이해했다는 것을
보여주었다.

**Buck nahm das Seil an diesem Tag mit ruhiger und stiller
Würde an.**

그날 벅은 침착하고 조용한 품위로 밧줄을 받았습니다.

**Es war eine ungewöhnliche Tat, aber Buck vertraute den
Männern, die er kannte.**

특이한 행동이었지만 벅은 자신이 아는 사람들을
신뢰했습니다.

**Er glaubte, dass ihre Weisheit weit über sein eigenes
Denken hinausging.**

그는 그들의 지혜가 자신의 생각을 훨씬 뛰어넘는다고
믿었습니다.

**Doch dann wurde das Seil in die Hände des Fremden
gegeben**

하지만 그 밧줄은 낯선 사람의 손에 건네졌습니다.

**Buck stieß ein leises, warnendes und zugleich bedrohliches
Knurren aus.**

벅은 조용한 위협으로 경고하는 낮은 으르렁거림을
냈다.

Er war stolz und gebieterisch und wollte seinen Unmut zum Ausdruck bringen.

그는 거만하고 권위적이었고, 자신의 불만을 표현하고 싶어했습니다.

Buck glaubte, seine Warnung würde als Befehl verstanden werden.

벅은 자신의 경고가 명령으로 받아들여질 것이라고 믿었다.

Zu seinem Entsetzen zog sich das Seil schnell um seinen dicken Hals zusammen.

그는 깜짝 놀랐다. 밧줄이 그의 두꺼운 목을 단단히 조였다.

Ihm blieb die Luft weg und er begann in plötzlicher Wut zu kämpfen.

그의 숨이 끊어지자 그는 갑자기 분노하여 싸우기 시작했습니다.

Er sprang auf den Mann zu, der Buck schnell mitten in der Luft traf.

그는 그 남자에게 달려들었고, 그 남자는 공중에서 벅을 빠르게 만났다.

Der Mann packte Buck am Hals und drehte ihn geschickt in der Luft.

그 남자는 벅의 목을 움켜쥐고 능숙하게 그를 공중으로 휘둘렀다.

Buck wurde hart zu Boden geworfen und landete flach auf dem Rücken.

벅은 세게 내던져져 등을 땅에 박았다.

Das Seil würgte ihn nun grausam, während er wild um sich trat.

그는 격렬하게 발길질을 하는 동안 밧줄이 잔인하게 그를 질식시켰다.

Seine Zunge fiel heraus, seine Brust hob und senkte sich, doch er bekam keine Luft.

그의 혀가 빠지고, 가슴이 뛰었지만, 숨을 쉴 수 없었다.

Noch nie in seinem Leben war er mit solcher Gewalt behandelt worden.

그는 평생 그렇게 폭력적인 대우를 받은 적이
없었습니다.

Auch war er noch nie zuvor von solch tiefer Wut erfüllt gewesen.

그는 이전에 그렇게 깊은 분노에 사로잡힌 적이
없었습니다.

Doch Bucks Kraft schwand und seine Augen wurden glasig.

하지만 벅의 힘은 약해졌고, 그의 눈은 유리처럼
변했습니다.

Er wurde ohnmächtig, als in der Nähe ein Zug angehalten wurde.

그는 근처에서 기차가 정차하는 순간 기절했습니다.

Dann warfen ihn die beiden Männer schnell in den Gepäckwagen.

그러자 두 남자는 그를 재빨리 짐차에 집어넣었다.

Das nächste, was Buck spürte, war ein Schmerz in seiner geschwollenen Zunge.

벅이 느낀 다음 느낌은 부어오른 혀에 느껴지는
통증이었습니다.

Er bewegte sich in einem wackelnden Wagen und war nur schwach bei Bewusstsein.

그는 흔들리는 수레를 타고 움직이고 있었고, 의식은
희미했습니다.

Das schrille Pfeifen eines Zuges verriet Buck seinen Standort.

날카로운 기차 기적 소리가 벅의 위치를 알려주었다.

Er war oft mit dem Richter mitgefahren und kannte das Gefühl.

그는 종종 판사와 함께 말을 타고 다녔고 그 느낌을 알고
있었습니다.

Es war der einzigartige Schock, wieder in einem Gepäckwagen zu reisen.

그것은 다시 한번 수하물 운반차를 타고 여행하는
독특한 충격이었습니다.

Buck öffnete die Augen und sein Blick brannte vor Wut.

벅은 눈을 떴고, 그의 시선은 분노로 불타올랐다.

Dies war der Zorn eines stolzen Königs, der vom Thron gejagt wurde.

이는 왕좌에서 쫓겨난 거만한 왕의 분노였다.

Ein Mann wollte ihn packen, doch stattdessen schlug Buck zuerst zu.

한 남자가 그를 붙잡으려고 했지만 벅이 먼저 공격했습니다.

Er versenkte seine Zähne in der Hand des Mannes und hielt sie fest.

그는 그 남자의 손에 이빨을 박고 꽉 잡았다.

Er ließ nicht los, bis er ein zweites Mal ohnmächtig wurde.

그는 두 번째로 기절할 때까지 놓지 않았습니다.

„Ja, hat Anfälle", murmelte der Mann dem Gepäckträger zu.

"그래, 발작이 일어났지." 그 남자는 짐꾼에게 중얼거렸다.

Der Gepäckträger hatte den Kampf gehört und war näher gekommen.

짐꾼이 몸싸움 소리를 듣고 가까이 다가왔습니다.

„Ich bringe ihn für den Chef nach Frisco", erklärte der Mann.

"사장님을 만나러 그를 프리스코로 데려갈 거예요." 그 남자가 설명했다.

„Dort gibt es einen tollen Hundearzt, der sagt, er könne sie heilen."

"그곳에 훌륭한 개 의사가 있어서 그들을 고칠 수 있다고 합니다."

Später in der Nacht gab der Mann seinen eigenen ausführlichen Bericht ab.

그날 밤 늦게 그 남자는 자신의 모든 사실을 진술했습니다.

Er sprach aus einem Schuppen hinter einem Saloon am Hafen.

그는 부두의 술집 뒤에 있는 창고에서 연설했다.

„Ich habe nur fünfzig Dollar bekommen", beschwerte er sich beim Wirt.

그는 술집 주인에게 "제가 받은 건 겨우
50달러뿐이에요"라고 불평했다.

**„Ich würde es nicht noch einmal tun, nicht einmal für
tausend Dollar in bar."**

"다시는 그런 짓은 하지 않을 거예요. 천만 원의 현금을
준다고 해도요."

Seine rechte Hand war fest in ein blutiges Tuch gewickelt.

그의 오른손은 피 묻은 천으로 단단히 감싸져
있었습니다.

**Sein Hosenbein war vom Knie bis zum Fuß weit
aufgerissen.**

그의 바지 다리는 무릎부터 발끝까지 찢어져
있었습니다.

„Wie viel hat der andere Trottel verdient?", fragte der Wirt.

"다른 놈은 얼마 받았지?" 술집 주인이 물었다.

**„Hundert", antwortete der Mann, „einen Cent weniger
würde er nicht nehmen."**

"100달러면 한 푼도 덜 받지 않겠어요." 그 남자가
대답했다.

„Das macht hundertfünfzig", sagte der Kneipenmann.

"그럼 150이 되는군요." 술집 주인이 말했다.

**„Und er ist das alles wert, sonst bin ich nicht besser als ein
Dummkopf."**

"그가 그 모든 것의 가치가 있다면, 그렇지 않다면 나는
멍청이에 불과할 거야."

**Der Mann öffnete die Verpackung, um seine Hand zu
untersuchen.**

그 남자는 포장을 뜯어 자신의 손을 살펴보았다.

**Die Hand war stark zerrissen und mit getrocknetem Blut
verkrustet.**

손은 심하게 찢어졌고 마른 피로 딱딱하게 굳어
있었습니다.

„Wenn ich keine Tollwut bekomme …", begann er zu sagen.

"내가 공수증에 걸리지 않는다면…" 그는 말을 시작했다.

**„Das liegt wohl daran, dass du zum Hängen geboren
wurdest", ertönte ein Lachen.**

"그건 네가 교수형에 처해지기 위해 태어났기 때문이겠지." 웃음이 터져 나왔다.

„Komm und hilf mir, bevor du gehst", wurde er gebeten.
"떠나기 전에 좀 도와주세요." 그가 부탁을 받았습니다.

Buck war von den Schmerzen in seiner Zunge und seinem Hals benommen.
벅은 혀와 목의 통증으로 멍해졌습니다.

Er war halb erwürgt und konnte kaum noch aufrecht stehen.
그는 반쯤 목이 졸려 있었고, 제대로 서 있기도 힘들었습니다.

Dennoch versuchte Buck, den Männern gegenüberzutreten, die ihm so viel Leid zugefügt hatten.
그럼에도 불구하고 벅은 자신을 그렇게 다치게 한 사람들과 마주하려고 노력했습니다.

Aber sie warfen ihn nieder und würgten ihn erneut.
하지만 그들은 그를 다시 쓰러뜨리고 목을 조르더군요.

Erst dann konnten sie sein schweres Messinghalsband absägen.
그제서야 그들은 그의 무거운 황동 칼라를 떼어낼 수 있었습니다.

Sie entfernten das Seil und stießen ihn in eine Kiste.
그들은 밧줄을 제거하고 그를 상자 속으로 밀어 넣었다.

Die Kiste war klein und hatte die Form eines groben Eisenkäfigs.
상자는 작았고 거친 철제 우리 모양이었습니다.

Buck lag die ganze Nacht dort, voller Zorn und verletztem Stolz.
벅은 밤새도록 거기에 누워 분노와 상처받은 자존심에 가득 차 있었습니다.

Er konnte nicht einmal ansatzweise verstehen, was mit ihm geschah.
그는 자신에게 무슨 일이 일어나고 있는지 이해할 수 없었습니다.

Warum hielten ihn diese fremden Männer in dieser kleinen Kiste fest?
이 이상한 남자들은 왜 그를 작은 상자에 가두었을까요?

Was wollten sie von ihm und warum diese grausame Gefangenschaft?
그들은 그에게서 무엇을 원했고, 왜 이런 잔혹한 포로 생활을 했을까?

Er spürte einen dunklen Druck, das Gefühl, dass das Unglück näher rückte.
그는 어두운 압박감을 느꼈다. 재앙이 다가오는 느낌이 들었다.

Es war eine vage Angst, die ihn jedoch schwer belastete.
그것은 막연한 두려움이었지만, 그의 정신에 깊이 자리 잡았습니다.

Mehrmals sprang er auf, als die Schuppentür klapperte.
창고 문이 덜컹거리자 그는 몇 번이나 뛰어올랐다.

Er erwartete, dass der Richter oder die Jungen erscheinen und ihn retten würden.
그는 판사나 소년들이 나타나서 자신을 구해줄 것으로 기대했습니다.

Doch jedes Mal lugte nur das dicke Gesicht des Wirts hinein.
하지만 그때마다 술집 주인의 뚱뚱한 얼굴만이 들여다보였다.

Das Gesicht des Mannes wurde vom schwachen Schein einer Talgkerze erhellt.
그 남자의 얼굴은 쇠기름 촛불의 희미한 빛으로 밝혀져 있었습니다.

Jedes Mal verwandelte sich Bucks freudiges Bellen in ein leises, wütendes Knurren.
그때마다 벅의 즐거운 짖는 소리는 낮고 화난 으르렁거림으로 바뀌었다.

Der Wirt ließ ihn für die Nacht allein in der Kiste zurück
술집 주인은 그를 밤새도록 상자에 혼자 두었습니다.

Aber als er am Morgen aufwachte, kamen noch mehr Männer.
하지만 아침에 깨어나 보니 더 많은 사람들이 오고 있었습니다.

Vier Männer kamen und hoben die Kiste vorsichtig und wortlos auf.

네 명의 남자가 와서 아무 말 없이 조심스럽게 상자를 집어 올렸습니다.

Buck wusste sofort, in welcher Situation er sich befand.

벅은 자신이 처한 상황을 즉시 알아챘다.

Sie waren weitere Peiniger, die er bekämpfen und fürchten musste.

그들은 그가 싸우고 두려워해야 할 더욱 큰 괴롭힘이었습니다.

Diese Männer sahen böse, zerlumpt und sehr ungepflegt aus.

이 남자들은 사악하고, 초라하고, 매우 형편없이 차려입은 모습이었습니다.

Buck knurrte und stürzte sich wild durch die Gitterstäbe auf sie.

벅은 으르렁거리며 창살 너머로 그들에게 사납게 달려들었다.

Sie lachten nur und stießen mit langen Holzstöcken nach ihm.

그들은 그저 웃으며 긴 나무막대기로 그를 찔렀습니다.

Buck biss in die Stöcke, dann wurde ihm klar, dass es das war, was ihnen gefiel.

벅은 막대기를 물어뜯다가 그것이 그들이 좋아하는 것이라는 걸 깨달았습니다.

Also legte er sich ruhig hin, mürrisch und vor stiller Wut brennend.

그래서 그는 조용히 누워서 침울한 표정으로 조용한 분노에 불타올랐습니다.

Sie hoben die Kiste auf einen Wagen und fuhren mit ihm weg.

그들은 상자를 마차에 싣고 그를 데리고 떠났다.

Die Kiste mit Buck darin wechselte oft den Besitzer.

벅이 갇혀 있는 상자는 자주 주인이 바뀌었다.

Express-Büroangestellte übernahmen die Leitung und kümmerten sich kurz um ihn.

택배 사무실 직원들이 책임을 맡아 그를 잠깐
처리했습니다.

Dann transportierte ein anderer Wagen Buck durch die laute Stadt.

그리고 또 다른 마차가 벅을 시끄러운 마을을 가로질러
태워갔다.

Ein Lastwagen brachte ihn mit Kisten und Paketen auf eine Fähre.

트럭이 그를 상자와 소포를 실은 채 페리보트에 실어
날랐다.

Nach der Überquerung lud ihn der Lastwagen an einem Bahndepot ab.

그는 강을 건너 철도 차량기지에서 트럭으로 내렸다.

Schließlich wurde Buck in einen wartenden Expresswagen gesetzt.

마침내 벅은 대기하고 있던 급행열차에 태워졌습니다.

Zwei Tage und Nächte lang zogen Züge den Schnellzug ab.

이틀 밤낮으로 기차가 급행차를 끌고 나갔습니다.

Buck hat während der gesamten schmerzhaften Reise weder gegessen noch getrunken.

벅은 고통스러운 여행 내내 아무것도 먹지 않고
마시지도 않았습니다.

Als die Expressboten versuchten, sich ihm zu nähern, knurrte er.

급행사원들이 그에게 다가가려고 하자 그는
으르렁거렸다.

Sie reagierten, indem sie ihn verspotteten und grausam hänselten.

그들은 그를 조롱하고 잔인하게 놀림으로써
대응했습니다.

Buck warf sich schäumend und zitternd gegen die Gitterstäbe

벅은 막대에 몸을 던지고 거품을 내며 몸을 떨었습니다.

Sie lachten laut und verspotteten ihn wie Schulhofschläger.

그들은 큰 소리로 웃으며, 학교 괴롭힘꾼처럼 그를
놀렸다.

Sie bellten wie falsche Hunde und wedelten mit den Armen.
그들은 가짜 개처럼 짖으며 팔을 퍼덕였다.

Sie krähten sogar wie Hähne, nur um ihn noch mehr aufzuregen.
그들은 그를 더욱 화나게 하기 위해 수탉처럼 울부짖기도 했습니다.

Es war dummes Verhalten und Buck wusste, dass es lächerlich war.
그것은 어리석은 행동이었고, 벅은 그것이 터무니없다는 것을 알고 있었습니다.

Doch das verstärkte seine Empörung und Scham nur noch.
하지만 그것은 그의 분노와 수치심을 더욱 깊게 할 뿐이었습니다.

Der Hunger plagte ihn während der Reise kaum.
그는 여행하는 동안 배고픔을 크게 느끼지 않았습니다.

Doch der Durst brachte starke Schmerzen und unerträgliches Leiden mit sich.
하지만 갈증은 극심한 통증과 견딜 수 없는 고통을 가져왔습니다.

Sein trockener, entzündeter Hals und seine Zunge brannten vor Hitze.
그의 건조하고 염증이 있는 목과 혀는 열로 인해 타올랐다.

Dieser Schmerz schürte das Fieber, das in seinem stolzen Körper aufstieg.
이 고통은 그의 거만한 몸 속에서 치솟는 열을 더욱 부추겼다.

Buck war während dieses Prozesses für eine einzige Sache dankbar.
벅은 이 시련 동안 단 한 가지에 대해서만 감사했습니다.

Das Seil um seinen dicken Hals war entfernt worden.
그의 두꺼운 목에 감긴 밧줄이 제거되었습니다.

Das Seil hatte diesen Männern einen unfairen und grausamen Vorteil verschafft.
그 밧줄은 그 남자들에게 불공평하고 잔인한 이점을 제공했습니다.

Jetzt war das Seil weg und Buck schwor, dass es nie wieder zurückkommen würde.

이제 밧줄은 사라졌고, 벅은 그것이 다시는 돌아오지 않을 것이라고 맹세했습니다.

Er beschloss, sich nie wieder ein Seil um den Hals legen zu lassen.

그는 다시는 자신의 목에 밧줄을 두르지 않겠다고 결심했습니다.

Zwei lange Tage und Nächte litt er ohne Essen.

그는 긴 이틀 밤낮으로 아무것도 먹지 못하고 고생했습니다.

Und in diesen Stunden baute sich in ihm eine enorme Wut auf.

그리고 그 시간 동안 그는 엄청난 분노를 품게 되었습니다.

Seine Augen wurden vor ständiger Wut blutunterlaufen und wild.

그의 눈은 끊임없는 분노로 인해 충혈되고 사납게 변했습니다.

Er war nicht mehr Buck, sondern ein Dämon mit schnappenden Kiefern.

그는 더 이상 버크가 아니라, 딱딱거리는 턱을 가진 악마가 되었습니다.

Nicht einmal der Richter hätte dieses verrückte Wesen erkannt.

심지어 판사조차도 이 미친 생물을 알아보지 못했을 것이다.

Die Expressboten atmeten erleichtert auf, als sie Seattle erreichten

급행 배달원들은 시애틀에 도착하자 안도의 한숨을 쉬었다.

Vier Männer hoben die Kiste hoch und brachten sie in einen Hinterhof.

네 명의 남자가 상자를 들어올려 뒷마당으로 가져왔습니다.

Der Hof war klein und von hohen, massiven Mauern umgeben.

마당은 작았고, 높고 튼튼한 벽으로 둘러싸여 있었습니다.

Ein großer Mann in einem ausgeleierten roten Pullover kam heraus.

늘어진 붉은 스웨터 셔츠를 입은 큰 남자가 나왔다.

Mit dicker, kühner Handschrift unterschrieb er das Lieferbuch.

그는 두껍고 굵은 글씨로 납품서에 서명했다.

Buck spürte sofort, dass dieser Mann sein nächster Peiniger war.

벅은 이 남자가 자신을 괴롭히는 다음 대상이라는 것을 즉시 감지했습니다.

Er stürzte sich heftig auf die Gitterstäbe, die Augen rot vor Wut.

그는 맹렬하게 쇠창살을 향해 달려들었고, 눈은 분노로 붉어졌다.

Der Mann lächelte nur finster und holte ein Beil.

그 남자는 그저 어두운 미소를 지으며 도끼를 가져오러 갔다.

Er brachte auch eine Keule in seiner dicken und starken rechten Hand mit.

그는 두껍고 강한 오른손에 몽둥이를 들고 있었습니다.

„Wollen Sie ihn jetzt rausholen?", fragte der Fahrer besorgt.

운전사는 걱정스러운 듯이 "지금 그를 데리고 나갈 건가요?"라고 물었다.

„Sicher", sagte der Mann und rammte das Beil als Hebel in die Kiste.

"물론이죠." 그 남자는 도끼를 상자에 지렛대 삼아 꽂으며 말했다.

Die vier Männer stoben sofort auseinander und sprangen auf die Hofmauer.

네 남자는 즉시 흩어져 마당 담 위로 뛰어올랐다.

Von ihren sicheren Plätzen oben warteten sie, um das Spektakel zu beobachten.

그들은 위쪽의 안전한 장소에서 그 광경을
지켜보았습니다.

**Buck stürzte sich auf das zersplitterte Holz, biss und zitterte
heftig.**

벅은 쪼개진 나무에 달려들어 사납게 물고 흔들었다.

**Jedes Mal, wenn die Axt den Käfig traf, war Buck da, um ihn
anzugreifen.**

도끼가 우리를 칠 때마다 벅이 우리를 공격했습니다.

**Er knurrte und schnappte vor wilder Wut und wollte
unbedingt freigelassen werden.**

그는 으르렁거리고 격노하여 자유로워지고 싶어 안달이
났다.

**Der Mann draußen war ruhig und gelassen und
konzentrierte sich auf seine Aufgabe.**

밖에 있는 남자는 침착하고 안정적이었으며, 자신의
임무에 집중하고 있었습니다.

**„Also gut, du rotäugiger Teufel", sagte er, als das Loch groß
war.**

"그럼, 붉은 눈의 악마야." 구멍이 커졌을 때 그는
말했다.

**Er ließ das Beil fallen und nahm die Keule in die rechte
Hand.**

그는 도끼를 떨어뜨리고 오른손에 곤봉을 쥐었다.

**Buck sah wirklich aus wie ein Teufel; seine Augen
blutunterlaufen und lodernd.**

벅은 정말 악마 같았습니다. 눈은 충혈되어 불타오르고
있었습니다.

**Sein Fell sträubte sich, Schaum stand ihm vor dem Mund,
seine Augen funkelten.**

그의 털은 뻣뻣해지고, 입에서는 거품이 솟아오르고,
눈은 반짝였다.

**Er spannte seine Muskeln an und sprang direkt auf den
roten Pullover zu.**

그는 근육을 움츠리고 빨간 스웨터를 향해 곧장
달려들었다.

Hundertvierzig Pfund Wut prasselten auf den ruhigen Mann zu.

침착한 남자에게 140파운드의 분노가 날아들었다.

Kurz bevor er die Zähne zusammenbiss, traf ihn ein schrecklicher Schlag.

그의 턱이 닫히기 직전, 끔찍한 타격이 그에게 가해졌습니다.

Seine Zähne schnappten zusammen, nur Luft war im Spiel.

그의 이빨은 공기 외에는 아무것도 없이 딱딱 부딪혔다.

ein Schmerz durchfuhr seinen Körper

그의 몸에는 고통의 충격이 울려 퍼졌다

Er machte einen Überschlag in der Luft und stürzte auf dem Rücken und der Seite zu Boden.

그는 공중에서 뒤집어져 등과 옆구리를 땅에 박살냈다.

Er hatte noch nie zuvor einen Knüppelschlag gespürt und konnte ihn nicht begreifen.

그는 이전에 곤봉의 타격을 느껴본 적이 없었고 그것을 이해할 수도 없었다.

Mit einem kreischenden Knurren, das teils Bellen, teils Schreien war, sprang er erneut.

그는 비명과 짖는 소리, 비명과도 같은 괴성을 지르며 다시 뛰어올랐습니다.

Ein weiterer brutaler Schlag traf ihn und schleuderte ihn zu Boden.

또다시 잔혹한 일격이 그를 강타하여 땅에 쓰러뜨렸다.

Diesmal verstand Buck – es war die schwere Keule des Mannes.

이번에는 벅이 깨달았다. 그것은 그 남자가 들고 있던 무거운 곤봉이었다.

Doch die Wut machte ihn blind, und an einen Rückzug dachte er nicht.

하지만 분노가 그를 눈멀게 했고, 후퇴할 생각은 전혀 없었다.

Zwölfmal stürzte er sich in die Luft, und zwölfmal fiel er.

그는 12번이나 뛰어올랐고, 12번이나 떨어졌습니다.

Der Holzknüppel traf ihn jedes Mal mit unbarmherziger, vernichtender Kraft.

그때마다 나무 곤봉은 무자비하고 파괴적인 힘으로 그를 내리쳤다.

Nach einem heftigen Schlag kam er benommen und langsam wieder auf die Beine.

그는 강력한 타격을 한 번 받은 후 비틀거리며 일어섰는데, 멍하고 움직임이 느렸다.

Blut lief aus seinem Mund, seiner Nase und sogar seinen Ohren.

그의 입, 코, 심지어 귀에서도 피가 흘러내렸습니다.

Sein einst so schönes Fell war mit blutigem Schaum verschmiert.

한때 아름다웠던 그의 털은 피 묻은 거품으로 얼룩져 있었습니다.

Dann trat der Mann vor und versetzte ihm einen heftigen Schlag auf die Nase.

그러자 그 남자가 앞으로 나서서 코를 사악하게 내리쳤다.

Die Qualen waren schlimmer als alles, was Buck je gespürt hatte.

그 고통은 벅이 느껴본 어떤 고통보다 더 극심했습니다.

Mit einem Brüllen, das eher an ein Tier als an einen Hund erinnerte, sprang er erneut zum Angriff.

그는 개보다 짐승에 가까운 포효와 함께 다시 공격하려고 뛰어올랐다.

Doch der Mann packte seinen Unterkiefer und drehte ihn nach hinten.

그런데 그 남자는 그의 아래턱을 잡아 뒤로 비틀었다.

Buck überschlug sich kopfüber und stürzte erneut hart auf den Boden.

벅은 머리 위로 뒤집어져서 다시 세게 떨어졌다.

Ein letztes Mal stürmte Buck auf ihn zu, jetzt konnte er kaum noch stehen.

벅은 마지막으로 그에게 달려들었고, 이제는 서 있기도 힘들어졌습니다.

Der Mann schlug mit perfektem Timing zu und versetzte den letzten Schlag.

그 남자는 뛰어난 타이밍으로 마지막 일격을 가했다.

Buck brach bewusstlos und regungslos zusammen.

벅은 의식을 잃고 움직이지 못한 채 쓰러졌습니다.

„Er ist kein Stümper im Hundezähmen, das sage ich", rief ein Mann.

"그는 개 훈련에 능숙한 사람이에요, 제 말은요." 한 남자가 소리쳤다.

„Druther kann den Willen eines Hundes an jedem Tag der Woche brechen."

"드루더는 일주일 중 언제든지 사냥개의 의지를 꺾을 수 있어요."

„Und zweimal an einem Sonntag!", fügte der Fahrer hinzu.

운전사는 "그리고 일요일에도 두 번이나!"라고 덧붙였다.

Er stieg in den Wagen und ließ die Zügel knacken, um loszufahren.

그는 마차에 올라타 고삐를 당겨 떠났다.

Buck erlangte langsam die Kontrolle über sein Bewusstsein zurück

벅은 천천히 자신의 의식을 되찾았습니다.

aber sein Körper war noch zu schwach und gebrochen, um sich zu bewegen.

하지만 그의 몸은 여전히 너무 약하고 망가져서 움직일 수 없었습니다.

Er blieb liegen, wo er hingefallen war, und beobachtete den Mann im roten Pullover.

그는 쓰러진 자리에 누워서 빨간 스웨터를 입은 남자를 지켜보고 있었다.

„Er hört auf den Namen Buck", sagte der Mann und las laut vor.

"그는 벅이라는 이름을 따릅니다." 그 남자는 큰 소리로 읽으며 말했다.

Er zitierte aus der Notiz und den Einzelheiten, die mit Bucks Kiste geschickt wurden.

그는 벅의 상자와 함께 보낸 메모에서 자세한 내용을
인용했다.

„Also, Buck, mein Junge", fuhr der Mann freundlich fort,
"그래, 벅, 내 아들아." 그 남자는 친절한 어조로 말을
이었다.

„Wir hatten unseren kleinen Streit, und jetzt ist es zwischen
uns vorbei."
"우리가 잠깐 싸웠는데, 이제 우리 사이는 끝났어."

„Sie haben Ihren Platz kennengelernt und ich habe meinen
kennengelernt", fügte er hinzu.
그는 "당신은 당신의 위치를 알게 되었고, 나는 내
위치를 알게 되었습니다"라고 덧붙였다.

„Sei brav, dann wird alles gut und das Leben wird
angenehm sein."
"착하게 지내면 모든 게 잘 될 거고, 인생은 즐거울
거야."

„Aber wenn du böse bist, schlage ich dir die Seele aus dem
Leib, verstanden?"
"하지만 나쁜 짓을 하면, 내가 너를 혼내줄게, 알겠어?"

Während er sprach, streckte er die Hand aus und tätschelte
Bucks schmerzenden Kopf.
그는 말하면서 손을 내밀어 벅의 아픈 머리를
쓰다듬었다.

Bucks Haare stellten sich bei der Berührung des Mannes
auf, aber er wehrte sich nicht.
남자의 손길에 벅의 머리카락이 곤두섰지만 그는
저항하지 않았다.

Der Mann brachte ihm Wasser, das Buck in großen
Schlucken trank.
그 남자는 벅에게 물을 가져다 주었고, 벅은 그것을 크게
벌컥벌컥 마셨다.

Dann kam rohes Fleisch, das Buck Stück für Stück
verschlang.
그 다음에는 날고기가 나왔는데, 벅은 그것을 조각조각
먹어치웠다.

Er wusste, dass er geschlagen war, aber er wusste auch, dass er nicht gebrochen war.

그는 자신이 패배했다는 것을 알았지만, 무너지지 않았다는 것도 알았습니다.

Gegen einen mit einer Keule bewaffneten Mann hatte er keine Chance.

그는 곤봉을 든 남자에게 대항할 수 없었다.

Er hatte die Wahrheit erfahren und diese Lektion nie vergessen.

그는 진실을 깨달았고, 그 교훈을 결코 잊지 않았습니다.

Diese Waffe war der Beginn des Gesetzes in Bucks neuer Welt.

그 무기는 벅의 새로운 세상에서 법의 시작이었습니다.

Es war der Beginn einer harten, primitiven Ordnung, die er nicht leugnen konnte.

그것은 그가 거부할 수 없는 가혹하고 원시적인 질서의 시작이었습니다.

Er akzeptierte die Wahrheit; seine wilden Instinkte waren nun erwacht.

그는 진실을 받아들였습니다. 그의 거친 본능이 이제 깨어났습니다.

Die Welt war härter geworden, aber Buck stellte sich ihr tapfer.

세상은 더욱 가혹해졌지만, 벅은 용감하게 맞섰습니다.

Er begegnete dem Leben mit neuer Vorsicht, List und stiller Stärke.

그는 새로운 조심성과 교활함, 그리고 조용한 힘으로 삶에 맞섰습니다.

Weitere Hunde kamen an, an Seilen oder in Kisten festgebunden, so wie Buck.

더 많은 개들이 밧줄이나 상자에 묶인 채로 도착했습니다.

Einige Hunde kamen ruhig, andere tobten und kämpften wie wilde Tiere.

어떤 개들은 차분하게 다가왔고, 어떤 개들은 맹수처럼 격노하며 싸웠습니다.

Sie alle wurden der Herrschaft des Mannes im roten
Pullover unterworfen.

그들 모두는 붉은 스웨터를 입은 남자의 지배를 받게
되었습니다.

Jedes Mal sah Buck zu und sah, wie sich ihm die gleiche
Lektion erschloss.

그때마다 벅은 똑같은 교훈이 펼쳐지는 것을
지켜보았습니다.

Der Mann mit der Keule war das Gesetz, ein Herr, dem man
gehorchen musste.

곤봉을 든 남자는 법이었고, 복종해야 할
주인이었습니다.

Er musste nicht gemocht werden, aber man musste ihm
gehorchen.

그는 좋아할 필요는 없었지만, 복종은 필요했습니다.

Buck schmeichelte oder wedelte nie mit dem Schwanz, wie
es die schwächeren Hunde taten.

벅은 약한 개들처럼 아첨하거나 꼬리를 흔들지
않았습니다.

Er sah Hunde, die geschlagen wurden und trotzdem die
Hand des Mannes leckten.

그는 구타당한 개들이 여전히 그 남자의 손을 핥는 것을
보았습니다.

Er sah einen Hund, der überhaupt nicht gehorchte oder sich
unterwarf.

그는 전혀 복종하거나 복종하지 않는 개 한 마리를
보았습니다.

Dieser Hund kämpfte, bis er im Kampf um die Kontrolle
getötet wurde.

그 개는 통제권을 놓고 싸우다가 죽을 때까지
싸웠습니다.

Manchmal kamen Fremde, um den Mann im roten Pullover
zu sehen.

낯선 사람들이 가끔 빨간 스웨터를 입은 남자를 보러
오곤 했습니다.

Sie sprachen in seltsamem Ton, flehten, feilschten und lachten.

그들은 이상한 어조로 애원하고, 흥정하고, 웃으며 말했다.

Als das Geld ausgetauscht wurde, gingen sie mit einem oder mehreren Hunden.

돈을 교환한 뒤, 그들은 한 마리 이상의 개를 데리고 떠났습니다.

Buck fragte sich, wohin diese Hunde gingen, denn keiner kam jemals zurück.

벅은 이 개들이 어디로 갔는지 궁금했습니다. 아무도 돌아오지 않았거든요.

Angst vor dem Unbekannten erfüllte Buck jedes Mal, wenn ein fremder Mann kam

낯선 남자가 나타날 때마다 벅은 미지의 두려움에 사로잡혔다.

Er war jedes Mal froh, wenn ein anderer Hund mitgenommen wurde und nicht er selbst.

그는 자신이 아닌 다른 개가 데려가질 때마다 기뻤습니다.

Doch schließlich kam Buck an die Reihe, als ein fremder Mann eintraf.

하지만 마침내 벅의 차례가 왔고, 낯선 남자가 나타났습니다.

Er war klein, drahtig und sprach gebrochenes Englisch und fluchte.

그는 키가 작고, 힘없었으며, 엉터리 영어와 욕설로 말했습니다.

„Heilig!", schrie er, als er Bucks Gestalt erblickte.

그는 벅의 몸을 보자마자 "신성하다!"고 소리쳤다.

„Das ist aber ein verdammter Rüpel! Wie viel?", fragte er laut.

"이거 진짜 깡패 개잖아! 응? 얼마야?" 그가 큰 소리로 물었다.

„Dreihundert, und für diesen Preis ist er ein Geschenk."

"300달러면 그 가격에 선물이 되는 셈이죠."

„Da es sich um staatliche Gelder handelt, sollten Sie sich nicht beschweren, Perrault."

"정부 돈이니까 불평할 필요는 없지, 페로."

Perrault grinste über den Deal, den er gerade mit dem Mann gemacht hatte.

페로는 그 남자와 방금 한 거래를 보고 싱긋이 웃었다.

Aufgrund der plötzlichen Nachfrage waren die Preise für Hunde in die Höhe geschossen.

급격한 수요 증가로 인해 개 가격이 급등했습니다.

Dreihundert Dollar waren für so ein tolles Tier nicht unfair.

그렇게 훌륭한 짐승에게 300달러는 불공평한 게 아니었습니다.

Die kanadische Regierung würde bei dem Abkommen nichts verlieren

캐나다 정부는 이 거래에서 아무것도 잃지 않을 것입니다.

Auch ihre offiziellen Depeschen würden während des Transports nicht verzögert.

공식적인 발송도 운송 중에 지연되지 않을 것입니다.

Perrault kannte sich gut mit Hunden aus und erkannte, dass Buck etwas Seltenes war.

페로는 개를 잘 알았고, 벅이 희귀한 존재라는 걸 알 수 있었습니다.

„Einer von zehntausend", dachte er, als er Bucks Körperbau betrachtete.

그는 벅의 체격을 살펴보며 "만분의 1이겠지."라고 생각했습니다.

Buck sah, wie das Geld den Besitzer wechselte, zeigte sich jedoch nicht überrascht.

벅은 돈이 바뀌는 것을 보았지만 놀라지 않았습니다.

Bald wurden er und Curly, ein sanfter Neufundländer, weggeführt.

곧 그와 뉴펀들랜드종 컬리는 끌려나갔습니다.

Sie folgten dem kleinen Mann aus dem Hof des roten Pullovers.

그들은 빨간 스웨터를 입은 그 작은 남자를 따라
마당으로 나갔습니다.

Das war das letzte Mal, dass Buck den Mann mit der Holzkeule sah.

그것이 벅이 나무 곤봉을 든 남자를 본 마지막
장면이었다.

Vom Deck der Narwhal aus beobachtete er, wie Seattle in der Ferne verschwand.

그는 나르월의 갑판에서 시애틀이 멀어져 가는 것을
지켜보았습니다.

Es war auch das letzte Mal, dass er das warme Südland sah.

그것은 또한 그가 따뜻한 사우스랜드를 본 마지막
순간이기도 했습니다.

Perrault brachte sie unter Deck und ließ sie bei François zurück.

페로는 그들을 갑판 아래로 데려가 프랑수아에게
맡겼다.

François war ein Riese mit schwarzem Gesicht und rauen, schwieligen Händen.

프랑수아는 얼굴이 검고 손이 거칠고 굳은살이 박힌
거인이었습니다.

Er war dunkelhäutig und hatte eine dunkle Hautfarbe, ein französisch-kanadischer Mischling.

그는 피부가 검고 거무스름한 프랑스-캐나다
혼혈이었습니다.

Für Buck waren diese Männer von einer Art, die er noch nie zuvor gesehen hatte.

벅에게 이 남자들은 그가 전에 한 번도 본 적이 없는
사람들이었다.

Er würde in den kommenden Tagen viele solcher Männer kennenlernen.

그는 앞으로 그런 남자들을 많이 만나게 될 것이다.

Er konnte sie zwar nicht lieb gewinnen, aber er begann, sie zu respektieren.

그는 그들을 좋아하지는 않았지만 존경하게 되었다.

Sie waren fair und weise und ließen sich von keinem Hund so leicht täuschen.

그들은 공정하고 현명했으며, 어떤 개에게도 쉽게 속지 않았습니다.

Sie beurteilten Hunde ruhig und bestraften sie nur, wenn es angebracht war.

그들은 개를 차분하게 판단하고, 처벌할 만한 경우에만 처벌했습니다.

Im Unterdeck der Narwhal trafen Buck und Curly zwei Hunde.

나월호의 아랫갑판에서 벅과 컬리는 두 마리의 개를 만났습니다.

Einer war ein großer weißer Hund aus dem fernen, eisigen Spitzbergen.

그 중 하나는 멀리 떨어진 얼음 속의 스피츠베르겐에서 온 크고 하얀 개였습니다.

Er war einmal mit einem Walfänger gesegelt und hatte sich einer Erkundungsgruppe angeschlossen.

그는 한때 고래잡이배에서 항해를 했고 조사 그룹에 참여했습니다.

Er war auf eine schlaue, hinterhältige und listige Art freundlich.

그는 교활하고, 은밀하고, 교활한 방식으로 친절했습니다.

Bei ihrer ersten Mahlzeit stahl er ein Stück Fleisch aus Bucks Pfanne.

첫 식사 때 그는 벅의 냄비에서 고기 한 조각을 훔쳤습니다.

Buck sprang, um ihn zu bestrafen, aber François' Peitsche schlug zuerst zu.

벅은 그를 처벌하려고 뛰어들었지만 프랑수아의 채찍이 먼저 날아들었다.

Der weiße Dieb schrie auf und Buck holte sich den gestohlenen Knochen zurück.

백인 도둑이 비명을 지르자, 벅은 훔친 뼈를 되찾았습니다.

Diese Fairness beeindruckte Buck und François verdiente sich seinen Respekt.
벅은 그 공정함에 깊은 인상을 받았고, 프랑수아는 벅의 존경을 받았습니다.

Der andere Hund grüßte nicht und wollte auch nichts zurück.
다른 개는 인사도 하지 않았고, 보답도 원하지 않았습니다.

Er stahl weder Essen noch beschnüffelte er die Neuankömmlinge interessiert.
그는 음식을 훔치지도 않았고, 새로 온 사람들을 흥미롭게 냄새 맡지도 않았습니다.

Dieser Hund war grimmig und ruhig, düster und bewegte sich langsam.
이 개는 험악하고 조용했으며, 우울하고 느리게 움직였습니다.

Er warnte Curly, sich fernzuhalten, indem er sie einfach anstarrte.
그는 컬리에게 그녀를 노려보며 다가오지 말라고 경고했다.

Seine Botschaft war klar: Lass mich in Ruhe, sonst gibt es Ärger.
그의 메시지는 명확했습니다. 나를 내버려 두지 않으면 문제가 생길 거야.

Er hieß Dave und nahm seine Umgebung kaum wahr.
그는 데이브라고 불렸고, 주변 환경에 거의 신경 쓰지 않았습니다.

Er schlief oft, aß ruhig und gähnte ab und zu.
그는 자주 잠을 자고, 조용히 먹었고, 가끔씩 하품을 했습니다.

Das Schiff summte ständig, während unten der Propeller schlug.
배는 아래에서 프로펠러를 계속 돌리며 끊임없이 윙윙거렸다.

Die Tage vergingen, ohne dass sich viel änderte, aber das Wetter wurde kälter.

시간이 흘러도 별 변화가 없었지만, 날씨는 점점 추워졌습니다.

Buck spürte es in seinen Knochen und bemerkte, dass es den anderen genauso ging.

벅은 그것을 자신의 뼈에서 느낄 수 있었고, 다른 사람들도 그것을 느꼈다는 것을 알았습니다.

Dann blieb eines Morgens der Propeller stehen und alles war still.

그러던 어느 날 아침, 프로펠러가 멈추고 모든 것이 고요해졌습니다.

Eine Energie durchströmte das Schiff; etwas hatte sich verändert.

배 전체에 에너지가 휩쓸렸습니다. 무언가가 바뀌었습니다.

François kam herunter, legte ihnen die Leinen an und brachte sie hoch.

프랑수아가 내려와서 그들을 끈으로 묶고 데리고 올라왔습니다.

Buck stieg aus und fand den Boden weich, weiß und kalt.

벅은 밖으로 나가서 땅이 부드럽고 하얗고 차가워진 것을 발견했습니다.

Er sprang erschrocken zurück und schnaubte völlig verwirrt.

그는 놀라서 뒤로 물러섰고, 완전히 혼란스러워서 코웃음을 쳤다.

Seltsames weißes Zeug fiel vom grauen Himmel.

이상한 흰색 물질이 회색 하늘에서 떨어지고 있었습니다.

Er schüttelte sich, aber die weißen Flocken landeten immer wieder auf ihm.

그는 몸을 흔들었지만 하얀 눈송이가 계속해서 그에게 떨어졌습니다.

Er roch vorsichtig an dem weißen Zeug und leckte an ein paar eisigen Stückchen.

그는 흰 물질을 조심스럽게 냄새 맡고 얼음 조각 몇 개를 핥았습니다.

Das Pulver brannte wie Feuer und verschwand dann einfach von seiner Zunge.

그 가루는 불처럼 타오르더니 그의 혀에서 바로 사라졌다.

Buck versuchte es noch einmal und war verwirrt über die seltsame, verschwindende Kälte.

벅은 이상하게도 차가움이 사라져서 당황하며 다시 시도했다.

Die Männer um ihn herum lachten und Buck war verlegen.

주변 남자들은 웃었고, 벅은 당황했다.

Er wusste nicht warum, aber er schämte sich für seine Reaktion.

그는 왜 그런지는 몰랐지만, 자신의 반응이 부끄러웠다.

Es war seine erste Erfahrung mit Schnee und es verwirrte ihn.

그는 처음으로 눈을 경험했고, 그것은 그를 혼란스럽게 했습니다.

Das Gesetz von Keule und Fang
곤봉과 송곳니의 법칙

Bucks erster Tag am Strand von Dyea fühlte sich wie ein schrecklicher Albtraum an.

벅이 다이아 해변에서 보낸 첫날은 끔찍한 악몽 같았다.

Jede Stunde brachte neue Schocks und unerwartete Veränderungen für Buck.

벅은 매 시간마다 새로운 충격과 예상치 못한 변화를 겪었습니다.

Er war aus der Zivilisation gerissen und ins wilde Chaos gestürzt worden.

그는 문명에서 끌려나와 혼란스러운 세상으로 내던져졌습니다.

Dies war kein sonniges, faules Leben mit Langeweile und Ruhe.

이것은 지루함과 휴식이 있는 밝고 나른한 삶이 아니었습니다.

Es gab keinen Frieden, keine Ruhe und keinen Moment ohne Gefahr.

평화도 없고, 휴식도 없고, 위험 없는 순간도 없었습니다.

Überall herrschte Verwirrung und die Gefahr war immer in der Nähe.

혼란이 모든 것을 지배했고 위험은 언제나 가까이에 있었습니다.

Buck musste wachsam bleiben, denn diese Männer und Hunde waren anders.

벅은 이 남자들과 개들이 달랐기 때문에 항상 경계해야 했습니다.

Sie kamen nicht aus der Stadt, sie waren wild und gnadenlos.

그들은 도시 출신이 아니었습니다. 그들은 거칠고 무자비했습니다.

Diese Männer und Hunde kannten nur das Gesetz der Keule und der Reißzähne.

이 남자들과 개들은 곤봉과 송곳니의 법칙만을 알고
있었습니다.

Buck hatte noch nie Hunde so kämpfen sehen wie diese
wilden Huskys.

벅은 이런 사나운 허스키들처럼 개들이 싸우는 것을 본
적이 없었다.

Seine erste Erfahrung lehrte ihn eine Lektion, die er nie
vergessen würde.

그의 첫 경험은 그에게 결코 잊지 못할 교훈을
주었습니다.

Er hatte Glück, dass er es nicht war, sonst wäre auch er
gestorben.

다행히 그 사람이 자신이 아니었기 때문에 그도 죽었을
것입니다.

Curly war derjenige, der litt, während Buck zusah und
lernte.

벅이 지켜보며 배우는 동안 컬리는 고통을 겪었습니다.

Sie hatten ihr Lager in der Nähe eines aus Baumstämmen
gebauten Ladens aufgeschlagen.

그들은 통나무로 지은 상점 근처에 캠프를 세웠습니다.

Curly versuchte, einem großen, wolfsähnlichen Husky
gegenüber freundlich zu sein.

컬리는 늑대와 비슷한 큰 허스키에게 친절하게 대하려고
노력했습니다.

Der Husky war kleiner als Curly, sah aber wild und böse
aus.

허스키는 컬리보다 작았지만, 사납고 사나워 보였다.

Ohne Vorwarnung sprang er auf und schlug ihr ins Gesicht.

그는 아무런 경고도 없이 달려들어 그녀의 얼굴을
베어버렸다.

Seine Zähne schnitten in einer Bewegung von ihrem Auge
bis zu ihrem Kiefer.

그의 이빨은 단 한 번의 움직임으로 그녀의 눈부터
턱까지 깎아냈다.

So kämpften Wölfe: Sie schlugen schnell zu und sprangen
weg.

늑대는 이렇게 싸웠습니다. 빨리 공격하고 뛰어서
도망갔습니다.

Aber es gab mehr zu lernen als nur diesen einen Angriff.
하지만 그 공격으로부터 배울 수 있는 것은 그보다 더
많았습니다.

**Dutzende Huskys stürmten herein und bildeten einen
stillen Kreis.**
수십 마리의 허스키가 달려들어 조용한 원을
그렸습니다.

**Sie schauten aufmerksam zu und leckten sich hungrig die
Lippen.**
그들은 주의 깊게 지켜보며 배고픔에 입술을
핥았습니다.

**Buck verstand weder ihr Schweigen noch ihre begierigen
Blicke.**
벅은 그들의 침묵이나 열망하는 눈빛을 이해할 수
없었다.

**Curly stürzte sich ein zweites Mal auf den Husky, um ihn
anzugreifen.**
컬리는 허스키를 두 번째로 공격하기 위해 달려갔다.

Mit einer kräftigen Bewegung seiner Brust warf er sie um.
그는 가슴을 이용해 그녀를 강력한 움직임으로
쓰러뜨렸다.

Sie fiel auf die Seite und konnte nicht wieder aufstehen.
그녀는 옆으로 넘어져서 다시 일어날 수 없었습니다.

Darauf hatten die anderen die ganze Zeit gewartet.
그것이 바로 다른 사람들이 쭉 기다려왔던
것이었습니다.

**Die Huskies sprangen sie an und jaulten und knurrten wie
wild.**
허스키들이 그녀에게 달려들어 미친 듯이 울부짖고
으르렁거렸습니다.

Sie schrie, als sie unter einem Haufen Hunde begruben.
그녀는 개 더미 아래에 묻히자 비명을 질렀습니다.

**Der Angriff erfolgte so schnell, dass Buck vor Schreck
erstarrte.**

공격이 너무 빨라서 벅은 충격으로 그 자리에
얼어붙었다.

Er sah, wie Spitz die Zunge herausstreckte, als würde er lachen.

그는 스피츠가 웃는 것처럼 혀를 내밀는 것을 보았다.

François schnappte sich eine Axt und rannte direkt in die Hundegruppe hinein.

프랑수아는 도끼를 움켜쥐고 개 무리 속으로 곧장
달려들었다.

Drei weitere Männer halfen mit Knüppeln, die Huskies zu vertreiben.

다른 세 남자는 곤봉을 이용해 허스키를 쫓아냈습니다.

In nur zwei Minuten war der Kampf vorbei und die Hunde waren verschwunden.

단 2분 만에 싸움은 끝났고 개들은 사라졌습니다.

Curly lag tot im roten, zertrampelten Schnee, ihr Körper war zerfetzt.

컬리는 붉게 짓밟힌 눈 속에 죽어 누워 있었고, 그녀의
몸은 갈기갈기 찢어져 있었다.

Ein dunkelhäutiger Mann stand über ihr und verfluchte die brutale Szene.

검은 피부의 남자가 그녀 위에 서서 그 잔혹한 광경을
저주했습니다.

Die Erinnerung blieb bei Buck und verfolgte ihn nachts in seinen Träumen.

그 기억은 벅의 마음속에 남았고, 밤에 그의 꿈에
나타났습니다.

So war es hier: keine Fairness, keine zweite Chance.

여기서는 그게 다였습니다. 공정함도 없고, 두 번째
기회도 없었습니다.

Sobald ein Hund fiel, töteten die anderen ihn gnadenlos.

한 마리의 개가 쓰러지면 다른 개들은 무자비하게
사람을 죽인다.

Buck beschloss damals, dass er niemals zulassen würde, dass er fällt.

벅은 그때 자신이 결코 타락하는 것을 허용하지
않겠다고 결심했습니다.

Spitz streckte erneut die Zunge heraus und lachte über das Blut.

스피츠는 다시 혀를 내밀고 피를 보며 웃었다.

Von diesem Moment an hasste Buck Spitz aus vollem Herzen.

그 순간부터 벅은 스피츠를 진심으로 미워하게
되었습니다.

Bevor Buck sich von Curlys Tod erholen konnte, passierte etwas Neues.

벅이 컬리의 죽음에서 회복하기도 전에 새로운 일이
일어났습니다.

François kam herüber und schnallte etwas um Bucks Körper.

프랑수아가 다가와서 벅의 몸에 뭔가를 묶었습니다.

Es war ein Geschirr wie das, das auf der Ranch für Pferde verwendet wurde.

그것은 목장에서 말에 사용하는 것과 같은
하네스였습니다.

Buck hatte gesehen, wie Pferde arbeiteten, und nun musste auch er arbeiten.

벅은 말이 일하는 것을 보았고, 이제 그도 일을 하게
되었다.

Er musste François auf einem Schlitten in den nahegelegenen Wald ziehen.

그는 프랑수아를 썰매에 태워 근처 숲으로 끌고 가야
했습니다.

Anschließend musste er eine Ladung schweres Brennholz zurückziehen.

그런 다음 그는 무거운 장작을 한 짐 뒤로 끌어야
했습니다.

Buck war stolz und deshalb tat es ihm weh, wie ein Arbeitstier behandelt zu werden.

벅은 자존심이 강했기 때문에, 일하는 동물처럼
취급받는 것이 마음에 걸렸습니다.

Aber er war klug und versuchte nicht, gegen die neue
Situation anzukämpfen.
하지만 그는 현명해서 새로운 상황에 맞서 싸우려 하지
않았습니다.
Er akzeptierte sein neues Leben und gab bei jeder Aufgabe
sein Bestes.
그는 새로운 삶을 받아들이고 모든 일에 최선을
다했습니다.
Alles an der Arbeit war ihm fremd und ungewohnt.
그에게는 그 일과 관련된 모든 것이 낯설고
생소했습니다.
François war streng und verlangte unverzüglichen
Gehorsam.
프랑수아는 엄격했고 지체 없이 복종할 것을
요구했습니다.
Seine Peitsche sorgte dafür, dass jeder Befehl sofort befolgt
wurde.
그의 채찍은 모든 명령이 한꺼번에 따르도록 했습니다.
Dave war der Schlittenführer, der Hund, der dem Schlitten
hinter Buck am nächsten war.
데이브는 썰매를 몰고 가는 개였고, 벅 뒤에서 썰매에
가장 가까이 있는 개였습니다.
Dave biss Buck in die Hinterbeine, wenn er einen Fehler
machte.
데이브는 실수를 하면 벅의 뒷다리를 물었다.
Spitz war der Leithund und in dieser Rolle geschickt und
erfahren.
스피츠는 리더 역할을 맡았으며, 그 역할에 능숙하고
경험이 풍부했습니다.
Spitz konnte Buck nicht leicht erreichen, korrigierte ihn
aber trotzdem.
스피츠는 벅에게 쉽게 다가갈 수 없었지만, 그래도 그를
바로잡았다.
Er knurrte barsch oder zog den Schlitten auf eine Art, die
Buck etwas beibrachte.

그는 거칠게 으르렁거리거나 벅에게 가르쳐준 방식으로 썰매를 끌었다.

Durch dieses Training lernte Buck schneller, als alle erwartet hatten.

이 훈련을 통해 벅은 그들 중 누구보다도 빨리 배웠습니다.

Er hat hart gearbeitet und sowohl von François als auch von den anderen Hunden gelernt.

그는 열심히 일했고 프랑수아와 다른 개들로부터 배웠습니다.

Als sie zurückkamen, kannte Buck die wichtigsten Befehle bereits.

그들이 돌아왔을 때, 벅은 이미 주요 명령을 알고 있었습니다.

Von François hat er gelernt, beim Laut „ho" anzuhalten.

그는 프랑수아로부터 "호"라는 소리에 멈추는 법을 배웠습니다.

Er lernte, wann er den Schlitten ziehen und rennen musste.

그는 썰매를 끌고 달려야 할 때를 배웠습니다.

Er lernte, in den Kurven des Weges ohne Probleme weit abzubiegen.

그는 어려움 없이 산길의 굽은 길에서 크게 방향을 바꾸는 법을 배웠습니다.

Er lernte auch, Dave auszuweichen, wenn der Schlitten schnell bergab fuhr.

그는 또한 썰매가 내리막길을 빠르게 내려갈 때 데이브를 피하는 법도 배웠습니다.

„Das sind sehr gute Hunde", sagte François stolz zu Perrault.

프랑수아는 페로에게 자랑스럽게 "그들은 정말 훌륭한 개들이죠"라고 말했다.

„Dieser Buck zieht wie der Teufel – ich bringe ihm das so schnell bei, wie ich nur kann."

"벅은 정말 빨리 잡아당기죠. 제가 가르쳐준 대로 정말 빠르거든요."

Später am Tag kam Perrault mit zwei weiteren Huskys zurück.

그날 늦게 페로는 허스키 개 두 마리를 데리고 돌아왔습니다.

Ihre Namen waren Billee und Joe und sie waren Brüder.

그들의 이름은 빌리와 조였고, 그들은 형제였습니다.

Sie stammten von derselben Mutter, waren sich aber überhaupt nicht ähnlich.

그들은 같은 어머니에게서 태어났지만 전혀 달랐습니다.

Billee war gutmütig und zu allen sehr freundlich.

빌리는 성격이 좋고 모든 사람에게 매우 친절했습니다.

Joe war das Gegenteil – ruhig, wütend und immer am Knurren.

조는 그와는 정반대였습니다. 조용하고, 화를 잘 내고, 항상 으르렁거렸습니다.

Buck begrüßte sie freundlich und blieb beiden gegenüber ruhig.

벅은 그들을 친절하게 맞이했고 두 사람 모두에게 침착함을 유지했습니다.

Dave schenkte ihnen keine Beachtung und blieb wie üblich still.

데이브는 그들에게 전혀 주의를 기울이지 않았고 평소처럼 아무 말도 하지 않았다.

Um seine Dominanz zu demonstrieren, griff Spitz zuerst Billee und dann Joe an.

스피츠는 먼저 빌리를 공격했고, 그다음에는 조를 공격하며 자신의 우월함을 과시했습니다.

Billee wedelte mit dem Schwanz und versuchte, freundlich zu Spitz zu sein.

빌리는 꼬리를 흔들며 스피츠에게 친절하게 대하려고 노력했습니다.

Als das nicht funktionierte, versuchte er stattdessen wegzulaufen.

그래도 소용이 없자 그는 대신 도망치려고 했습니다.

Er weinte traurig, als Spitz ihn fest in die Seite biss.

스피츠가 그의 옆구리를 세게 물었을 때 그는 슬프게
울었습니다.

Aber Joe war ganz anders und ließ sich nicht einschüchtern.
하지만 조는 달랐고 괴롭힘을 당하는 것을
거부했습니다.

**Jedes Mal, wenn Spitz näher kam, drehte sich Joe schnell
um, um ihm in die Augen zu sehen.**
스피츠가 가까이 올 때마다 조는 재빨리 돌아서서 그를
마주 보았다.

**Sein Fell sträubte sich, seine Lippen kräuselten sich und
seine Zähne schnappten wild.**
그의 털이 곤두서고, 입술이 말려 올라가고, 이빨이
격렬하게 딱딱 부딪혔다.

**Joes Augen glänzten vor Angst und Wut und forderten Spitz
heraus, zuzuschlagen.**
조의 눈은 두려움과 분노로 빛났고, 스피츠가
공격하도록 도전했다.

**Spitz gab den Kampf auf und wandte sich gedemütigt und
wütend ab.**
스피츠는 싸움을 포기하고 굴욕감과 분노로
돌아섰습니다.

**Er ließ seine Frustration an dem armen Billee aus und jagte
ihn davon.**
그는 불쌍한 빌리에게 자신의 좌절감을 풀어내어 그를
쫓아냈습니다.

**An diesem Abend fügte Perrault dem Team einen weiteren
Hund hinzu.**
그날 저녁, 페로는 팀에 개 한 마리를 더 추가했습니다.

Dieser Hund war alt, mager und mit Kampfnarben übersät.
이 개는 늙고, 마르고, 전쟁으로 인한 흉터가
가득했습니다.

**Eines seiner Augen fehlte, doch das andere blitzte kraftvoll
auf.**
그의 눈 하나는 없었지만, 다른 눈은 강력하게 번쩍였다.

Der neue Hund hieß Solleks, was „der Wütende" bedeutet.

새로 태어난 개의 이름은 솔렉스였는데, 이는 화난 사람을 뜻했습니다.

Wie Dave verlangte Solleks nichts von anderen und gab nichts zurück.

데이브와 마찬가지로 솔렉스는 다른 사람에게 아무것도 요구하지 않았고, 아무것도 돌려주지 않았습니다.

Als Solleks langsam ins Lager ging, blieb sogar Spitz fern.

솔렉스가 천천히 캠프 안으로 들어오자, 스피츠조차도 멀리 떨어져 있었습니다.

Er hatte eine seltsame Angewohnheit, die Buck unglücklicherweise entdeckte.

그는 이상한 습관을 가지고 있었는데, 벅은 그것을 불행히도 발견하지 못했습니다.

Solleks hasste es, von der Seite angesprochen zu werden, auf der er blind war.

솔렉스는 자신이 시력을 잃었기 때문에 누군가가 자신에게 다가오는 것을 싫어했습니다.

Buck wusste das nicht und machte diesen Fehler versehentlich.

벅은 이 사실을 모르고 실수로 그런 실수를 저질렀습니다.

Solleks wirbelte herum und versetzte Buck einen schnellen, tiefen Schlag auf die Schulter.

솔렉스는 돌아서서 벅의 어깨를 깊고 빠르게 베어냈다.

Von diesem Moment an kam Buck nie wieder in die Nähe von Solleks' blinder Seite.

그 순간부터 벅은 솔렉스의 눈에 띄지 않게 되었다.

Für den Rest ihrer gemeinsamen Zeit gab es nie wieder Probleme.

그들은 함께 지낸 나머지 시간 동안 그 이후로는 아무런 문제를 겪지 않았습니다.

Solleks wollte nur in Ruhe gelassen werden, wie der ruhige Dave.

솔렉스는 조용한 데이브처럼 혼자 있고 싶어했습니다.

Doch Buck erfuhr später, dass jeder von ihnen ein anderes geheimes Ziel hatte.

하지만 벅은 나중에 그들 각자가 다른 비밀 목표를
가지고 있다는 사실을 알게 됩니다.

**In dieser Nacht stand Buck vor einer neuen und
beunruhigenden Herausforderung: Wie sollte er schlafen?**
그날 밤 벅은 새로운 난제에 직면했습니다. 바로 잠을
자는 방법이었습니다.

**Das Zelt leuchtete warm im Kerzenlicht auf dem
schneebedeckten Feld.**
눈 덮인 들판에서 촛불이 켜지면서 텐트가 따뜻하게
빛났습니다.

**Buck ging hinein und dachte, er könnte sich dort wie zuvor
ausruhen.**
벅은 이전처럼 그곳에서 쉴 수 있을 거라 생각하며
안으로 들어갔다.

**Aber Perrault und François schrien ihn an und warfen
Pfannen.**
하지만 페로와 프랑수아는 그에게 소리를 지르고 냄비를
던졌습니다.

**Schockiert und verwirrt rannte Buck in die eisige Kälte
hinaus.**
벅은 충격을 받고 혼란스러워서 얼어붙는 추위 속으로
달려 나갔다.

**Ein bitterkalter Wind stach ihm in die verletzte Schulter und
ließ seine Pfoten erfrieren.**
매서운 바람이 그의 다친 어깨를 찌르고 발은
얼어붙었다.

**Er legte sich in den Schnee und versuchte, im Freien zu
schlafen.**
그는 눈 속에 누워서 야외에서 잠을 자려고
노력했습니다.

**Doch die Kälte zwang ihn bald, heftig zitternd wieder
aufzustehen.**
하지만 추위 때문에 그는 곧 일어나야 했고 몸이 심하게
떨렸습니다.

**Er wanderte durch das Lager und versuchte, ein wärmeres
Plätzchen zu finden.**

그는 캠프 안을 돌아다니며 더 따뜻한 곳을 찾으려고
노력했습니다.

Aber jede Ecke war genauso kalt wie die vorherige.

하지만 모든 구석은 이전 구석과 마찬가지로
차가웠습니다.

**Manchmal sprangen ihn wilde Hunde aus der Dunkelheit
an.**

때로는 어둠 속에서 사나운 개들이 그에게 달려들기도
했습니다.

**Buck sträubte sein Fell, fletschte die Zähne und knurrte
warnend.**

벅은 털을 곤두세우고, 이빨을 드러내며 경고하듯
으르렁거렸다.

**Er lernte schnell und die anderen Hunde zogen sich schnell
zurück.**

그는 빠르게 학습했고 다른 개들은 금세 물러났다.

**Trotzdem hatte er keinen Platz zum Schlafen und keine
Ahnung, was er tun sollte.**

그래도 그는 잠을 잘 곳도 없었고, 무엇을 해야 할지
전혀 몰랐습니다.

**Endlich kam ihm ein Gedanke: Er sollte nach seinen
Teamkollegen sehen.**

마침내 그에게 생각이 떠올랐습니다. 팀 동료들을
확인해 보는 것이었습니다.

**Er kehrte in ihre Gegend zurück und war überrascht, dass
sie verschwunden waren.**

그는 그 지역으로 돌아왔고 그들이 사라진 것을 보고
놀랐다.

**Erneut durchsuchte er das Lager, konnte sie jedoch immer
noch nicht finden.**

그는 다시 진영을 수색했지만 여전히 그들을 찾을 수
없었다.

**Er wusste, dass sie nicht im Zelt sein durften, sonst wäre er
auch dort gewesen.**

그는 그들이 텐트 안에 있을 수 없다는 것을 알고
있었습니다. 그랬다면 그도 텐트 안에 있었을 테니까요.

Wo also waren all die Hunde in diesem eisigen Lager geblieben?
그렇다면 이 얼어붙은 캠프에 있던 개들은 다 어디로 갔을까?

Buck, kalt und elend, umrundete langsam das Zelt.
벅은 추위에 떨며 괴로워하며 천천히 텐트 주위를 돌았습니다.

Plötzlich sanken seine Vorderbeine in den weichen Schnee und er erschrak.
갑자기 그의 앞다리가 부드러운 눈 속으로 푹 빠져들어 그는 놀랐다.

Etwas zappelte unter seinen Füßen und er sprang ängstlich zurück.
그의 발 밑에서 무언가가 꿈틀거리자 그는 두려움에 휩싸여 뒤로 물러섰다.

Er knurrte und fauchte, ohne zu wissen, was sich unter dem Schnee verbarg.
그는 눈 아래에 무엇이 있는지 알지 못한 채 으르렁거리고 으르렁거렸습니다.

Dann hörte er ein freundliches kleines Bellen, das seine Angst linderte.
그러자 그는 두려움을 덜어주는 친근한 작은 짖는 소리를 들었습니다.

Er schnüffelte in der Luft und kam näher, um zu sehen, was verborgen war.
그는 공기를 맡아보고 무엇이 숨겨져 있는지 보기 위해 더 가까이 다가갔습니다.

Unter dem Schnee lag, zu einer warmen Kugel zusammengerollt, der kleine Billee.
눈 아래에는 따뜻한 공 모양으로 웅크리고 있는 작은 빌리가 있었습니다.

Billee wedelte mit dem Schwanz und leckte Bucks Gesicht zur Begrüßung.
빌리는 꼬리를 흔들고 벅의 얼굴을 핥으며 인사했다.

Buck sah, wie Billee im Schnee einen Schlafplatz gebaut hatte.

벅은 빌리가 눈 속에 잠자리를 만든 것을 보았습니다.

Er hatte sich eingegraben und nutzte seine eigene Wärme, um sich warm zu halten.

그는 땅을 파고 자신의 열을 이용해 몸을 따뜻하게 유지했습니다.

Buck hatte eine weitere Lektion gelernt – so schliefen die Hunde.

벅은 또 다른 교훈을 얻었다. 개들은 이렇게 자는 것이다.

Er suchte sich eine Stelle aus und begann, sein eigenes Loch in den Schnee zu graben.

그는 한 장소를 골라 눈 속에 자신만의 구멍을 파기 시작했습니다.

Anfangs bewegte er sich zu viel und verschwendete Energie.

처음에는 너무 많이 움직여서 에너지를 낭비했습니다.

Doch bald erwärmte sein Körper den Raum und er fühlte sich sicher.

하지만 곧 그의 몸은 공간을 따뜻하게 만들었고, 그는 안전함을 느꼈다.

Er rollte sich fest zusammen und schlief bald fest.

그는 몸을 꼭 웅크리고 얼마 지나지 않아 깊이 잠들었습니다.

Der Tag war lang und hart gewesen und Buck war erschöpft.

그날은 길고 힘든 하루였고, 벅은 지쳐 있었습니다.

Er schlief tief und fest, obwohl seine Träume wild waren.

그는 꿈이 매우 거칠었음에도 불구하고 깊고 편안하게 잠을 잤다.

Er knurrte und bellte im Schlaf und wand sich im Traum.

그는 꿈속에서 으르렁거리고 짖으며, 꿈을 꾸는 동안 몸을 비틀었다.

Buck wachte erst auf, als im Lager bereits Leben erwachte.

벅은 캠프가 활기를 띠기 시작할 때까지 깨어나지 않았습니다.

Zuerst wusste er nicht, wo er war oder was passiert war.

처음에는 그는 자신이 어디에 있는지, 무슨 일이
일어났는지 몰랐습니다.

**Über Nacht war Schnee gefallen und hatte seinen Körper
vollständig begraben.**

밤새 눈이 내려 그의 시신은 완전히 묻혔습니다.

Der Schnee umgab ihn von allen Seiten dicht.

눈이 그의 주위로 빽빽이 쌓여 사방이 꽁꽁 얼어붙었다.

**Plötzlich durchfuhr eine Welle der Angst Bucks ganzen
Körper.**

갑자기 두려움의 물결이 벅의 온 몸을 휩쓸었다.

**Es war die Angst, gefangen zu sein, eine Angst aus tiefen
Instinkten.**

그것은 갇힐지도 모른다는 두려움이었고, 깊은 본능에서
나온 두려움이었습니다.

**Obwohl er noch nie eine Falle gesehen hatte, lebte die Angst
in ihm.**

그는 함정을 본 적은 없었지만, 두려움은 그의 안에 살아
있었습니다.

**Er war ein zahmer Hund, aber jetzt erwachten seine alten
wilden Instinkte.**

그는 길들여진 개였지만, 이제 그의 옛날 야생 본능이
깨어나고 있었습니다.

**Bucks Muskeln spannten sich an und sein Fell stellte sich
auf seinem ganzen Rücken auf.**

벅의 근육이 긴장되었고, 등 전체에 털이 곤두섰다.

**Er knurrte wild und sprang senkrecht durch den Schnee
nach oben.**

그는 사납게 으르렁거리며 눈 속을 뚫고 뛰어올랐다.

Als er ins Tageslicht trat, flog Schnee in alle Richtungen.

그가 햇빛 속으로 나오자 눈이 사방으로 날아다녔다.

**Schon vor der Landung sah Buck das Lager vor sich
ausgebreitet.**

벅은 착륙하기도 전에 캠프가 눈앞에 펼쳐지는 것을
보았다.

Er erinnerte sich auf einmal an alles vom Vortag.

그는 전날의 모든 일을 한꺼번에 기억해냈다.

Er erinnerte sich daran, wie er mit Manuel spazieren gegangen war und an diesem Ort gelandet war.

그는 마누엘과 함께 산책을 하다가 이곳에 도착한 것을 기억했습니다.

Er erinnerte sich daran, wie er das Loch gegraben hatte und in der Kälte eingeschlafen war.

그는 구멍을 파고 추위 속에서 잠이 들었던 걸 기억했습니다.

Jetzt war er wach und die wilde Welt um ihn herum war klar.

이제 그는 깨어났고, 그의 주변의 거친 세상이 선명하게 보였습니다.

Ein Ruf von François begrüßte Bucks plötzliches Auftauchen.

프랑수아는 벅의 갑작스러운 출현을 환영하며 큰 소리로 외쳤다.

„Was habe ich gesagt?", rief der Hundeführer Perrault laut zu.

"내가 뭐라고 했지?" 개 운전사가 페로에게 큰 소리로 외쳤다.

„Dieser Buck lernt wirklich sehr schnell", fügte François hinzu.

프랑수아는 "저 벅은 정말 빨리 배우는군요"라고 덧붙였다.

Perrault nickte ernst und war offensichtlich mit dem Ergebnis zufrieden.

페로는 결과에 만족한 듯 진지하게 고개를 끄덕였다.

Als Kurier für die kanadische Regierung beförderte er Depeschen.

그는 캐나다 정부의 택배기사로 일하며 전문을 전달했습니다.

Er war bestrebt, die besten Hunde für seine wichtige Mission zu finden.

그는 자신의 중요한 임무에 가장 적합한 개를 찾고 싶어했습니다.

Er war besonders erfreut, dass Buck nun Teil des Teams war.

그는 벅이 팀의 일원이 된 것을 특히 기쁘게
생각했습니다.

**Innerhalb einer Stunde kamen drei weitere Huskies zum
Team hinzu.**

1시간 만에 허스키 3마리가 팀에 추가되었습니다.

Damit betrug die Gesamtzahl der Hunde im Team neun.

이로써 팀의 개 수는 총 9마리가 되었습니다.

**Innerhalb von fünfzehn Minuten lagen alle Hunde im
Geschirr.**

15분 이내에 모든 개들이 하네스를 착용하게
되었습니다.

**Das Schlittenteam schwang sich den Weg hinauf in
Richtung Dyea Cañon.**

썰매 팀은 다이아 캐넌을 향해 산길을 따라 올라가고
있었습니다.

**Buck war froh, gehen zu können, auch wenn die Arbeit, die
vor ihm lag, hart war.**

벅은 앞으로의 일이 힘들더라도 떠나게 되어 기뻤다.

**Er stellte fest, dass er weder die Arbeit noch die Kälte
besonders verabscheute.**

그는 노동이나 추위를 특별히 싫어하지 않는다는 것을
알게 되었다.

**Er war überrascht von der Begeisterung, die das gesamte
Team erfüllte.**

그는 팀 전체를 가득 채운 열의에 놀랐다.

**Noch überraschender war die Veränderung, die bei Dave
und Solleks vor sich ging.**

더욱 놀라운 것은 데이브와 솔렉스에게 일어난
변화였습니다.

**Diese beiden Hunde waren völlig unterschiedlich, als sie
ein Geschirr trugen.**

이 두 마리의 개는 하네스를 착용했을 때 완전히
달랐습니다.

**Ihre Passivität und Sorglosigkeit waren völlig
verschwunden.**

그들의 수동성과 무관심은 완전히 사라졌습니다.

Sie waren aufmerksam und aktiv und bestrebt, ihre Arbeit gut zu machen.

그들은 경계심이 강하고 활동적이었으며, 자신의 일을 잘 하려는 의욕이 강했습니다.

Sie reagierten äußerst verärgert über alles, was zu Verzögerungen oder Verwirrung führte.

그들은 지연이나 혼란을 일으키는 모든 것에 대해 몹시 짜증을 냈습니다.

Die harte Arbeit an den Zügeln stand im Mittelpunkt ihres gesamten Wesens.

고삐를 다루는 힘든 일이 그들의 존재의 중심이었습니다.

Das Schlittenziehen schien das Einzige zu sein, was ihnen wirklich Spaß machte.

썰매를 끄는 것이 그들이 정말로 즐기는 유일한 일인 듯했다.

Dave war am Ende der Gruppe und dem Schlitten am nächsten.

데이브는 썰매에 가장 가까운, 그룹의 뒤쪽에 있었습니다.

Buck landete vor Dave und Solleks zog an Buck vorbei.

벅은 데이브 앞에 놓였고, 솔렉스는 벅보다 앞서 나아갔다.

Die übrigen Hunde liefen in einer Reihe vorn.

나머지 개들은 일렬로 줄을 서서 앞으로 나아갔다.

Die Führungsposition an der Spitze besetzte Spitz.

선두의 선두 자리는 스피츠가 차지했습니다.

Buck war zur Einweisung zwischen Dave und Solleks platziert worden.

벅은 지시를 받기 위해 데이브와 솔렉스 사이에 배치되었습니다.

Er lernte schnell und sie waren strenge und fähige Lehrer.

그는 빨리 배우는 사람이었고, 그들은 확고하고 유능한 교사들이었습니다.

Sie ließen nie zu, dass Buck lange im Irrtum blieb.

그들은 벅이 오랫동안 오류에 빠지는 것을 결코
허용하지 않았습니다.

Sie erteilten ihre Lektionen, wenn nötig, mit scharfen
Zähnen.

그들은 필요할 때마다 날카로운 이빨로 교훈을
가르쳤습니다.

Dave war fair und zeigte eine ruhige, ernste Art von
Weisheit.

데이브는 공정했고 조용하고 진지한 지혜를
보여주었습니다.

Er hat Buck nie ohne guten Grund gebissen.

그는 정당한 이유 없이 벅을 물지 않았습니다.

Aber er hat es nie versäumt, zuzubeißen, wenn Buck eine
Korrektur brauchte.

하지만 벅이 교정을 필요로 할 때마다 그는 항상
반항했습니다.

François' Peitsche war immer bereit und untermauerte ihre
Autorität.

프랑수아의 채찍은 언제나 준비되어 있었고 그들의
권위를 뒷받침했습니다.

Buck merkte bald, dass es besser war zu gehorchen, als sich
zu wehren.

벅은 곧 맞서 싸우는 것보다 복종하는 것이 낫다는 것을
깨달았습니다.

Einmal verhedderte sich Buck während einer kurzen Pause
in den Zügeln.

어느 날, 잠깐 쉬던 중 벅이 고삐에 엉키는 일이
생겼습니다.

Er verzögerte den Start und brachte die Bewegungen des
Teams durcheinander.

그는 시작을 늦추고 팀의 움직임을 혼란스럽게
했습니다.

Dave und Solleks stürzten sich auf ihn und verprügelten ihn
brutal.

데이브와 솔렉스는 그에게 달려들어 심하게 구타했다.

Das Gewirr wurde nur noch schlimmer, aber Buck lernte seine Lektion.

문제는 점점 더 심각해졌지만, 벅은 교훈을 잘 얻었습니다.

Von da an hielt er die Zügel straff und arbeitete vorsichtig.

그때부터 그는 고삐를 단단히 잡고 조심스럽게 일했습니다.

Bevor der Tag zu Ende war, hatte Buck einen Großteil seiner Aufgabe gemeistert.

그날이 끝나기 전에 벅은 자신의 작업의 대부분을 완수했습니다.

Seine Teamkollegen hörten fast auf, ihn zu korrigieren oder zu beißen.

그의 팀 동료들은 그를 바로잡거나 물어뜯는 것을 거의 멈췄습니다.

François' Peitsche knallte immer seltener durch die Luft.

프랑수아의 채찍이 공기를 가르는 소리가 점점 줄어들었다.

Perrault hob sogar Bucks Füße an und untersuchte sorgfältig jede Pfote.

페로는 벅의 발을 들어올려 각 발을 주의 깊게 살펴보았습니다.

Es war ein harter Tageslauf gewesen, lang und anstrengend für alle.

그것은 그들 모두에게 힘든 하루였고, 길고 지치게 하는 달리기였습니다.

Sie reisten den Cañon hinauf, durch Sheep Camp und an den Scales vorbei.

그들은 캐년 강을 따라 올라가서, 시프 캠프를 지나, 스케일스를 지나갔습니다.

Sie überquerten die Baumgrenze, dann Gletscher und meterhohe Schneeverwehungen.

그들은 수목 한계선을 넘었고, 그다음에는 수 피트 깊이의 빙하와 눈더미를 넘었습니다.

Sie erklommen die große, kalte und unwirtliche Chilkoot-Wasserscheide.

그들은 극심한 추위와 칠쿠트 분수령을 넘어
올라갔습니다.

Dieser hohe Bergrücken lag zwischen Salzwasser und dem gefrorenen Landesinneren.

그 높은 산등성이는 소금물과 얼어붙은 내부 사이에
있었습니다.

Die Berge bewachten den traurigen und einsamen Norden mit Eis und steilen Anstiegen.

산은 얼음과 가파른 오르막길로 슬프고 외로운 북쪽을
보호했습니다.

Sie kamen gut voran und erreichten eine lange Kette von Seen unterhalb der Wasserscheide.

그들은 분수령 아래에 있는 긴 호수들을 따라 내려가며
좋은 시간을 보냈습니다.

Diese Seen füllten die alten Krater erloschener Vulkane.

그 호수들은 사화산의 고대 분화구를 채웠습니다.

Spät in der Nacht erreichten sie ein großes Lager am Lake Bennett.

그날 늦은 밤, 그들은 베넷 호수에 있는 큰 캠프에
도착했습니다.

Tausende Goldsucher waren dort und bauten Boote für den Frühling.

수천 명의 금을 찾는 사람들이 그곳에 모여서 봄에 쓸
배를 만들고 있었습니다.

Das Eis würde bald aufbrechen und sie mussten bereit sein.

얼음이 곧 깨질 테니, 그들은 대비해야 했습니다.

Buck grub sein Loch in den Schnee und fiel in einen tiefen Schlaf.

벅은 눈 속에 구멍을 파고 깊은 잠에 빠졌다.

Er schlief wie ein Arbeiter, erschöpft von einem harten Arbeitstag.

그는 힘든 하루를 보낸 후 지쳐서 노동자처럼 잠을
잤습니다.

Doch zu früh wurde er in der Dunkelheit aus dem Schlaf gerissen.

하지만 어둠이 깔린 너무 이른 시간에 그는 잠에서
깨어났습니다.

**Er wurde wieder mit seinen Kumpels angeschirrt und vor
den Schlitten gespannt.**
그는 다시 동료들과 함께 썰매에 묶였습니다.

**An diesem Tag legten sie sechzig Kilometer zurück, weil der
Schnee festgetreten war.**
그날 그들은 40마일을 갔는데, 눈이 많이 쌓여 있었기
때문이다.

**Am nächsten Tag und noch viele Tage danach war der
Schnee weich.**
그 다음날, 그리고 그 후 여러 날 동안 눈은
부드러웠습니다.

**Sie mussten den Weg selbst bahnen, härter arbeiten und
langsamer vorankommen.**
그들은 더 열심히 일하고 더 느리게 움직여서 스스로
길을 만들어야 했습니다.

**Normalerweise ging Perrault mit Schwimmhäuten an den
Schneeschuhen vor dem Team her.**
페로는 보통 물갈퀴가 달린 눈신을 신고 팀보다 앞서
걸었다.

**Seine Schritte verdichteten den Schnee und erleichterten so
die Fortbewegung des Schlittens.**
그의 발걸음은 눈을 압축하여 썰매가 움직이기 쉽게
만들었습니다.

**François, der vom Steuerstand aus steuerte, übernahm
manchmal die Kontrolle.**
지폴에서 조종을 맡았던 프랑수아가 가끔은 조종을
맡기도 했습니다.

**Aber es kam selten vor, dass François die Führung
übernahm**
그러나 프랑수아가 주도권을 잡는 경우는 드물었다.

**weil Perrault es eilig hatte, die Briefe und Pakete
auszuliefern.**
페로는 편지와 소포를 배달하느라 서둘렀기 때문이다.

Perrault war stolz auf sein Wissen über Schnee und insbesondere Eis.

페로는 눈, 특히 얼음에 대한 자신의 지식을 자랑스러워했습니다.

Dieses Wissen war von entscheidender Bedeutung, da das Eis im Herbst gefährlich dünn war.

그 지식은 필수적이었습니다. 왜냐하면 가을철 얼음이 위험할 정도로 얇았기 때문입니다.

Wo das Wasser unter der Oberfläche schnell floss, gab es überhaupt kein Eis.

표면 아래로 물이 빠르게 흐르는 곳에는 얼음이 전혀 없었습니다.

Tag für Tag wiederholte sich endlos die gleiche Routine.

날마다 똑같은 일상이 끝없이 반복되었습니다.

Buck arbeitete unermüdlich von morgens bis abends in den Zügeln.

벅은 새벽부터 밤까지 끝없이 고삐를 잡고 고생했습니다.

Sie verließen das Lager im Dunkeln, lange bevor die Sonne aufgegangen war.

그들은 해가 뜨기 훨씬 전, 어둠 속에서 캠프를 떠났습니다.

Als es Tag wurde, hatten sie bereits viele Kilometer zurückgelegt.

날이 밝았을 때, 그들은 이미 수 마일을 뒤로하고 있었습니다.

Sie schlugen ihr Lager nach Einbruch der Dunkelheit auf, aßen Fisch und gruben sich in den Schnee ein.

그들은 어두워진 후에 캠프를 치고 물고기를 먹고 눈 속에 파묻혔습니다.

Buck war immer hungrig und mit seiner Ration nie wirklich zufrieden.

벅은 항상 배가 고팠고, 배급량에 만족한 적이 한 번도 없었습니다.

Er erhielt jeden Tag anderthalb Pfund getrockneten Lachs.

그는 매일 1파운드 반의 말린 연어를 받았습니다.

Doch das Essen schien in ihm zu verschwinden und ließ den Hunger zurück.

하지만 음식은 그의 몸 안에서 사라져 버렸고, 배고픔만 남았습니다.

Er litt unter ständigem Hunger und träumte von mehr Essen.

그는 끊임없이 배고픔에 시달렸고, 더 많은 음식을 꿈꿨습니다.

Die anderen Hunde haben nur ein Pfund abgenommen, sind aber stark geblieben.

다른 개들은 1파운드의 음식만 먹었지만, 힘을 잃지 않았습니다.

Sie waren kleiner und in das Leben im Norden hineingeboren.

그들은 더 작았고 북쪽의 삶에서 태어났습니다.

Er verlor rasch die Sorgfalt, die sein früheres Leben geprägt hatte.

그는 옛날의 삶에 존재했던 꼼꼼함을 금세 잃어버렸다.

Er war ein gieriger Esser gewesen, aber jetzt war das nicht mehr möglich.

그는 맛있는 음식을 먹는 것을 좋아했지만, 이제는 더 이상 그럴 수 없게 되었습니다.

Seine Kameraden waren zuerst fertig und raubten ihm seine noch nicht aufgegessene Ration.

그의 친구들이 먼저 식사를 마치고 그에게서 남은 식량을 빼앗았습니다.

Als sie einmal damit anfingen, gab es keine Möglichkeit mehr, sein Essen vor ihnen zu verteidigen.

일단 그들이 공격하기 시작하자 그의 음식을 방어할 방법이 없었습니다.

Während er zwei oder drei Hunde abwehrte, stahlen die anderen den Rest.

그가 두세 마리의 개를 쫓아내는 동안 다른 개들이 나머지를 훔쳐갔습니다.

Um dies zu beheben, begann er, so schnell zu essen wie die anderen.

이를 해결하기 위해 그는 다른 사람들처럼 빨리 먹기
시작했습니다.

**Der Hunger trieb ihn so sehr an, dass er sogar Essen zu sich
nahm, das ihm nicht gehörte.**
배고픔이 그를 너무 힘들게 해서 그는 자신의 음식이
아닌 다른 음식도 먹었습니다.

**Er beobachtete die anderen und lernte schnell aus ihren
Handlungen.**
그는 다른 사람들을 관찰하고 그들의 행동으로부터
빠르게 배웠습니다.

**Er sah, wie Pike, ein neuer Hund, Perrault eine Scheibe
Speck stahl.**
그는 새로 온 개 파이크가 페로에게서 베이컨 한 조각을
훔치는 것을 보았습니다.

**Pike hatte gewartet, bis Perrault sich umdrehte, um den
Speck zu stehlen.**
파이크는 페로가 등을 돌릴 때까지 기다렸다가 베이컨을
훔쳤습니다.

**Am nächsten Tag machte Buck es Pike nach und stahl das
ganze Stück.**
다음 날, 벅은 파이크를 따라해 그 덩어리 전체를
훔쳤습니다.

**Es folgte ein großer Aufruhr, doch Buck wurde nicht
verdächtigt.**
큰 소란이 일어났지만 벅은 의심받지 않았습니다.

**Stattdessen wurde Dub bestraft, ein tollpatschiger Hund,
der immer erwischt wurde.**
늘 잡히던 서투른 개 더브는 대신 벌을 받았습니다.

**Dieser erste Diebstahl machte Buck zu einem Hund, der in
der Lage war, im Norden zu überleben.**
첫 번째 도난 사건은 벅이 북쪽에서 살아남을 수 있는
개라는 것을 보여주었습니다.

**Er zeigte, dass er sich an neue Bedingungen anpassen und
schnell lernen konnte.**
그는 새로운 환경에 적응하고 빠르게 학습할 수 있다는
것을 보여주었습니다.

Ohne diese Anpassungsfähigkeit wäre er schnell und auf schlimme Weise gestorben.

그런 적응력이 없었다면 그는 빨리, 그리고 심하게 죽었을 것이다.

Es markierte auch den Zusammenbruch seiner moralischen Natur und seiner früheren Werte.

또한 그것은 그의 도덕적 본성과 과거 가치관의 붕괴를 의미했습니다.

Im Südland hatte er nach dem Gesetz der Liebe und Güte gelebt.

그는 사우스랜드에서 사랑과 친절의 법칙에 따라 살았습니다.

Dort war es sinnvoll, Eigentum und die Gefühle anderer Hunde zu respektieren.

그곳에서는 자신의 재산과 다른 개들의 감정을 존중하는 것이 합리적이었습니다.

Aber das Nordland befolgte das Gesetz der Keule und das Gesetz der Reißzähne.

하지만 노스랜드는 곤봉의 법칙과 송곳니의 법칙을 따랐습니다.

Wer hier alte Werte respektierte, war dumm und würde scheitern.

여기서 옛 가치관을 존중하는 사람은 어리석고 실패할 것입니다.

Buck hat das alles nicht durchdacht.

벅은 이 모든 것을 마음속으로 추론하지 못했다.

Er war fit und passte sich daher an, ohne darüber nachdenken zu müssen.

그는 건강했기 때문에 생각할 필요 없이 적응할 수 있었습니다.

Sein ganzes Leben lang war er noch nie vor einem Kampf davongelaufen.

그는 평생 싸움에서 도망간 적이 한 번도 없었습니다.

Doch die Holzkeule des Mannes im roten Pullover änderte diese Regel.

하지만 빨간 스웨터를 입은 남자의 나무 곤봉이 그
규칙을 바꾸었습니다.

**Jetzt folgte er einem tieferen, älteren Code, der in sein
Wesen eingeschrieben war.**

이제 그는 자신의 존재에 새겨진 더 깊고 오래된 코드를
따랐습니다.

Er stahl nicht aus Vergnügen, sondern aus Hunger.

그는 즐거움을 위해 훔친 것이 아니라, 배고픔으로 인한
고통 때문에 훔쳤습니다.

Er raubte nie offen, sondern stahl mit List und Sorgfalt.

그는 공개적으로 강도질을 한 적이 없지만 교활하고
신중하게 도둑질을 했습니다.

**Er handelte aus Respekt vor der Holzkeule und aus Angst
vor dem Fangzahn.**

그는 나무 곤봉에 대한 존경심과 송곳니에 대한 두려움
때문에 그렇게 행동했습니다.

**Kurz gesagt, er hat das getan, was einfacher und sicherer
war, als es nicht zu tun.**

간단히 말해서, 그는 아무것도 하지 않는 것보다 더 쉽고
안전한 일을 했습니다.

**Seine Entwicklung – oder vielleicht seine Rückkehr zu alten
Instinkten – verlief schnell.**

그의 발전은 빨랐다. 아니면 옛날의 본능으로의 복귀도
빨랐다.

**Seine Muskeln verhärteten sich, bis sie sich stark wie Eisen
anfühlten.**

그의 근육은 철처럼 강해질 때까지 굳어졌습니다.

**Schmerzen machten ihm nichts mehr aus, es sei denn, sie
waren ernst.**

그는 심각한 고통이 아닌 이상 더 이상 고통에 신경 쓰지
않았습니다.

**Er wurde durch und durch effizient und verschwendete
überhaupt nichts.**

그는 안팎으로 효율성을 높여 아무것도 낭비하지
않았습니다.

Er konnte Dinge essen, die scheußlich, verdorben oder schwer verdaulich waren.

그는 역겹고 썩은 것, 소화하기 힘든 것도 먹을 수 있었습니다.

Was auch immer er aß, sein Magen verbrauchte das letzte bisschen davon.

그는 무엇을 먹든 간에 그의 뱃속은 마지막 남은 음식까지 모두 먹어 치웠다.

Sein Blut transportierte die Nährstoffe weit durch seinen kräftigen Körper.

그의 혈액은 그의 강력한 몸 전체에 영양분을 공급했습니다.

Dadurch baute er starkes Gewebe auf, das ihm eine unglaubliche Ausdauer verlieh.

이로 인해 그는 놀라운 지구력을 갖춘 튼튼한 조직을 가지게 되었습니다.

Sein Seh- und Geruchssinn wurden viel feiner als zuvor.

그의 시력과 후각은 이전보다 훨씬 더 민감해졌습니다.

Sein Gehör wurde so scharf, dass er im Schlaf leise Geräusche wahrnehmen konnte.

그의 청력은 너무 예민해져서 잠자는 동안에도 희미한 소리를 들을 수 있었습니다.

In seinen Träumen wusste er, ob die Geräusche Sicherheit oder Gefahr bedeuteten.

그는 꿈에서 그 소리가 안전을 의미하는지 위험을 의미하는지 알았습니다.

Er lernte, mit den Zähnen auf das Eis zwischen seinen Zehen zu beißen.

그는 발가락 사이의 얼음을 이빨로 물어뜯는 법을 배웠습니다.

Wenn ein Wasserloch zufror, brach er das Eis mit seinen Beinen.

물웅덩이가 얼어붙으면 그는 다리로 얼음을 깨곤 했다.

Er bäumte sich auf und schlug mit seinen steifen Vorderbeinen hart auf das Eis.

그는 몸을 일으켜 뻣뻣한 앞발로 얼음을 세게 내리쳤다.

Seine bemerkenswerteste Fähigkeit war die Vorhersage von
Windänderungen über Nacht.
그의 가장 놀라운 능력은 밤새 바람의 변화를 예측하는
것이었습니다.
Selbst bei Windstille suchte er sich windgeschützte Stellen
aus.
공기가 고요할 때에도 그는 바람으로부터 보호되는
장소를 선택했습니다.
Wo auch immer er sein Nest grub, der Wind des nächsten
Tages strich an ihm vorbei.
그가 둥지를 파는 곳마다 다음 날의 바람이 그를
지나갔다.
Er landete immer gemütlich und geschützt, in Lee der Brise.
그는 언제나 바람이 없는 쪽에서 아늑하고 안전하게
지냈습니다.
Buck hat nicht nur durch Erfahrung gelernt – auch seine
Instinkte sind zurückgekehrt.
벅은 경험을 통해 배웠을 뿐만 아니라, 그의 본능도
돌아왔습니다.
Die Gewohnheiten der domestizierten Generationen
begannen zu verschwinden.
길들여진 세대의 습관은 사라지기 시작했습니다.
Er erinnerte sich vage an die alten Zeiten seiner Rasse.
그는 막연하게나마 자신의 품종의 고대 시절을
기억했다.
Er dachte an die Zeit zurück, als wilde Hunde in Rudeln
durch die Wälder rannten.
그는 야생 개들이 숲 속에서 떼지어 달리던 때를
떠올렸다.
Sie hatten ihre Beute gejagt und getötet, während sie sie
verfolgten.
그들은 먹이를 쫓아가서 죽이면서 달렸습니다.
Buck lernte leicht, mit Biss und Schnelligkeit zu kämpfen.
벅은 이빨과 빠른 속도를 이용해 싸우는 법을 쉽게
배웠습니다.

Er verwendete Schnitte, Hiebe und schnelle Schnappschüsse, genau wie seine Vorfahren.
그는 조상들처럼 자르고, 베고, 재빠르게 꺾는 기술을 사용했습니다.

Diese Vorfahren regten sich in ihm und erweckten seine wilde Natur.
그 조상들은 그의 내면에서 깨어나 그의 야생적 본성을 일깨웠습니다.

Ihre alten Fähigkeiten waren ihm durch die Blutlinie vererbt worden.
그들의 오래된 기술은 혈통을 통해 그에게 전해졌습니다.

Ihre Tricks gehörten ihm nun, ohne dass er üben oder sich anstrengen musste.
이제 그들의 속임수는 그의 것이 되었고, 연습이나 노력이 필요 없게 되었습니다.

In stillen, kalten Nächten hob Buck die Nase und heulte.
고요하고 추운 밤이면 벅은 코를 들고 울부짖었다.

Er heulte lang und tief, so wie es die Wölfe vor langer Zeit getan hatten.
그는 마치 옛날 늑대들이 그랬던 것처럼 길고 깊은 울부짖음을 내질렀다.

Durch ihn streckten seine toten Vorfahren ihre Nasen und heulten.
그를 통해 그의 죽은 조상들이 코를 들이밀고 울부짖었다.

Sie heulten durch die Jahrhunderte mit seiner Stimme und Gestalt.
그들은 수세기 동안 그의 목소리와 모습으로 울부짖었습니다.

Seine Kadenzen waren ihre, alte Schreie, die von Kummer und Kälte erzählten.
그의 운율은 그들의 운율과 같았고, 슬픔과 추위를 말해주는 오래된 울음소리였다.

Sie sangen von Dunkelheit, Hunger und der Bedeutung des Winters.

그들은 어둠, 굶주림, 그리고 겨울의 의미를 노래했습니다.

Buck bewies, wie das Leben von Kräften jenseits des eigenen Ichs geprägt wird.

벅은 삶이 자신을 넘어서는 힘에 의해 형성된다는 것을 증명했습니다.

Das uralte Lied stieg durch Buck auf und ergriff seine Seele.

고대의 노래가 벅의 영혼을 사로잡았습니다.

Er fand sich selbst, weil Menschen im Norden Gold gefunden hatten.

그는 북쪽에서 사람들이 금을 발견했기 때문에 자신을 발견했습니다.

Und er fand sich selbst, weil Manuel, der Gärtnergehilfe, Geld brauchte.

그리고 그는 정원사의 도우미인 마누엘에게 돈이 필요해서 자신을 찾았습니다.

Das dominante Urtier
지배적인 원시 짐승

In Buck war das dominante Urtier so stark wie eh und je.
지배적인 원시적 짐승은 버크에서 예전처럼
강력했습니다.

Doch das dominante Urtier hatte in ihm geschlummert.
하지만 지배적인 원시적 짐승은 그의 안에 잠복해
있었습니다.

Das Leben auf dem Trail war hart, aber es stärkte das Tier in Buck.
산길에서의 생활은 혹독했지만, 그것은 벅의 내면에
있는 야수를 강화시켜 주었다.

Insgeheim wurde das Biest von Tag zu Tag stärker.
그 짐승은 비밀리에 날이 갈수록 더욱 강해졌습니다.

Doch dieses innere Wachstum blieb der Außenwelt verborgen.
하지만 그러한 내면의 성장은 외부 세계에 알려지지
않았습니다.

In Buck baute sich eine stille und ruhige Urkraft auf.
벅의 내면에는 조용하고 차분한 원초적인 힘이 형성되고
있었습니다.

Neue Gerissenheit verlieh Buck Gleichgewicht, Ruhe und Selbstbeherrschung.
새로운 교활함은 벅에게 균형, 차분한 통제력, 평정심을
주었습니다.

Buck konzentrierte sich sehr auf die Anpassung und fühlte sich nie völlig entspannt.
벅은 적응에만 집중했고, 결코 완전히 편안한 기분을
느끼지 못했다.

Er ging Konflikten aus dem Weg, fing nie Streit an und suchte auch nie Ärger.
그는 갈등을 피했고, 결코 싸움을 시작하지 않았으며,
문제를 일으키지도 않았습니다.

Jede Bewegung von Buck war von langsamer, stetiger Nachdenklichkeit geprägt.

벅의 모든 움직임에는 느리고 꾸준한 생각이 담겨
있었습니다.

**Er vermied überstürzte Entscheidungen und plötzliche,
rücksichtslose Entschlüsse.**

그는 성급한 선택이나 갑작스럽고 무모한 결정을
피했습니다.

**Obwohl Buck Spitz zutiefst hasste, zeigte er ihm gegenüber
keine Aggression.**

벅은 스피츠를 몹시 싫어했지만, 그에게 공격적인
태도를 보이지는 않았습니다.

**Buck hat Spitz nie provoziert und sein Verhalten
zurückhaltend gehalten.**

벅은 스피츠를 자극하지 않았고, 자신의 행동을
자제했습니다.

**Spitz hingegen spürte die wachsende Gefahr, die von Buck
ausging.**

반면, 스피츠는 벅에게서 점점 커지는 위험을
감지했습니다.

**Er sah in Buck eine Bedrohung und eine ernsthafte
Herausforderung seiner Macht.**

그는 벅을 자신의 권력에 대한 위협이자 심각한
도전으로 여겼습니다.

**Er nutzte jede Gelegenheit, um zu knurren und seine
scharfen Zähne zu zeigen.**

그는 으르렁거리며 날카로운 이빨을 보일 기회가 있을
때마다 이용했다.

**Er versuchte, den tödlichen Kampf zu beginnen, der
bevorstand.**

그는 다가올 치명적인 싸움을 시작하려고 했습니다.

**Schon zu Beginn der Reise wäre es beinahe zu einem Streit
zwischen ihnen gekommen.**

여행 초반에 그들 사이에 싸움이 벌어질 뻔했습니다.

Doch ein unerwarteter Unfall verhinderte den Kampf.

하지만 예상치 못한 사고로 인해 싸움은 일어나지 않게
되었습니다.

An diesem Abend schlugen sie ihr Lager am bitterkalten Lake Le Barge auf.

그날 저녁, 그들은 몹시 추운 르바르주 호수에 캠프를 세웠습니다.

Es schneite heftig und der Wind war schneidend wie ein Messer.

눈이 많이 내리고, 바람이 칼날처럼 휘몰아쳤습니다.

Die Nacht war zu schnell hereingebrochen und Dunkelheit umgab sie.

밤은 너무 빨리 찾아왔고, 어둠이 그들을 에워쌌다.

Sie hätten sich kaum einen schlechteren Ort zum Ausruhen aussuchen können.

그들이 휴식하기에 이보다 더 나쁜 곳은 없었을 것이다.

Die Hunde suchten verzweifelt nach einem Platz zum Hinlegen.

개들은 필사적으로 누울 곳을 찾았습니다.

Hinter der kleinen Gruppe erhob sich steil eine hohe Felswand.

작은 무리 뒤로는 높은 바위벽이 가파르게 솟아 있었습니다.

Das Zelt wurde in Dyea zurückgelassen, um die Last zu erleichtern.

짐을 가볍게 하기 위해 텐트는 다이아에 남겨 두었습니다.

Ihnen blieb nichts anderes übrig, als das Feuer auf dem Eis selbst zu machen.

그들은 얼음 위에 불을 피울 수밖에 없었습니다.

Sie breiten ihre Schlafmäntel direkt auf dem zugefrorenen See aus.

그들은 얼어붙은 호수 위에 잠자리 옷을 바로 펼쳤다.

Ein paar Stücke Treibholz gaben ihnen ein wenig Feuer.

몇 개의 유목이 그들에게 약간의 불을 가져다주었습니다.

Doch das Feuer wurde auf dem Eis entfacht und taute hindurch.

하지만 불은 얼음 위에 피워졌고, 얼음을 통해
녹아내렸습니다.

Schließlich aßen sie ihr Abendessen im Dunkeln.
결국 그들은 어둠 속에서 저녁을 먹고 있었습니다.

**Buck rollte sich neben dem Felsen zusammen, geschützt vor
dem kalten Wind.**
벅은 차가운 바람을 피해 바위 옆에 웅크리고 있었다.

**Der Platz war so warm und sicher, dass Buck es hasste,
wegzugehen.**
그 장소는 너무 따뜻하고 안전해서 벅은 이사하고 싶지
않았습니다.

**Aber François hatte den Fisch aufgewärmt und verteilte die
Rationen.**
하지만 프랑수아는 물고기를 데워놓고 식량을 나눠주고
있었습니다.

Buck aß schnell fertig und ging zurück in sein Bett.
벅은 재빨리 식사를 마치고 침대로 돌아갔다.

Aber Spitz lag jetzt dort, wo Buck sein Bett gemacht hatte.
하지만 스피츠는 이제 벅이 침대를 만든 곳에 누워
있었습니다.

**Ein leises Knurren warnte Buck, dass Spitz sich weigerte,
sich zu bewegen.**
낮은 으르렁거림으로 벅은 스피츠가 움직이지 않을
것이라고 경고했다.

Bisher hatte Buck diesen Kampf mit Spitz vermieden.
지금까지 벅은 스피츠와의 싸움을 피해왔습니다.

Doch tief in Bucks Innerem brach das Biest schließlich aus.
하지만 벅의 깊은 곳에서 짐승이 마침내 풀려났습니다.

Der Diebstahl seines Schlafplatzes war zu viel für ihn.
그의 잠자리가 도난당한 것은 참을 수 없는
일이었습니다.

Buck stürzte sich voller Wut und Zorn auf Spitz.
벅은 분노와 격노로 가득 차서 스피츠에게 달려들었다.

Bis jetzt hatte Spitz gedacht, Buck sei bloß ein großer Hund.
지금까지 스피츠는 벅이 단지 큰 개일 뿐이라고
생각하지 않았습니다.

Er glaubte nicht, dass Buck durch seinen Geist überlebt hatte.

그는 벅이 자신의 영혼을 통해 살아남았다고 생각하지 않았다.

Er erwartete Angst und Feigheit, nicht Wut und Rache.

그는 분노와 복수가 아닌 두려움과 비겁함을 기대했습니다.

François starrte die beiden Hunde an, als sie aus dem zerstörten Nest stürmten.

프랑수아는 두 마리의 개가 무너진 둥지에서 뛰쳐나오는 것을 바라보았다.

Er verstand sofort, was den wilden Kampf ausgelöst hatte.

그는 즉시 격렬한 싸움이 시작된 이유를 이해했습니다.

„Aa-ah!", rief François, um dem braunen Hund zuzujubeln.

"아아!" 프랑수아는 갈색 개를 응원하며 소리쳤다.

„Verprügelt ihn! Bei Gott, bestraft diesen hinterhältigen Dieb!"

"그놈을 때려눕혀! 신이시여, 저 교활한 도둑놈을 벌해 주십시오!"

Spitz zeigte gleichermaßen Bereitschaft und wilden Kampfeswillen.

스피츠 역시 싸움에 대한 동등한 준비성과 맹렬한 열망을 보였다.

Er schrie wütend auf, während er schnell im Kreis kreiste und nach einer Öffnung suchte.

그는 빠르게 돌며 틈을 찾으며 분노에 차 소리쳤다.

Buck zeigte den gleichen Kampfeshunger und die gleiche Vorsicht.

벅은 여전히 싸우고자 하는 열망을 보였지만, 여전히 조심스러운 태도를 보였다.

Auch er umkreiste seinen Gegner und versuchte, im Kampf die Oberhand zu gewinnen.

그는 상대방을 에워싸고 전투에서 우위를 점하려고 노력했습니다.

Dann geschah etwas Unerwartetes und veränderte alles.

그러다 예상치 못한 일이 일어나 모든 것이
바뀌었습니다.

**Dieser Moment verzögerte den letztendlichen Kampf um
die Führung.**

그 순간으로 인해 결국 리더십을 놓고 벌어질 싸움이
지연되었습니다.

**Bis zum Ende warteten noch viele Meilen voller Mühe und
Anstrengung.**

끝까지 가려면 아직도 수 마일에 달하는 고난과 투쟁이
기다리고 있었습니다.

**Perrault stieß einen Fluch aus, als eine Keule auf Knochen
schlug.**

페로는 곤봉이 뼈에 부딪히자 욕설을 외쳤다.

**Es folgte ein scharfer Schmerzensschrei, dann brach überall
Chaos aus.**

날카로운 고통의 비명이 이어졌고, 그 후 주변은
혼란스러워졌습니다.

**Dunkle Gestalten bewegten sich im Lager; wilde Huskys,
ausgehungert und wild.**

캠프에 어두운 형체들이 움직였다. 굶주리고 사나운
야생 허스키들이었다.

**Vier oder fünf Dutzend Huskys hatten das Lager von
weitem erschnüffelt.**

허스키 4~50마리가 멀리서 캠프를 냄새로
알아보았습니다.

**Sie hatten sich leise hineingeschlichen, während die beiden
Hunde in der Nähe kämpften.**

두 마리의 개가 근처에서 싸우는 동안 그들은 조용히
기어 들어왔습니다.

**François und Perrault griffen an und schwangen Knüppel
auf die Eindringlinge.**

프랑수아와 페로는 곤봉을 휘두르며 침략자들을
공격했습니다.

**Die ausgehungerten Huskies zeigten ihre Zähne und
wehrten sich rasend.**

굶주린 허스키들은 이빨을 드러내고 광적으로 반격했다.

Der Geruch von Fleisch und Brot hatte sie alle Angst vertreiben lassen.

고기와 빵 냄새가 그들을 모든 두려움에서 몰아냈습니다.

Perrault schlug einen Hund, der seinen Kopf in der Fresskiste vergraben hatte.

페로는 음식 상자에 머리를 파묻은 개를 때렸다.

Der Schlag war hart, die Schachtel kippte um und das Essen quoll heraus.

강한 타격이 가해지자 상자가 뒤집히고 음식이 쏟아졌습니다.

Innerhalb von Sekunden rissen sich zwanzig wilde Tiere über das Brot und das Fleisch her.

몇 초 만에 20마리의 야수들이 빵과 고기를 찢어버렸습니다.

Die Keulen der Männer landeten Schlag auf Schlag, doch kein Hund ließ nach.

남자 곤봉들이 연이어 공격을 가했지만, 어떤 개도 물러서지 않았습니다.

Sie schrien vor Schmerz, kämpften aber, bis kein Futter mehr übrig war.

그들은 고통스럽게 울부짖었지만, 음식이 다 없어질 때까지 싸웠습니다.

Inzwischen waren die Schlittenhunde aus ihren verschneiten Betten gesprungen.

그 사이 썰매개들은 눈 덮인 침대에서 뛰어내렸습니다.

Sie wurden sofort von den bösartigen, hungrigen Huskys angegriffen.

그들은 사납고 배고픈 허스키들에게 즉시 공격을 받았습니다.

Buck hatte noch nie zuvor so wilde und ausgehungerte Tiere gesehen.

벅은 이전에 그렇게 사납고 굶주린 동물을 본 적이 없었다.

Ihre Haut hing lose und verbarg kaum ihr Skelett.

그들의 피부는 헐거워져 뼈대가 거의 보이지
않았습니다.

**In ihren Augen brannte ein Feuer aus Hunger und
Wahnsinn**

그들의 눈에는 배고픔과 광기로 인한 불이 있었습니다.

**Sie waren nicht aufzuhalten, ihrem wilden Ansturm war
kein Widerstand zu leisten.**

그들을 막을 수 있는 사람은 아무도 없었고, 그들의
맹렬한 돌진에 저항할 수 있는 사람도 없었습니다.

**Die Schlittenhunde wurden zurückgedrängt und gegen die
Felswand gedrückt.**

썰매개들은 뒤로 밀려나 절벽 벽에 기대어 섰다.

**Drei Huskies griffen Buck gleichzeitig an und rissen ihm
das Fleisch auf.**

허스키 세 마리가 한꺼번에 벅을 공격해 그의 살을
찢었습니다.

**Aus den Schnittwunden an seinem Kopf und seinen
Schultern strömte Blut.**

그의 머리와 어깨, 즉 베인 부분에서 피가 쏟아졌습니다.

**Der Lärm erfüllte das Lager: Knurren, Jaulen und
Schmerzensschreie.**

캠프 안에는 소음이 가득 찼다. 으르렁거리는 소리,
울부짖는 소리, 고통스러운 비명.

**Billee weinte wie immer laut, gefangen im Kampf und in
der Panik.**

빌리는 평소처럼 싸움과 공황에 휩싸여 큰 소리로
울었다.

**Dave und Solleks standen Seite an Seite, blutend, aber
trotzig.**

데이브와 솔렉스는 피를 흘리면서도 저항하며 나란히
섰습니다.

**Joe kämpfte wie ein Dämon und biss alles, was ihm zu nahe
kam.**

조는 악마처럼 싸웠고, 가까이 다가오는 것은 무엇이든
물어뜯었다.

Mit einem brutalen Schnappen seines Kiefers zerquetschte er das Bein eines Huskys.

그는 턱을 잔혹하게 한 번 꺾어 허스키의 다리를 부러뜨렸습니다.

Pike sprang auf den verletzten Husky und brach ihm sofort das Genick.

파이크는 부상당한 허스키에게 달려들어 그 즉시 목을 부러뜨렸습니다.

Buck packte einen Husky an der Kehle und riss ihm die Ader auf.

벅은 허스키의 목을 물어 혈관을 찢어버렸습니다.

Blut spritzte und der warme Geschmack trieb Buck in Raserei.

피가 튀었고, 따뜻한 맛이 벅을 격노하게 만들었다.

Ohne zu zögern stürzte er sich auf einen anderen Angreifer.

그는 주저하지 않고 다른 공격자에게 달려들었다.

Im selben Moment gruben sich scharfe Zähne in Bucks Kehle.

동시에 날카로운 이빨이 벅의 목에 박혔다.

Spitz hatte von der Seite zugeschlagen und ohne Vorwarnung angegriffen.

스피츠는 아무런 경고도 없이 측면에서 공격해 왔습니다.

Perrault und François hatten die Hunde besiegt, die das Futter stahlen.

페로와 프랑수아는 음식을 훔치는 개들을 물리쳤습니다.

Nun eilten sie ihren Hunden zu Hilfe, um die Angreifer abzuwehren.

이제 그들은 공격자들을 물리치기 위해 개들을 돕기 위해 달려갔습니다.

Die ausgehungerten Hunde zogen sich zurück, als die Männer ihre Keulen schwangen.

굶주린 개들은 남자들이 곤봉을 휘두르자 물러났다.

Buck konnte sich dem Angriff befreien, doch die Flucht war nur von kurzer Dauer.

벅은 공격에서 벗어났지만 탈출은 잠깐이었다.

Die Männer rannten los, um ihre Hunde zu retten, und die Huskies kamen erneut zum Vorschein.
남자들은 개들을 구하기 위해 달려갔고 허스키들이 다시 몰려왔다.

Billee, der aus Angst Mut fasste, sprang in die Hundemeute.
겁에 질린 빌리는 용기를 내어 개 무리 속으로 뛰어들었다.

Doch dann floh er in blanker Angst und Panik über das Eis.
하지만 그는 극심한 공포와 공황 상태에 빠져 얼음 위로 도망쳤습니다.

Pike und Dub folgten dicht dahinter und rannten um ihr Leben.
파이크와 더브는 그 뒤를 따라가며 목숨을 구하기 위해 달렸다.

Der Rest des Teams löste sich auf, zerstreute sich und folgte ihnen.
나머지 팀원들도 흩어져 그들을 따라갔다.

Buck nahm all seine Kräfte zusammen, um loszurennen, doch dann sah er einen Blitz.
벅은 도망치려고 힘을 모았지만, 그때 섬광을 보았습니다.

Spitz stürzte sich auf Buck und versuchte, ihn zu Boden zu schlagen.
스피츠는 벅의 옆으로 달려들어 그를 땅에 쓰러뜨리려고 했습니다.

Unter dieser Meute von Huskys hätte Buck nicht entkommen können.
허스키 무리 아래에서는 벅이 탈출할 방법이 없었을 것이다.

Aber Buck blieb standhaft und wappnete sich für den Schlag von Spitz.
하지만 벅은 굳건히 서서 스피츠의 타격에 대비했습니다.

Dann drehte er sich um und rannte mit dem fliehenden Team auf das Eis hinaus.

그러고 나서 그는 돌아서서 도망치는 팀과 함께 얼음
위로 달려나갔습니다.

**Später versammelten sich die neun Schlittenhunde im
Schutz des Waldes.**
나중에, 9마리의 썰매개들이 숲의 보호소에 모였습니다.
**Niemand verfolgte sie mehr, aber sie waren geschlagen und
verwundet.**
더 이상 그들을 쫓는 사람은 없었지만, 그들은 폭행을
당하고 부상을 입었습니다.
**Jeder Hund hatte Wunden; vier oder fünf tiefe Schnitte an
jedem Körper.**
각 개는 상처를 입고 있었습니다. 몸에는 깊은 상처가
4~5개 있었습니다.
**Dub hatte ein verletztes Hinterbein und konnte kaum noch
laufen.**
더브는 뒷다리에 부상을 입었고 이제는 걷는 데
어려움을 겪고 있습니다.
**Dolly, der neueste Hund aus Dyea, hatte eine aufgeschlitzte
Kehle.**
다이아의 새 강아지 돌리는 목이 베였습니다.
**Joe hatte ein Auge verloren und Billees Ohr war in Stücke
geschnitten**
조는 한쪽 눈을 잃었고, 빌리의 귀는 조각조각
잘렸습니다.
**Alle Hunde schrien die ganze Nacht vor Schmerz und
Niederlage.**
모든 개들은 밤새도록 고통과 패배감에 울부짖었습니다.
**Im Morgengrauen krochen sie wund und gebrochen zurück
ins Lager.**
새벽이 되자 그들은 몸이 아프고 지친 채로 캠프로
돌아왔습니다.
**Die Huskies waren verschwunden, aber der Schaden war
angerichtet.**
허스키들은 사라졌지만 피해는 이미 발생했습니다.

Perrault und François standen schlecht gelaunt vor der Ruine.

페로와 프랑수아는 폐허를 바라보며 기분이 나빴다.

Die Hälfte der Lebensmittel war verschwunden und von den hungrigen Dieben geschnappt worden.

음식의 절반은 배고픈 도둑들에게 낚아채가 갔습니다.

Die Huskies hatten Schlittenbindungen und Planen zerrissen.

허스키들은 썰매의 묶음과 캔버스를 찢어버렸습니다.

Alles, was nach Essen roch, wurde vollständig verschlungen.

음식 냄새가 나는 것은 모두 먹어 치워졌습니다.

Sie aßen ein Paar von Perraults Reisestiefeln aus Elchleder.

그들은 페로의 무스 가죽으로 만든 여행용 부츠 한 켤레를 먹었습니다.

Sie zerkauten Lederreis und ruinierten Riemen, sodass sie nicht mehr verwendet werden konnten.

그들은 가죽 레이스를 씹어먹고, 끈을 망가뜨려 더 이상 쓸 수 없게 만들었습니다.

François hörte auf, auf die zerrissene Peitsche zu starren, um nach den Hunden zu sehen.

프랑수아는 찢어진 채찍을 바라보는 것을 멈추고 개들을 살펴보았다.

„Ah, meine Freunde", sagte er mit leiser, besorgter Stimme.

"아, 친구들." 그는 걱정이 가득한 낮은 목소리로 말했다.

„Vielleicht verwandeln euch all diese Bisse in tollwütige Tiere."

"어쩌면 이 모든 물림이 너를 미친 짐승으로 만들지도 몰라."

„Vielleicht alles tollwütige Hunde, heiliger Scheiß! Was meinst du, Perrault?"

"미친 개들이 다 그럴 수도 있겠지, 새시캠! 어떻게 생각하니, 페로?"

Perrault schüttelte den Kopf, seine Augen waren dunkel vor Sorge und Angst.

페로는 고개를 저으며, 눈은 걱정과 두려움으로 어두워졌다.

Zwischen ihnen und Dawson lagen noch sechshundertvierzig Kilometer.
그들과 도슨 사이는 아직도 400마일이나 떨어져 있었습니다.

Der Hundewahnsinn könnte nun jede Überlebenschance zerstören.
지금의 개 광기는 생존의 모든 가능성을 파괴할 수도 있습니다.

Sie verbrachten zwei Stunden damit, zu fluchen und zu versuchen, die Ausrüstung zu reparieren.
그들은 2시간 동안 욕설을 퍼부으며 장비를 고치려고 노력했습니다.

Das verwundete Team verließ schließlich gebrochen und besiegt das Lager.
부상을 입은 팀은 마침내 캠프를 떠났고, 무너지고 패배했습니다.

Dies war der bisher schwierigste Weg und jeder Schritt war schmerzhaft.
지금까지 본 길 중 가장 힘든 길이었고, 매 걸음마다 고통스러웠습니다.

Der Thirty Mile River war nicht zugefroren und rauschte wild.
서티마일 강은 얼지 않았고, 거세게 흐르고 있었습니다.

Nur an ruhigen Stellen und in wirbelnden Wirbeln konnte das Eis halten.
오직 고요한 곳과 소용돌이치는 곳에서만 얼음이 버틸 수 있었습니다.

Sechs Tage harter Arbeit vergingen, bis die dreißig Meilen geschafft waren.
30마일을 가는 데까지 6일간의 힘든 노동이 이어졌습니다.

Jeder Kilometer des Weges barg Gefahren und Todesgefahr.
그 길을 1마일씩 걸어갈 때마다 위험과 죽음의 위협이 찾아왔습니다.

Die Männer und Hunde riskierten mit jedem schmerzhaften Schritt ihr Leben.

남자와 개들은 고통스러운 한 걸음을 내딛으며 목숨을
걸었습니다.

Perrault durchbrach ein Dutzend Mal dünne Eisbrücken.
페로는 얇은 얼음 다리를 12번이나 돌파했습니다.

**Er trug eine Stange und ließ sie über das Loch fallen, das
sein Körper hinterlassen hatte.**
그는 막대기를 들고 자신의 몸이 만든 구멍에
떨어뜨렸습니다.

**Mehr als einmal rettete diese Stange Perrault vor dem
Ertrinken.**
그 기둥은 페로를 익사로부터 구한 적이 여러 번
있었습니다.

**Die Kältewelle hielt an, die Lufttemperatur lag bei minus
fünfzig Grad.**
추위가 계속되었고 기온은 영하 50도였습니다.

**Jedes Mal, wenn er hineinfiel, musste Perrault ein Feuer
anzünden, um zu überleben.**
페로는 빠질 때마다 살아남기 위해 불을 피워야
했습니다.

**Nasse Kleidung gefror schnell, also trocknete er sie in der
Nähe der sengenden Hitze.**
젖은 옷은 빨리 얼기 때문에 그는 뜨거운 열기에
말렸습니다.

**Perrault hatte nie Angst und das machte ihn zu einem
Kurier.**
페로는 결코 두려움을 느끼지 않았고, 그로 인해 그는
택배기사가 되었습니다.

**Er wurde für die Gefahr auserwählt und begegnete ihr mit
stiller Entschlossenheit.**
그는 위험을 감수하기 위해 선택되었지만, 그는 조용한
결의로 위험을 맞이했습니다.

**Er drängte sich gegen den Wind vorwärts, sein runzliges
Gesicht war erfroren.**
그는 바람을 맞으며 앞으로 나아갔고, 그의 주름진
얼굴은 동상에 걸렸다.

Von der Morgendämmerung bis zum Einbruch der Nacht führte Perrault sie weiter.

희미한 새벽부터 밤까지 페로는 그들을 이끌었다.

Er ging auf einer schmalen Eiskante, die bei jedem Schritt knackte.

그는 걸을 때마다 갈라지는 좁은 얼음 위를 걸었다.

Sie wagten nicht, anzuhalten – jede Pause hätte das Risiko eines tödlichen Zusammenbruchs bedeutet.

그들은 감히 멈출 수 없었다. 멈출 때마다 치명적인 붕괴의 위험이 있었기 때문이다.

Einmal brach der Schlitten durch und zog Dave und Buck hinein.

어느 날 썰매가 뚫고 들어가 데이브와 벅을 끌어당겼습니다.

Als sie freigezogen wurden, waren beide fast erfroren.

그들이 끌려나왔을 때, 두 사람 모두 거의 얼어붙어 있었습니다.

Die Männer machten schnell ein Feuer, um Buck und Dave am Leben zu halten.

남자들은 벅과 데이브를 살리기 위해 재빨리 불을 피웠다.

Die Hunde waren von der Nase bis zum Schwanz mit Eis bedeckt und steif wie geschnitztes Holz.

개들은 코부터 꼬리까지 얼음으로 뒤덮여 있었고, 조각된 나무처럼 뻣뻣했습니다.

Die Männer ließen sie in der Nähe des Feuers im Kreis laufen, um ihre Körper aufzutauen.

남자들은 불 근처에서 그들을 원으로 돌며 몸을 녹였다.

Sie kamen den Flammen so nahe, dass ihr Fell versengt wurde.

그들은 불길에 너무 가까이 다가가서 털이 그을렸습니다.

Als nächster durchbrach Spitz das Eis und zog das Team hinter sich her.

스피츠가 얼음을 깨고 뒤따라오는 팀을 이끌었다.

Der Bruch reichte bis zu der Stelle, an der Buck zog.

그 틈은 벅이 잡아당기는 곳까지 닿아 있었습니다.

Buck lehnte sich weit zurück, seine Pfoten rutschten und zitterten auf der Kante.

벅은 몸을 뒤로 기대었고, 발은 가장자리에서 미끄러지고 떨렸다.

Dave streckte sich ebenfalls nach hinten, direkt hinter Buck auf der Leine.

데이브도 벅 바로 뒤쪽, 결승선에서 뒤로 힘을 주었다.

François zog den Schlitten, seine Muskeln knackten vor Anstrengung.

프랑수아는 썰매를 끌고 갔고, 그의 근육은 힘겹게 경련을 일으켰다.

Ein anderes Mal brach das Randeis vor und hinter dem Schlitten.

또 다른 때는 썰매 앞뒤의 가장자리 얼음이 갈라졌습니다.

Sie hatten keinen anderen Ausweg, als eine gefrorene Felswand zu erklimmen.

그들은 얼어붙은 절벽을 오르는 것 외에는 탈출할 방법이 없었습니다.

Perrault schaffte es irgendwie, die Mauer zu erklimmen; wie durch ein Wunder blieb er am Leben.

페로는 어떻게든 벽을 올라갔고, 기적적으로 그는 살아남았습니다.

François blieb unten und betete um dasselbe Glück.

프랑수아는 아래에 머물며 같은 행운을 빌었습니다.

Sie banden jeden Riemen, jede Zurrschnur und jede Leine zu einem langen Seil zusammen.

그들은 모든 끈과 끈을 묶어 하나의 긴 밧줄로 만들었습니다.

Die Männer zogen jeden Hund einzeln nach oben.

남자들은 한 번에 한 마리씩 개를 꼭대기까지 끌어올렸습니다.

François kletterte als Letzter, nach dem Schlitten und der gesamten Ladung.

프랑수아는 썰매와 짐 전체를 싣고 마지막으로
올라갔습니다.

Dann begann eine lange Suche nach einem Weg von den Klippen hinunter.

그러고 나서 절벽 아래로 내려갈 길을 찾기 위한 긴
탐색이 시작되었습니다.

Schließlich stiegen sie mit demselben Seil ab, das sie selbst hergestellt hatten.

그들은 마침내 자신들이 만든 것과 같은 밧줄을 이용해
내려갔습니다.

Es wurde Nacht, als sie erschöpft und wund zum Flussbett zurückkehrten.

그들이 지치고 몸이 아픈 채로 강바닥으로 돌아왔을 때
밤이 깊어졌습니다.

Der ganze Tag hatte ihnen nur eine Viertelmeile Gewinn eingebracht.

그들은 단 400미터를 가는 데도 하루 종일 걸렸습니다.

Als sie das Hootalinqua erreichten, war Buck erschöpft.

그들이 후탈린콰에 도착했을 때, 벅은 지쳐 있었습니다.

Die anderen Hunde litten ebenso sehr unter den Bedingungen auf dem Trail.

다른 개들도 산길 상황 때문에 똑같이 큰 고통을
겪었습니다.

Aber Perrault musste Zeit gutmachen und trieb sie jeden Tag weiter an.

하지만 페로는 시간을 벌기 위해 노력했고, 매일 그들을
밀어붙였습니다.

Am ersten Tag reisten sie dreißig Meilen nach Big Salmon.

첫날 그들은 30마일을 여행하여 빅 샐먼에
도착했습니다.

Am nächsten Tag reisten sie fünfunddreißig Meilen nach Little Salmon.

다음 날 그들은 35마일을 여행하여 리틀 샐먼에
도착했습니다.

Am dritten Tag kämpften sie sich durch sechzig Kilometer lange, eisige Strecken.

셋째 날, 그들은 얼어붙은 40마일의 긴 길을 뚫고
나아갔습니다.

Zu diesem Zeitpunkt näherten sie sich der Siedlung Five Fingers.

그때쯤 그들은 파이브 핑거스의 정착지에 가까워지고
있었습니다.

Bucks Füße waren weicher als die harten Füße der einheimischen Huskys.

벅의 발은 토종 허스키의 단단한 발보다 부드럽습니다.

Seine Pfoten waren im Laufe vieler zivilisierter Generationen zart geworden.

그의 발은 여러 세대의 문명을 거치며
부드러워졌습니다.

Vor langer Zeit wurden seine Vorfahren von Flussmännern oder Jägern gezähmt.

옛날 옛적에 그의 조상들은 강의 사람들이나
사냥꾼들에게 길들여졌습니다.

Jeden Tag humpelte Buck unter Schmerzen und ging auf wunden, schmerzenden Pfoten.

벅은 매일 고통스럽게 절뚝거리며, 벌겋고 아픈 발로
걸었다.

Im Lager fiel Buck wie eine leblose Gestalt in den Schnee.

캠프에 도착하자 벅은 눈 위에 죽은 듯이 쓰러졌습니다.

Obwohl Buck am Verhungern war, stand er nicht auf, um sein Abendessen einzunehmen.

배가 고팠지만, 벅은 저녁 식사를 하기 위해 일어나지
않았습니다.

François brachte Buck seine Ration und legte ihm Fisch neben die Schnauze.

프랑수아는 벅에게 식량을 가져다 주면서 총구에
물고기를 놓았습니다.

Jeden Abend massierte der Fahrer Bucks Füße eine halbe Stunde lang.

매일 밤 운전사는 벅의 발을 30분 동안 문질러 주었다.

François hat sogar seine eigenen Mokassins zerschnitten, um daraus Hundeschuhe zu machen.

프랑수아는 개 신발을 만들기 위해 모카신을 직접 자르기도 했습니다.

Vier warme Schuhe waren für Buck eine große und willkommene Erleichterung.

따뜻한 신발 네 켤레가 벅에게 큰 위안과 안도감을 주었다.

Eines Morgens vergaß François die Schuhe und Buck weigerte sich aufzustehen.

어느 날 아침, 프랑수아는 신발을 잊어버렸고, 벅은 일어나기를 거부했습니다.

Buck lag auf dem Rücken, die Füße in der Luft, und wedelte mitleiderregend damit herum.

벅은 등을 대고 누워서 발을 공중에 뻗고 애처롭게 흔들고 있었다.

Sogar Perrault grinste beim Anblick von Bucks dramatischer Bitte.

심지어 페로조차도 벅의 극적인 호소를 보고 미소를 지었다.

Bald wurden Bucks Füße hart und die Schuhe konnten weggeworfen werden.

곧 벅의 발은 딱딱해졌고, 신발을 벗어야 했습니다.

In Pelly stieß Dolly beim Angeschirrtwerden ein schreckliches Heulen aus.

펠리에서는 굴레를 씌우는 동안 돌리가 무서운 울부짖음을 터뜨렸습니다.

Der Schrei war lang und voller Wahnsinn und erschütterte jeden Hund.

그 울음소리는 길고 광기로 가득 차 있었고, 모든 개들이 떨렸습니다.

Jeder Hund zuckte vor Angst zusammen, ohne den Grund zu kennen.

각각의 개들은 그 이유를 모른 채 두려움에 움츠러들었다.

Dolly war verrückt geworden und stürzte sich direkt auf Buck.

돌리는 미쳐서 벅에게 곧장 달려들었다.

Buck hatte noch nie Wahnsinn gesehen, aber sein Herz war von Entsetzen erfüllt.

벅은 광기를 본 적이 없었지만, 공포가 그의 마음을 가득 채웠다.

Ohne nachzudenken, drehte er sich um und floh in absoluter Panik.

그는 아무런 생각도 없이 돌아서서 완전히 당황한 채로 도망쳤습니다.

Dolly jagte ihm hinterher, ihre Augen waren wild, Speichel spritzte aus ihrem Maul.

돌리는 그를 쫓았고, 그녀의 눈은 사나워졌고, 그녀의 입에서는 침이 흘러내렸다.

Sie blieb direkt hinter Buck, holte nie auf und fiel nie zurück.

그녀는 벅 바로 뒤를 따라갔고, 결코 뒤처지지도, 따라잡지도 않았습니다.

Buck rannte durch den Wald, die Insel hinunter und über zerklüftetes Eis.

벅은 숲을 지나, 섬을 지나, 험준한 얼음 위를 달렸습니다.

Er überquerte die Insel und erreichte eine weitere, bevor er im Kreis zurück zum Fluss ging.

그는 한 섬으로 건너갔다가 또 다른 섬으로 건너간 뒤 다시 강으로 돌아왔습니다.

Dolly jagte ihn immer noch und knurrte ihn bei jedem Schritt an.

돌리는 여전히 그를 쫓아갔고, 매 걸음마다 으르렁거리는 소리를 내며 뒤따랐다.

Buck konnte ihren Atem und ihre Wut hören, obwohl er es nicht wagte, zurückzublicken.

벅은 그녀의 숨소리와 분노를 들을 수 있었지만, 뒤돌아볼 용기가 나지 않았다.

François rief aus der Ferne und Buck drehte sich in die Richtung der Stimme um.
프랑수아가 멀리서 소리치자, 벅은 목소리가 들리는 쪽으로 돌아섰다.

Immer noch nach Luft schnappend rannte Buck vorbei und setzte seine ganze Hoffnung auf François.
벅은 여전히 숨을 헐떡이며 프랑수아에게 모든 희망을 걸고 달려갔다.

Der Hundeführer hob eine Axt und wartete, während Buck vorbeiflog.
개 운전사는 도끼를 들고 벅이 지나가는 것을 기다렸다.

Die Axt kam schnell herunter und traf Dollys Kopf mit tödlicher Wucht.
도끼는 빠르게 내려와 돌리의 머리를 치명적인 힘으로 쳤다.

Buck brach neben dem Schlitten zusammen, keuchte und konnte sich nicht bewegen.
벅은 썰매 근처에 쓰러져 쌕쌕거리며 움직일 수 없게 되었다.

In diesem Moment hatte Spitz die Chance, einen erschöpften Gegner zu schlagen.
그 순간, 스피츠는 지친 적을 공격할 기회를 얻었다.

Zweimal biss er Buck und riss das Fleisch bis auf den weißen Knochen auf.
그는 벅을 두 번 물어뜯어 살을 찢어 흰 뼈까지 남겼습니다.

François' Peitsche knallte und traf Spitz mit voller, wütender Wucht.
프랑수아의 채찍이 휘둘리며, 엄청난 힘으로 스피츠를 공격했다.

Buck sah mit Freude zu, wie Spitz seine bisher härteste Tracht Prügel bekam.
벅은 스피츠가 지금까지 가장 가혹한 구타를 당하는 것을 기쁨으로 지켜보았습니다.

„Er ist ein Teufel, dieser Spitz", murmelte Perrault düster vor sich hin.

"슈피츠는 악마야." 페로는 어두운 목소리로 중얼거렸다.

„Eines Tages wird dieser verfluchte Hund Buck töten – das schwöre ich."

"언젠가는 저 저주받은 개가 벅을 죽일 거야. 맹세해."

„Dieser Buck hat zwei Teufel in sich", antwortete François mit einem Nicken.

프랑수아는 고개를 끄덕이며 "벅은 악마가 두 마리나 있는 놈이야."라고 대답했다.

„Wenn ich Buck beobachte, weiß ich, dass etwas Wildes in ihm lauert."

"벅을 보면, 그 안에 사나운 무언가가 도사리고 있다는 걸 알 수 있어요."

„Eines Tages wird er rasend vor Wut werden und Spitz in Stücke reißen."

"어느 날, 그는 불처럼 화가 나서 스피츠를 갈기갈기 찢어놓을 거야."

„Er wird den Hund zerkauen und ihn auf den gefrorenen Schnee spucken."

"그는 그 개를 씹어 얼어붙은 눈 위에 뱉어낼 거야."

„Das weiß ich ganz sicher tief in meinem Innern."

"물론이죠, 저는 이걸 뼈 속 깊이 알고 있어요."

Von diesem Moment an befanden sich die beiden Hunde im Krieg.

그 순간부터 두 마리의 개는 전쟁을 벌이게 되었습니다.

Spitz führte das Team an und hatte die Macht, aber Buck stellte das in Frage.

스피츠는 팀을 이끌고 권력을 쥐고 있었지만, 벅은 그에 도전했습니다.

Spitz sah seinen Rang durch diesen seltsamen Fremden aus dem Süden bedroht.

스피츠는 이 이상한 사우스랜드 낯선 사람 때문에 자신의 계급이 위협받는 것을 보았습니다.

Buck war anders als alle Südstaatenhunde, die Spitz zuvor gekannt hatte.

벅은 스피츠가 지금까지 알고 있던 남부의 어떤 개와도 달랐습니다.

Die meisten von ihnen scheiterten – sie waren zu schwach, um Kälte und Hunger zu überleben.

그들 대부분은 실패했습니다. 추위와 굶주림을 견뎌내기에는 너무 약했습니다.

Sie starben schnell unter der harten Arbeit, dem Frost und der langsamen Hungersnot.

그들은 노동과 추위, 그리고 기근으로 인한 느린 타오르는 열기에 빨리 죽었습니다.

Buck stand abseits – mit jedem Tag stärker, klüger und wilder.

벅은 돋보였습니다. 날이 갈수록 더 강하고, 더 똑똑하고, 더 사나워졌습니다.

Er gedieh trotz aller Härte und wuchs heran, bis er den nördlichen Huskies ebenbürtig war.

그는 어려움을 겪으며 성장하여 북부 허스키와 어깨를 나란히 했습니다.

Buck hatte Kraft, wilde Geschicklichkeit und einen geduldigen, tödlichen Instinkt.

벅은 힘과 뛰어난 기술, 그리고 인내심과 치명적인 본능을 가지고 있었습니다.

Der Mann mit der Keule hatte Buck die Unbesonnenheit ausgetrieben.

곤봉을 든 남자가 벅의 성급함을 몰아냈다.

Die blinde Wut war verschwunden und durch stille Gerissenheit und Kontrolle ersetzt worden.

맹목적인 분노는 사라지고 조용한 교활함과 통제력으로 대체되었습니다.

Er wartete ruhig und ursprünglich und wartete auf den richtigen Moment.

그는 침착하고 원초적인 자세로 적절한 순간을 기다렸다.

Ihr Kampf um die Vorherrschaft wurde unvermeidlich und deutlich.

그들의 지휘권을 둘러싼 싸움은 피할 수 없고 분명해졌습니다.

Buck strebte nach einer Führungsposition, weil sein Geist es verlangte.
벅은 자신의 정신이 요구했기 때문에 리더십을
원했습니다.

Er wurde von dem seltsamen Stolz getrieben, der aus der Jagd und dem Geschirr entstand.
그는 산길과 굴레에서 비롯된 이상한 자존심에
이끌렸습니다.

Dieser Stolz ließ die Hunde ziehen, bis sie im Schnee zusammenbrachen.
그 자존심 때문에 개들은 눈 위에 쓰러질 때까지 힘을
썼습니다.

Der Stolz verleitete sie dazu, all ihre Kraft einzusetzen.
오만함은 그들을 유혹하여 그들이 가진 모든 힘을
바치게 했습니다.

Stolz kann einen Schlittenhund sogar in den Tod treiben.
교만함은 썰매개를 죽음의 지경까지 유혹할 수 있다.

Der Verlust des Geschirrs ließ die Hunde gebrochen und ziellos zurück.
하네스를 잃으면 개들은 힘없고 쓸모없는 존재가
됩니다.

Das Herz eines Schlittenhundes kann vor Scham brechen, wenn er in den Ruhestand geht.
썰매를 끄는 개는 은퇴할 때 수치심으로 인해 마음이
상할 수 있다.

Dave lebte von diesem Stolz, während er den Schlitten hinter sich herzog.
데이브는 썰매를 뒤에서 끌면서 그 자부심에 따라
살았습니다.

Auch Solleks gab mit grimmiger Stärke und Loyalität alles.
솔렉스 역시 굳건한 힘과 충성심을 가지고 모든 것을
바쳤다.

Jeden Morgen verwandelte der Stolz ihre Verbitterung in Entschlossenheit.
매일 아침, 교만함은 그들을 비통함에서 단호함으로
바꾸었습니다.

Sie drängten den ganzen Tag und verstummten dann am Ende des Lagers.
그들은 하루 종일 밀고 나갔고, 캠프가 끝나자 아무 말도 하지 않았습니다.

Dieser Stolz gab Spitz die Kraft, Drückeberger zur Räson zu bringen.
그 자부심 덕분에 스피츠는 게으른 자들을 물리치고 규율을 지킬 수 있는 힘을 얻었습니다.

Spitz fürchtete Buck, weil Buck denselben tiefen Stolz in sich trug.
스피츠는 벅을 두려워했는데, 벅은 그와 똑같은 깊은 자존심을 가지고 있었기 때문이다.

Bucks Stolz wandte sich nun gegen Spitz, und er ließ nicht locker.
벅의 자존심은 이제 스피츠에 대해 들끓었고, 그는 멈추지 않았습니다.

Buck widersetzte sich Spitz' Macht und hinderte ihn daran, Hunde zu bestrafen.
벅은 스피츠의 힘에 저항하여 그가 개를 처벌하는 것을 막았습니다.

Als andere versagten, stellte sich Buck zwischen sie und ihren Anführer.
다른 사람들이 실패했을 때, 벅은 그들과 그들의 리더 사이에 들어섰습니다.

Er tat dies mit Absicht und brachte seine Herausforderung offen und deutlich zum Ausdruck.
그는 의도적으로 이를 행했으며, 자신의 도전을 공개적이고 명확하게 표현했습니다.

In einer Nacht hüllte schwerer Schnee die Welt in tiefe Stille.
어느 날 밤, 폭설이 세상을 깊은 침묵 속에 덮었습니다.

Am nächsten Morgen stand Pike, faul wie immer, nicht zur Arbeit auf.
다음날 아침, 파이크는 언제나처럼 게으르며 일하러 일어나지 않았습니다.

Er blieb in seinem Nest unter einer dicken Schneeschicht verborgen.

그는 두꺼운 눈층 아래 둥지에 숨어 있었습니다.

François rief und suchte, konnte den Hund jedoch nicht finden.

프랑수아는 소리쳐 수색했지만 개를 찾을 수 없었다.

Spitz wurde wütend und stürmte durch das schneebedeckte Lager.

슈피츠는 격노하여 눈 덮인 캠프를 습격했습니다.

Er knurrte und schnüffelte und grub wie verrückt mit flammenden Augen.

그는 으르렁거리고 냄새를 맡으며, 불타는 눈으로 미친 듯이 땅을 파헤쳤다.

Seine Wut war so heftig, dass Pike vor Angst unter dem Schnee zitterte.

그의 분노가 너무 강렬해서 파이크는 눈 속에서 두려움에 떨었습니다.

Als Pike schließlich gefunden wurde, stürzte sich Spitz auf den versteckten Hund, um ihn zu bestrafen.

파이크가 마침내 발견되자, 스피츠는 숨어 있던 개를 처벌하기 위해 달려들었다.

Doch Buck sprang mit einer Wut zwischen sie, die Spitz' eigener ebenbürtig war.

하지만 벅은 스피츠와 마찬가지로 격노하여 그들 사이에 뛰어들었다.

Der Angriff erfolgte so plötzlich und geschickt, dass Spitz umfiel.

그 공격은 너무 갑작스럽고 교묘해서 스피츠는 넘어졌다.

Pike, der gezittert hatte, schöpfte aus diesem Trotz neuen Mut.

떨고 있던 파이크는 이 도전에서 용기를 얻었습니다.

Er sprang auf den gefallenen Spitz und folgte Bucks mutigem Beispiel.

그는 벅의 대담한 모범을 따라 쓰러진 스피츠 위로 뛰어올랐다.

Buck, der nicht länger an Fairness gebunden war, beteiligte sich am Angriff auf Spitz.

더 이상 공정성에 얽매이지 않은 벅은 스피츠의 파업에 합류했습니다.

François, amüsiert, aber dennoch diszipliniert, schwang seine schwere Peitsche.

프랑수아는 즐거워하면서도 단호하게 규율을 지키며 무거운 채찍을 휘둘렀다.

Er schlug Buck mit aller Kraft, um den Kampf zu beenden.

그는 싸움을 중단시키기 위해 온 힘을 다해 벅을 때렸다.

Buck weigerte sich, sich zu bewegen und blieb auf dem gefallenen Anführer sitzen.

벅은 움직이기를 거부하고 쓰러진 리더 위에 머물렀다.

Dann benutzte François den Griff der Peitsche und schlug Buck damit heftig.

프랑수아는 채찍 자루를 이용해 벅을 세게 때렸다.

Buck taumelte unter dem Schlag und fiel zurück.

타격으로 비틀거리던 벅은 공격에 다시 쓰러졌다.

François schlug immer wieder zu, während Spitz Pike bestrafte.

프랑수아는 계속해서 공격했고, 스피츠는 파이크를 처벌했습니다.

Die Tage vergingen und Dawson City kam immer näher.

시간이 흐르면서 도슨시티는 점점 더 가까워졌습니다.

Buck mischte sich immer wieder ein und schlüpfte zwischen Spitz und andere Hunde.

벅은 계속해서 스피츠와 다른 개들 사이를 끼어들며 간섭했습니다.

Er wählte seine Momente gut und wartete immer darauf, dass François ging.

그는 프랑수아가 떠날 때를 항상 기다리며 순간을 잘 선택했습니다.

Bucks stille Rebellion breitete sich aus und im Team breitete sich Unordnung aus.

벅의 조용한 반항은 퍼져나갔고, 팀 내에 혼란이 뿌리를
내렸습니다.

**Dave und Solleks blieben loyal, andere jedoch wurden
widerspenstig.**

데이브와 솔렉스는 충성을 다했지만, 다른 사람들은
점점 더 어수선해졌습니다.

**Die Situation im Team wurde immer schlimmer – es wurde
unruhig, streitsüchtig und geriet aus der Reihe.**

팀은 점점 더 나빠졌습니다. 불안하고, 다투기 좋아하고,
선을 넘었습니다.

**Nichts lief mehr reibungslos und es kam immer wieder zu
Streit.**

더 이상 모든 일이 순조롭게 진행되지 않았고, 싸움이
잦아졌습니다.

**Buck blieb im Zentrum des Chaos und provozierte ständig
Unruhe.**

벅은 항상 문제의 중심에 있었고, 항상 불안을
야기했습니다.

**François blieb wachsam, aus Angst vor dem Kampf
zwischen Buck und Spitz.**

프랑수아는 벅과 스피츠 사이의 싸움이 두려워서 경계를
늦추지 않았습니다.

**Jede Nacht wurde er durch Rangeleien geweckt, aus Angst,
dass es endlich losgehen würde.**

매일 밤 싸움으로 인해 그는 깨어났고, 마침내 시작이 온
것을 두려워했습니다.

Er sprang aus seiner Robe, bereit, den Kampf zu beenden.

그는 싸움을 중단시키려고 옷을 벗었다.

**Aber der Moment kam nie und sie erreichten schließlich
Dawson.**

하지만 그 순간은 결코 오지 않았고, 그들은 마침내
도슨에 도착했습니다.

**Das Team betrat die Stadt an einem trüben Nachmittag,
angespannt und still.**

어느 날 오후, 그 팀은 긴장되고 조용한 분위기 속에서
마을에 들어갔습니다.

Der große Kampf um die Führung hing noch immer in der eisigen Luft.

지도력을 위한 큰 싸움은 아직도 얼어붙은 공기 속에 머물러 있었습니다.

Dawson war voller Männer und Schlittenhunde, die alle mit der Arbeit beschäftigt waren.

도슨은 일로 분주한 남자와 썰매개들로 가득 차 있었습니다.

Buck beobachtete die Hunde von morgens bis abends beim Lastenziehen.

벅은 아침부터 저녁까지 개들이 짐을 끄는 것을 지켜보았습니다.

Sie transportierten Baumstämme und Brennholz und lieferten Vorräte an die Minen.

그들은 통나무와 장작을 끌고 광산으로 물품을 실어 날랐습니다.

Wo früher im Süden Pferde arbeiteten, schufteten heute Hunde.

한때 남부 지방에서는 말이 일하던 곳이 이제는 개들이 일하고 있습니다.

Buck sah einige Hunde aus dem Süden, aber die meisten waren wolfsähnliche Huskys.

벅은 남쪽에서 온 개 몇 마리를 보았지만, 대부분은 늑대와 비슷한 허스키였습니다.

Nachts erhoben die Hunde pünktlich zum ersten Mal ihre Stimmen zum Singen.

밤이 되면 정해진 시간마다 개들은 목소리를 높여 노래를 불렀습니다.

Um neun, um Mitternacht und erneut um drei begann der Gesang.

오전 9시, 자정, 그리고 다시 오후 3시에 노래가 시작되었습니다.

Buck liebte es, in ihren unheimlichen Gesang einzustimmen, der wild und uralt klang.

벅은 그들의 기괴하고 거친 노래에 동참하는 것을 좋아했는데, 그 소리는 거칠고 고대적이었다.

Das Polarlicht flammte, die Sterne tanzten und das Land war mit Schnee bedeckt.
오로라가 타오르고, 별들이 춤을 추고, 눈이 땅을 덮었습니다.

Der Gesang der Hunde erhob sich als Aufschrei gegen die Stille und die bittere Kälte.
개들의 노래는 침묵과 매서운 추위에 대한 외침으로 울려 퍼졌습니다.

Doch in jedem langen Ton ihres Heulens war Trauer und nicht Trotz zu hören.
하지만 그들의 울부짖음은 긴 음표 하나하나에 반항이 아닌 슬픔을 담고 있었습니다.

Jeder Klageschrei war voller Flehen; die Last des Lebens selbst.
그들의 애원에는 모두 간청이 가득했고, 그것은 바로 삶의 무게였습니다.

Dieses Lied war alt – älter als Städte und älter als Feuer
그 노래는 오래되었습니다. 마을보다 오래되었고, 불보다 오래되었습니다.

Dieses Lied war sogar älter als die Stimmen der Menschen.
그 노래는 사람의 목소리보다도 더 오래된 것이었다.

Es war ein Lied aus der jungen Welt, als alle Lieder traurig waren.
그것은 모든 노래가 슬픈 시절의 젊은 시절의 노래였습니다.

Das Lied trug den Kummer unzähliger Hundegenerationen in sich.
그 노래는 수많은 세대의 개들의 슬픔을 담고 있었습니다.

Buck spürte die Melodie tief und stöhnte vor jahrhundertealtem Schmerz.
벅은 그 멜로디를 깊이 느꼈고, 세월에 뿌리를 둔 고통으로 신음했습니다.

Er schluchzte aus einem Kummer, der so alt war wie das wilde Blut in seinen Adern.

그는 그의 혈관 속에 흐르는 거친 피만큼이나 오래된 슬픔 때문에 흐느꼈다.

Die Kälte, die Dunkelheit und das Geheimnisvolle berührten Bucks Seele.

추위, 어둠, 신비로움이 벅의 영혼을 감동시켰습니다.

Dieses Lied bewies, wie weit Buck zu seinen Ursprüngen zurückgekehrt war.

그 노래는 벅이 얼마나 본래의 모습으로 돌아왔는지 보여주었습니다.

Durch Schnee und Heulen hatte er den Anfang seines eigenen Lebens gefunden.

그는 눈과 울부짖음 속에서 자신의 삶의 시작을 찾았습니다.

Sieben Tage nach ihrer Ankunft in Dawson brachen sie erneut auf.

도슨에 도착한 지 7일 만에 그들은 다시 출발했습니다.

Das Team verließ die Kaserne und fuhr hinunter zum Yukon Trail.

팀은 막사에서 유콘 트레일로 내려갔습니다.

Sie begannen die Rückreise nach Dyea und Salt Water.

그들은 다이아와 솔트워터를 향해 여행을 시작했습니다.

Perrault überbrachte noch dringlichere Depeschen als zuvor.

페로는 이전보다 더 긴급한 전문을 전달했습니다.

Auch ihn packte der Trail-Stolz, und er wollte einen Rekord aufstellen.

그는 또한 트레일 프라이드에 사로잡혀 기록을 세우는 것을 목표로 삼았습니다.

Diesmal hatte Perrault mehrere Vorteile.

이번에는 페로에게 여러 가지 이점이 있었습니다.

Die Hunde hatten eine ganze Woche lang geruht und ihre Kräfte wiedererlangt.

개들은 일주일 동안 휴식을 취하고 힘을 회복했습니다.

Die Spur, die sie gebahnt hatten, wurde nun von anderen festgestampft.

그들이 개척한 길은 이제 다른 사람들에 의해 단단히 다져져 있었습니다.

An manchen Stellen hatte die Polizei Futter für Hunde und Menschen gelagert.

곳곳에는 경찰이 개와 사람을 위한 음식을 비축해 두었습니다.

Perrault reiste mit leichtem Gepäck und bewegte sich schnell, ohne dass ihn etwas belastete.

페로는 가볍게 여행했고, 무거운 짐도 거의 없이 빠르게 움직였다.

Sie erreichten Sixty-Mile, eine Strecke von achtzig Kilometern, noch in der ersten Nacht.

그들은 첫날밤에 50마일 거리인 60마일을 달렸습니다.

Am zweiten Tag eilten sie den Yukon hinauf nach Pelly.

둘째 날, 그들은 유콘 강을 따라 펠리를 향해 달려갔습니다.

Doch dieser tolle Fortschritt war für François mit vielen Strapazen verbunden.

하지만 그러한 훌륭한 진전은 프랑수아에게는 큰 부담으로 다가왔습니다.

Bucks stille Rebellion hatte die Disziplin des Teams zerstört.

벅의 조용한 반항은 팀의 규율을 깨뜨렸다.

Sie zogen nicht mehr wie ein Tier an den Zügeln.

그들은 더 이상 한 마리의 짐승처럼 고삐를 잡고 함께 움직이지 않았습니다.

Buck hatte durch sein mutiges Beispiel andere zum Trotz verleitet.

벅은 그의 대담한 모범을 통해 다른 사람들을 저항으로 이끌었습니다.

Spitz' Befehl stieß weder auf Furcht noch auf Respekt.

슈피츠의 명령은 더 이상 두려움이나 존경으로 받아들여지지 않았습니다.

Die anderen verloren ihre Ehrfurcht vor ihm und wagten es, sich seiner Herrschaft zu widersetzen.

다른 사람들은 그에 대한 경외심을 잃고 그의 통치에 저항했습니다.

Eines Nachts stahl Pike einen halben Fisch und aß ihn vor Bucks Augen.

어느 날 밤, 파이크는 물고기 반 마리를 훔쳐서 벅의 눈 밑에서 먹었습니다.

In einer anderen Nacht kämpften Dub und Joe gegen Spitz und blieben ungestraft.

또 다른 날 밤, 더브와 조는 스피츠와 싸웠지만 아무런 처벌도 받지 않았습니다.

Sogar Billee jammerte weniger süß und zeigte eine neue Schärfe.

빌리조차도 덜 달콤하게 징징거리고 새로운 날카로움을 보여주었다.

Buck knurrte Spitz jedes Mal an, wenn sich ihre Wege kreuzten.

벅은 스피츠와 마주칠 때마다 으르렁거렸다.

Bucks Haltung wurde dreist und bedrohlich, fast wie die eines Tyrannen.

벅의 태도는 점점 더 대담해지고 위협적이 되었으며, 거의 괴롭힘꾼과도 같았다.

Mit stolzgeschwellter Brust und voller spöttischer Bedrohung schritt er vor Spitz auf und ab.

그는 조롱하는 듯한 위협감으로 가득 찬 거만한 태도로 스피츠 앞을 왔다 갔다 했습니다.

Dieser Zusammenbruch der Ordnung breitete sich auch unter den Schlittenhunden aus.

그러한 질서의 붕괴는 썰매개들 사이에도 퍼져나갔습니다.

Sie stritten und stritten mehr denn je und erfüllten das Lager mit Lärm.

그들은 그 어느 때보다 더 많이 싸우고 논쟁했으며, 캠프 안은 소음으로 가득 찼습니다.

Das Lagerleben verwandelte sich jede Nacht in ein wildes, heulendes Chaos.

캠프 생활은 매일 밤 거칠고 울부짖는 혼돈으로
변했습니다.

Nur Dave und Solleks blieben ruhig und konzentriert.

오직 데이브와 솔렉스만이 흔들림 없이 집중했습니다.

Doch selbst sie wurden durch die ständigen Schlägereien ungehalten.

하지만 그들도 끊임없는 싸움으로 인해 화를 내기
시작했습니다.

François fluchte in fremden Sprachen und stampfte frustriert auf.

프랑수아는 이상한 언어로 욕설을 내뱉으며 좌절감에
발을 구르며 걸었다.

Er riss sich die Haare aus und schrie, während der Schnee unter seinen Füßen wirbelte.

그는 머리카락을 쥐어뜯으며 비명을 질렀고, 발밑에서는
눈이 날렸다.

Seine Peitsche knallte über das Rudel, konnte es aber kaum in Schach halten.

그의 채찍은 무리를 가로질러 날아갔지만 간신히 그들을
일렬로 세웠다.

Immer wenn er sich umdrehte, brachen die Kämpfe erneut aus.

그가 등을 돌릴 때마다 싸움은 다시 일어났다.

François setzte die Peitsche für Spitz ein, während Buck die Rebellen anführte.

프랑수아는 스피츠를 위해 채찍을 사용했고, 벅은
반군을 이끌었습니다.

Jeder kannte die Rolle des anderen, aber Buck vermied jegliche Schuldzuweisungen.

둘은 서로의 역할을 알고 있었지만, 벅은 비난을 피했다.

François hat Buck nie dabei erwischt, wie er eine Schlägerei anfing oder sich vor seiner Arbeit drückte.

프랑수아는 벅이 싸움을 시작하거나 일을 게을리 하는
것을 본 적이 없습니다.

Buck arbeitete hart im Geschirr – die Mühe erfüllte ihn jetzt mit Begeisterung.

벅은 열심히 일했습니다. 그 노동이 그의 정신을 설레게 했습니다.

Doch noch mehr Freude bereitete ihm das Anzetteln von Kämpfen und Chaos im Lager.
하지만 그는 캠프 내에서 싸움과 혼란을 일으키는 데서 더 큰 즐거움을 발견했습니다.

Eines Abends schreckte Dub an der Mündung des Tahkeena ein Kaninchen auf.
어느 날 저녁, 타키나의 입에서 더브는 토끼 한 마리를 놀라게 했습니다.

Er verpasste den Fang und das Schneeschuhkaninchen sprang davon.
그는 잡는 데 실패했고, 눈신발토끼는 뛰어 달아났다.

Innerhalb von Sekunden nahm das gesamte Schlittenteam unter wildem Geschrei die Verfolgung auf.
몇 초 만에 썰매 팀 전체가 격렬한 함성을 지르며 추격을 시작했습니다.

In der Nähe beherbergte ein Lager der Northwest Police fünfzig Huskys.
근처의 노스웨스트 경찰 캠프에는 허스키 개 50마리가 있었습니다.

Sie schlossen sich der Jagd an und stürmten gemeinsam den zugefrorenen Fluss hinunter.
그들은 사냥에 합류하여 얼어붙은 강을 따라 함께 내려갔습니다.

Das Kaninchen verließ den Fluss und floh in ein gefrorenes Bachbett.
토끼는 강에서 방향을 돌려 얼어붙은 개울바닥을 따라 도망쳤다.

Das Kaninchen hüpfte leichtfüßig über den Schnee, während die Hunde sich durchkämpften.
토끼는 눈 위를 가볍게 뛰어넘었고, 개들은 힘겹게 눈 속을 헤쳐 나갔습니다.

Buck führte das riesige Rudel von sechzig Hunden um jede Kurve.

벅은 60마리의 개로 이루어진 거대한 무리를 이끌고
구불구불한 길을 돌아다녔습니다.

Er drängte tief und eifrig vorwärts, konnte jedoch keinen
Boden gutmachen.

그는 몸을 낮게 하고 열의적으로 앞으로 나아갔지만, 더
이상 진전을 이룰 수 없었다.

Bei jedem kraftvollen Sprung blitzte sein Körper im blassen
Mondlicht auf.

그의 몸은 힘차게 뛰어오를 때마다 희미한 달빛
아래에서 번쩍였다.

Vor uns bewegte sich das Kaninchen wie ein Geist, lautlos
und zu schnell, um es einzufangen.

토끼는 앞에서 유령처럼 조용히 움직이며 따라잡을 수
없을 만큼 빠르게 움직였다.

All diese alten Instinkte – der Hunger, der Nervenkitzel –
durchströmten Buck.

그 모든 오래된 본능, 즉 배고픔과 설렘이 벅의 몸속으로
밀려들었다.

Manchmal verspüren Menschen diesen Instinkt und werden
dazu getrieben, mit Gewehr und Kugel zu jagen.

인간은 때때로 총과 총알을 이용해 사냥하려는 본능을
느낀다.

Aber Buck empfand dieses Gefühl auf einer tieferen und
persönlicheren Ebene.

하지만 벅은 이 느낌을 더 깊고 개인적인 차원에서
느꼈습니다.

Sie konnten die Wildnis nicht in ihrem Blut spüren, so wie
Buck sie spüren konnte.

그들은 벅이 느낄 수 있었던 것처럼 자신의 피 속에
흐르는 야생성을 느낄 수 없었다.

Er jagte lebendes Fleisch, bereit, mit seinen Zähnen zu töten
und Blut zu schmecken.

그는 살아 있는 고기를 쫓아다니며 이빨로 죽이고 피의
맛을 볼 준비를 했습니다.

Sein Körper spannte sich vor Freude, er wollte in warmem,
rotem Leben baden.

그의 몸은 기쁨으로 뻐근했고, 따뜻한 붉은 생명에 몸을
담그고 싶어했습니다.

**Eine seltsame Freude markiert den höchsten Punkt, den das
Leben jemals erreichen kann.**

이상한 기쁨은 인생이 도달할 수 있는 가장 높은 지점을
나타낸다.

**Das Gefühl eines Gipfels, bei dem die Lebenden vergessen,
dass sie überhaupt am Leben sind.**

살아있는 사람들이 자신이 살아 있다는 사실조차
잊어버리는 절정의 느낌.

**Diese tiefe Freude berührt den Künstler, der sich in
glühender Inspiration verliert.**

이 깊은 기쁨은 타오르는 영감에 휩싸인 예술가를
감동시킵니다.

**Diese Freude ergreift den Soldaten, der wild kämpft und
keinen Feind verschont.**

이 기쁨은 맹렬하게 싸우고 적을 하나도 아끼지 않는
군인을 사로잡습니다.

**Diese Freude erfasste nun Buck, der das Rudel mit seinem
Urhunger anführte.**

이 기쁨은 이제 벅을 사로잡았고 그는 원시적 배고픔
속에서 무리를 이끌었다.

**Er heulte mit dem uralten Wolfsschrei, aufgeregt durch die
lebendige Jagd.**

그는 살아있는 늑대의 추격에 신이 나서 고대 늑대의
울부짖음처럼 울부짖었다.

**Buck hat den ältesten Teil seiner selbst angezapft, der in der
Wildnis verloren war.**

벅은 자연 속에서 길을 잃은 자신의 가장 오래된 부분을
활용했습니다.

**Er griff tief in sein Inneres, in die Vergangenheit, in die
raue, uralte Zeit.**

그는 깊은 내면, 과거의 기억, 원시적이고 고대의 시간에
접근했습니다:

**Eine Welle puren Lebens durchströmte jeden Muskel und
jede Sehne.**

순수한 생명의 파도가 모든 근육과 힘줄을 통해
쇄도했습니다.

**Jeder Sprung schrie, dass er lebte, dass er durch den Tod
ging.**

매번 뛰어오를 때마다 그는 살아있고, 죽음을 통과해
나간다는 것을 외쳤습니다.

**Sein Körper schwebte freudig über stilles, kaltes Land, das
sich nie regte.**

그의 몸은 움직이지 않는 차갑고 고요한 땅 위로 기쁨에
넘쳐 날아올랐다.

**Spitz blieb selbst in seinen wildesten Momenten kalt und
listig.**

스피츠는 가장 격렬한 순간에도 냉정함과 교활함을
유지했습니다.

**Er verließ den Pfad und überquerte das Land, wo der Bach
eine weite Biegung machte.**

그는 산길을 벗어나 개울이 넓게 휘어지는 땅을
건넜습니다.

**Buck, der davon nichts wusste, blieb auf dem gewundenen
Pfad des Kaninchens.**

벅은 이 사실을 모르고 토끼가 지나간 구불구불한 길에
머물렀습니다.

**Dann, als Buck um eine Kurve bog, stand das geisterhafte
Kaninchen vor ihm.**

그때, 벅이 굽은길을 돌자 유령 같은 토끼가 그의 앞에
나타났습니다.

**Er sah, wie eine zweite Gestalt vor der Beute vom Ufer
sprang.**

그는 먹이보다 앞서 강둑에서 두 번째 인물이
뛰어오르는 것을 보았습니다.

**Bei der Gestalt handelte es sich um Spitz, der direkt auf dem
Weg des fliehenden Kaninchens landete.**

그 인물은 바로 스피츠였는데, 도망치는 토끼의 경로에
바로 착륙했습니다.

**Das Kaninchen konnte sich nicht umdrehen und traf mitten
in der Luft auf Spitz' Kiefer.**

토끼는 돌아설 수 없었고 공중에서 스피츠의 턱에
부딪혔다.

**Das Rückgrat des Kaninchens brach mit einem Schrei, der so
scharf war wie der Schrei eines sterbenden Menschen.**

토끼의 척추가 죽어가는 사람의 울음소리처럼 날카로운
비명과 함께 부러졌습니다.

**Bei diesem Geräusch – dem Sturz vom Leben in den Tod –
heulte das Rudel laut auf.**

그 소리, 즉 삶에서 죽음으로의 추락 소리에 무리는 크게
울부짖었다.

**Hinter Buck erhob sich ein wilder Chor voller dunkler
Freude.**

벅의 뒤에서 어둠의 기쁨으로 가득 찬 야만적인 합창이
울려 퍼졌습니다.

**Buck gab keinen Schrei von sich, keinen Laut, und stürmte
direkt auf Spitz zu.**

벅은 울음소리도 내지 않고 소리도 내지 않고
스피츠에게 곧장 달려들었다.

Er zielte auf die Kehle, traf aber stattdessen die Schulter.

그는 목을 노렸지만 대신 어깨를 맞혔습니다.

**Sie stürzten durch den weichen Schnee, ihre Körper waren
in einen Kampf verstrickt.**

그들은 부드러운 눈 속을 굴러다녔고, 그들의 몸은
전투에 갇혔습니다.

**Spitz sprang schnell auf, als wäre er nie niedergeschlagen
worden.**

스피츠는 마치 쓰러진 적이 없는 것처럼 재빨리
일어섰다.

**Er schlug auf Bucks Schulter und sprang dann aus dem
Kampf.**

그는 벅의 어깨를 베고 나서 싸움터에서
뛰어내렸습니다.

**Zweimal schnappten seine Zähne wie Stahlfallen, seine
Lippen waren grimmig gekräuselt.**

그의 이빨이 강철 함정처럼 두 번이나 부러졌고, 입술은
말려 올라 사나워졌다.

Er wich langsam zurück und suchte festen Boden unter seinen Füßen.

그는 천천히 뒤로 물러나면서 발 밑의 튼튼한 땅을 찾았습니다.

Buck verstand den Moment sofort und vollkommen.

벅은 그 순간을 즉시 완벽하게 이해했습니다.

Die Zeit war gekommen; der Kampf würde ein Kampf auf Leben und Tod werden.

그 순간이 왔습니다. 싸움은 죽음을 향한 싸움이 될 것입니다.

Die beiden Hunde umkreisten knurrend den Raum, legten die Ohren an und kniffen die Augen zusammen.

두 마리의 개가 으르렁거리며 돌아다녔는데, 귀는 납작하고 눈은 가늘었다.

Jeder Hund wartete darauf, dass der andere Schwäche zeigte oder einen Fehltritt machte.

각 개는 다른 개들이 약해지거나 실수를 보일 때까지 기다렸습니다.

Buck hatte ein unheimliches Gefühl, die Szene zu kennen und tief in Erinnerung zu behalten.

벅은 그 장면이 섬뜩할 정도로 친숙하고 깊이 기억되는 것을 느꼈다.

Die weißen Wälder, die kalte Erde, die Schlacht im Mondlicht.

하얀 숲, 차가운 땅, 달빛 아래의 전투.

Eine schwere Stille erfüllte das Land, tief und unnatürlich.

땅은 깊고 부자연스러운 무거운 침묵으로 가득 찼다.

Kein Wind regte sich, kein Blatt bewegte sich, kein Geräusch unterbrach die Stille.

바람도 움직이지 않았고, 나뭇잎도 움직이지 않았으며, 소리도 고요함을 깨지 않았습니다.

Der Atem der Hunde stieg wie Rauch in die eiskalte, stille Luft.

얼어붙은 조용한 공기 속에서 개들의 숨소리가 연기처럼 올라갔다.

Das Kaninchen war von der Meute der wilden Tiere längst vergessen.

토끼는 야생 짐승 무리에게서 오랫동안 잊혀졌습니다.

Diese halb gezähmten Wölfe standen nun still in einem weiten Kreis.

이제 반쯤 길들여진 늑대들은 넓은 원을 그리며 움직이지 않고 서 있었습니다.

Sie waren still, nur ihre leuchtenden Augen verrieten ihren Hunger.

그들은 조용했고, 빛나는 눈만이 배고픔을 드러냈다.

Ihr Atem stieg auf, als sie den Beginn des Endkampfes beobachteten.

그들은 마지막 싸움이 시작되는 것을 지켜보며 숨을 위로 들이쉬었다.

Für Buck war dieser Kampf alt und erwartet, überhaupt nicht ungewöhnlich.

벅에게 이 전투는 오래되고 예상된 일이었으며, 전혀 이상하지 않았습니다.

Es fühlte sich an wie die Erinnerung an etwas, das schon immer passieren sollte.

그것은 항상 일어나기로 되어 있던 일에 대한 기억처럼 느껴졌습니다.

Spitz war ein ausgebildeter Kampfhund, gestählt durch zahllose wilde Schlägereien.

스피츠는 수많은 격렬한 싸움을 통해 단련된 싸움개였습니다.

Von Spitzbergen bis Kanada hatte er viele Feinde besiegt.

슈피츠베르겐에서 캐나다까지 그는 많은 적을 물리쳤습니다.

Er war voller Wut, ließ seiner Wut jedoch nie freien Lauf.

그는 분노에 차 있었지만 결코 분노에 굴복하지 않았습니다.

Seine Leidenschaft war scharf, aber immer durch einen harten Instinkt gemildert.

그의 열정은 강렬했지만, 항상 냉정한 본능으로 누그러졌습니다.

Er griff nie an, bis seine eigene Verteidigung stand.
그는 자신의 방어가 확립될 때까지 결코 공격하지
않았습니다.

Buck versuchte immer wieder, Spitz' verwundbaren Hals zu erreichen.
벅은 스피츠의 취약한 목에 닿기 위해 계속해서
노력했습니다.

Doch jeder Schlag wurde von Spitz' scharfen Zähnen mit einem Hieb beantwortet.
하지만 모든 공격은 스피츠의 날카로운 이빨에 의해
저지되었습니다.

Ihre Reißzähne prallten aufeinander und beide Hunde bluteten aus den aufgerissenen Lippen.
그들의 송곳니가 부딪혔고, 두 마리의 개 모두 입술이
찢어져 피를 흘렸습니다.

Egal, wie sehr Buck sich auch wehrte, er konnte die Verteidigung nicht durchbrechen.
벅이 아무리 달려들더라도 방어선을 무너뜨릴 수는
없었다.

Er wurde immer wütender und stürmte mit wilden Kraftausbrüchen hinein.
그는 점점 더 격노하며, 엄청난 힘을 폭발시키며
돌진했습니다.

Immer wieder schlug Buck nach der weißen Kehle von Spitz.
벅은 계속해서 스피츠의 흰 목을 노렸다.

Jedes Mal wich Spitz aus und schlug mit einem schneidenden Biss zurück.
그때마다 스피츠는 회피하며 날카로운 물기로 반격했다.

Dann änderte Buck seine Taktik und stürzte sich erneut darauf, als wolle er ihm die Kehle zu Leibe rücken.
그러자 벅은 전략을 바꾸어 다시 목을 노리듯
달려들었다.

Doch er zog sich mitten im Angriff zurück und drehte sich um, um von der Seite zuzuschlagen.

하지만 그는 공격 도중 뒤로 물러나 측면에서 공격을
가했습니다.

**Er warf Spitz seine Schulter entgegen, um ihn
niederzuschlagen.**

그는 스피츠를 쓰러뜨리려고 어깨를 휘둘렀다.

**Bei jedem Versuch wich Spitz aus und konterte mit einem
Hieb.**

그가 시도할 때마다 스피츠는 피하고 베기로 반격했다.

**Bucks Schulter wurde wund, als Spitz nach jedem Schlag
davonsprang.**

스피츠가 매번 공격을 가할 때마다 벅의 어깨는
찢어졌다.

**Spitz war nicht berührt worden, während Buck aus vielen
Wunden blutete.**

스피츠는 손도 대지 않은 반면, 벅은 많은 상처에서 피를
흘리고 있었습니다.

**Bucks Atem ging schnell und schwer, sein Körper war
blutverschmiert.**

벅의 숨은 빠르고 거칠었고, 그의 몸은 피로 미끈거렸다.

Mit jedem Biss und Angriff wurde der Kampf brutaler.

물고 돌진할수록 싸움은 더욱 잔혹해졌습니다.

**Um sie herum warteten sechzig stille Hunde darauf, dass der
erste fiel.**

그들 주변에는 60마리의 개들이 조용히 첫 번째 개가
쓰러지기를 기다리고 있었습니다.

**Wenn ein Hund zu Boden ging, würde das Rudel den
Kampf beenden.**

개 한 마리라도 쓰러지면 무리 전체가 싸움을 끝낼 수
있었습니다.

**Spitz sah, dass Buck schwächer wurde, und begann, den
Angriff voranzutreiben.**

스피츠는 벅이 약해지는 것을 보고 공격을
시작했습니다.

**Er brachte Buck aus dem Gleichgewicht und zwang ihn, um
Halt zu kämpfen.**

그는 벅의 균형을 깨뜨려 균형을 잡기 위해 싸우게
했습니다.

Einmal stolperte Buck und fiel, und alle Hunde standen auf.
어느 날 벅이 비틀거리며 넘어지자, 모든 개들이
일어섰습니다.

**Doch Buck richtete sich mitten im Fall auf und alle sanken
wieder zu Boden.**
하지만 벅은 넘어지는 도중에 다시 일어섰고, 모두 다시
쓰러졌습니다.

**Buck hatte etwas Seltenes – eine Vorstellungskraft, die aus
tiefem Instinkt geboren war.**
벅은 희귀한 것을 가지고 있었습니다. 깊은 본능에서
태어난 상상력이죠.

Er kämpfte mit natürlichem Antrieb, aber auch mit List.
그는 타고난 추진력으로 싸웠지만, 또한 교활함으로도
싸웠습니다.

**Er griff erneut an, als würde er seinen Schulterangriffstrick
wiederholen.**
그는 마치 어깨 공격 기술을 반복하듯 다시 돌격했다.

**Doch in der letzten Sekunde ließ er sich fallen und flog
unter Spitz hindurch.**
하지만 마지막 순간에 그는 몸을 낮춰 스피츠 밑으로
스쳐 지나갔습니다.

Seine Zähne schnappten um Spitz' linkes Vorderbein.
그의 이빨이 스피츠의 왼쪽 앞다리에 딱 맞았습니다.

**Spitz stand nun unsicher da, sein Gewicht ruhte nur noch
auf drei Beinen.**
이제 스피츠는 세 개의 다리에 무게를 실은 채
불안정하게 서 있었습니다.

**Buck schlug erneut zu und versuchte dreimal, ihn zu Fall zu
bringen.**
벅은 다시 공격하여 세 번이나 그를 쓰러뜨리려고
시도했습니다.

Beim vierten Versuch nutzte er denselben Zug mit Erfolg
네 번째 시도에서 그는 같은 기술을 사용해
성공했습니다.

Diesmal gelang es Buck, Spitz in das rechte Bein zu beißen.

이번에는 벅이 스피츠의 오른쪽 다리를 물었습니다.

Obwohl Spitz verkrüppelt war und große Schmerzen litt, kämpfte er weiter ums Überleben.

슈피츠는 다리를 절고 고통받았지만 살아남기 위해 계속 노력했습니다.

Er sah, wie der Kreis der Huskys enger wurde, die Zungen herausstreckten und deren Augen leuchteten.

그는 허스키들이 모여서 혀를 내밀고 눈을 반짝이며 서로 뭉쳐 있는 것을 보았습니다.

Sie warteten darauf, ihn zu verschlingen, so wie sie es mit anderen getan hatten.

그들은 다른 이들에게 했던 것처럼 그를 잡아먹으려고 기다렸다.

Dieses Mal stand er im Mittelpunkt: besiegt und verdammt.

이번에는 그는 중앙에 섰습니다. 패배하고 파멸한 것입니다.

Für den weißen Hund gab es jetzt keine Möglichkeit mehr zu entkommen.

이제 흰 개에게는 탈출할 방법이 없었습니다.

Buck kannte keine Gnade, denn Gnade hatte in der Wildnis nichts zu suchen.

벅은 자비를 보이지 않았습니다. 자비는 야생에서 있어서는 안 되는 것이었기 때문입니다.

Buck bewegte sich vorsichtig und bereitete sich auf den letzten Angriff vor.

벅은 마지막 돌격을 준비하며 조심스럽게 움직였다.

Der Kreis der Huskys schloss sich, er spürte ihren warmen Atem.

허스키 무리가 모여들었고, 그는 그들의 따뜻한 숨결을 느꼈다.

Sie duckten sich und waren bereit, im richtigen Moment zu springen.

그들은 몸을 낮게 굽히고, 때가 되면 뛰어내릴 준비를 했습니다.

Spitz zitterte im Schnee, knurrte und veränderte seine Haltung.

스피츠는 눈 속에서 몸을 떨며 으르렁거리고 자세를 바꿨다.

Seine Augen funkelten, seine Lippen waren gekräuselt und seine Zähne blitzten in verzweifelter Drohung.

그의 눈은 번쩍였고, 입술은 삐죽 튀어나왔고, 이빨은 절박한 위협으로 빛났다.

Er taumelte und versuchte immer noch, dem kalten Biss des Todes standzuhalten.

그는 비틀거리며 죽음의 차가운 물림을 막으려고 계속 노력했습니다.

Er hatte das schon früher erlebt, aber immer von der Gewinnerseite.

그는 이런 광경을 이전에도 보았지만, 항상 이기는 쪽에서 보았습니다.

Jetzt war er auf der Verliererseite, der Besiegte, die Beute, der Tod.

이제 그는 패배자, 먹잇감, 죽음의 편에 섰습니다.

Buck umkreiste ihn für den letzten Schlag, der Hundekreis rückte näher.

벅은 마지막 일격을 가하기 위해 돌아섰고, 개들의 고리는 더욱 가까이 다가왔다.

Er konnte ihren heißen Atem spüren; bereit zum Töten.

그는 그들의 뜨거운 숨결을 느낄 수 있었고, 죽일 준비가 되었습니다.

Stille breitete sich aus; alles war an seinem Platz; die Zeit war stehen geblieben.

고요함이 찾아왔다. 모든 것이 제자리에 있었고, 시간이 멈췄다.

Sogar die kalte Luft zwischen ihnen gefror für einen letzten Moment.

그들 사이의 차가운 공기마저 마지막 순간 얼어붙었다.

Nur Spitz bewegte sich und versuchte, sein bitteres Ende abzuwenden.

오직 스피츠만이 움직이며 그의 쓰라린 최후를 막으려
애썼다.

Der Kreis der Hunde schloss sich um ihn, und das war sein Schicksal.

개들의 무리가 그의 주위로 다가오고 있었고, 그의
운명도 마찬가지였다.

Er war jetzt verzweifelt, da er wusste, was passieren würde.

그는 무슨 일이 일어날지 알고 있었기 때문에
절망적이었습니다.

Buck sprang hinein, Schulter an Schulter traf ein letztes Mal.

벅이 달려들어 마지막으로 어깨를 맞댔다.

Die Hunde drängten vorwärts und deckten Spitz in der verschneiten Dunkelheit.

개들은 앞으로 달려나가며 눈 덮인 어둠 속에서
스피츠를 덮쳤다.

Buck sah zu, aufrecht stehend; der Sieger in einer wilden Welt.

벅은 당당하게 서서 지켜보았다. 야만적인 세상의 승자.

Das dominante Urtier hatte seine Beute gemacht, und es war gut.

지배적인 원시 짐승이 먹이를 죽였고, 그것은 좋은
일이었습니다.

Wer die Meisterschaft erlangt hat
마스터십을 획득한 자

„Wie? Was habe ich gesagt? Ich sage die Wahrheit, wenn ich sage, dass Buck ein Teufel ist."

"어? 내가 뭐라고 했지? 벅이 악마라고 한 건 진심이야."

François sagte dies am nächsten Morgen, nachdem er festgestellt hatte, dass Spitz verschwunden war.

프랑수아는 스피츠가 실종된 것을 발견한 다음 날 아침 이렇게 말했습니다.

Buck stand da, übersät mit Wunden aus dem erbitterten Kampf.

벅은 잔혹한 싸움으로 인한 상처로 뒤덮인 채 거기 서 있었다.

François zog Buck zum Feuer und zeigte auf die Verletzungen.

프랑수아는 벅을 불 가까이로 끌고 가서 부상 부위를 가리켰다.

„Dieser Spitz hat gekämpft wie der Devik", sagte Perrault und beäugte die tiefen Schnittwunden.

페로는 깊은 상처를 눈여겨보며 "스피츠는 데빅처럼 싸웠다"고 말했다.

„Und dieser Buck hat wie zwei Teufel gekämpft", antwortete François sofort.

"그리고 벅은 마치 두 악마처럼 싸웠죠." 프랑수아가 즉시 대답했다.

„Jetzt kommen wir gut voran; kein Spitz mehr, kein Ärger mehr."

"이제 우리는 좋은 시간을 보낼 수 있을 거야. 더 이상 스피츠도 없고, 더 이상 문제도 없을 거야."

Perrault packte die Ausrüstung und belud den Schlitten sorgfältig.

페로는 장비를 챙기고 조심스럽게 썰매에 짐을 싣습니다.

François spannte die Hunde für den Lauf des Tages an.

프랑수아는 그날 달리기에 대비해 개들에게 마구를
채웠습니다.

**Buck trabte direkt an die Führungsposition, die einst Spitz
innehatte.**

벅은 스피츠가 차지했던 선두 자리를 향해 곧장
달려갔다.

**Doch François bemerkte es nicht und führte Solleks nach
vorne.**

그러나 프랑수아는 이를 알아차리지 못하고 솔렉스를
앞으로 이끌었다.

**Nach François' Einschätzung war Solleks nun der beste
Leithund.**

프랑수아의 판단에 따르면, 이제 솔렉스가 가장 훌륭한
리더였습니다.

**Buck stürzte sich wütend auf Solleks und trieb ihn aus
Protest zurück.**

벅은 분노하여 솔렉스에게 달려들어 항의하며 그를
몰아냈다.

**Er stand dort, wo einst Spitz gestanden hatte, und
beanspruchte die Führungsposition.**

그는 스피츠가 서 있던 자리에 서서 선두 자리를
차지했습니다.

**„Wie? Wie?", rief François und schlug sich amüsiert auf die
Schenkel.**

"어? 어?" 프랑수아는 허벅지를 때리며 즐거워하며
소리쳤다.

**„Sehen Sie sich Buck an – er hat Spitz umgebracht und jetzt
will er ihm den Job wegnehmen!"**

"벅을 봐. 그는 스피츠를 죽였어. 이제 그 자리를
차지하려고 하는 거야!"

**„Geh weg, Chook!", schrie er und versuchte, Buck zu
vertreiben.**

"가버려, 추크!" 그는 벅을 쫓아내려고 소리쳤다.

**Aber Buck weigerte sich, sich zu bewegen und blieb fest im
Schnee stehen.**

하지만 벅은 움직이기를 거부하고 눈 속에 굳건히 서 있었습니다.

François packte Buck am Genick und zog ihn beiseite.
프랑수아는 벅의 목덜미를 붙잡고 옆으로 끌고 갔다.

Buck knurrte leise und drohend, griff aber nicht an.
벅은 낮고 위협적으로 으르렁거렸지만 공격하지는 않았습니다.

François brachte Solleks wieder in Führung und versuchte, den Streit zu schlichten
프랑수아 는 솔렉스를 다시 선두로 올려놓고 분쟁을 해결하려고 노력했습니다.

Der alte Hund zeigte Angst vor Buck und wollte nicht bleiben.
늙은 개는 벅을 두려워해서 머물고 싶어하지 않았습니다.

Als François ihm den Rücken zuwandte, verjagte Buck Solleks wieder.
프랑수아가 등을 돌리자 벅은 다시 솔렉스를 몰아냈다.

Solleks leistete keinen Widerstand und trat erneut leise zur Seite.
솔렉스는 저항하지 않고 다시 한 번 조용히 물러섰다.

François wurde wütend und schrie: „Bei Gott, ich werde dich heilen!"
프랑수아는 화가 나서 "신이시여, 내가 당신을 고쳐드리겠습니다!"라고 소리쳤습니다.

Er kam mit einer schweren Keule in der Hand auf Buck zu.
그는 무거운 곤봉을 손에 들고 벅에게 다가갔다.

Buck erinnerte sich gut an den Mann im roten Pullover.
벅은 빨간 스웨터를 입은 남자를 잘 기억하고 있었다.

Er zog sich langsam zurück, beobachtete François, knurrte jedoch tief.
그는 천천히 물러서며 프랑수아를 바라보았지만, 깊게 으르렁거렸다.

Er eilte nicht zurück, auch nicht, als Solleks an seiner Stelle stand.

그는 솔렉스가 자리에 섰을 때에도 서둘러 돌아가지
않았습니다.

**Buck kreiste knapp außerhalb seiner Reichweite und
knurrte wütend und protestierend.**

벅은 분노와 항의로 으르렁거리며 손이 닿지 않는
곳까지 돌아다녔다.

**Er behielt den Schläger im Auge und war bereit
auszuweichen, falls François warf.**

그는 프랑수아가 던지면 피할 준비를 하며 곤봉에서
눈을 떼지 않았다.

**Er war weise und vorsichtig geworden im Umgang mit
bewaffneten Männern.**

그는 무기를 든 사람들의 행동에 대해 현명해지고
조심스러워졌습니다.

François gab auf und rief Buck erneut an seinen alten Platz.

프랑수아는 포기하고 벅을 다시 원래 있던 자리로
불렀다.

**Aber Buck trat vorsichtig zurück und weigerte sich, dem
Befehl Folge zu leisten.**

하지만 벅은 조심스럽게 물러서며 명령을 따르기를
거부했습니다.

**François folgte ihm, aber Buck wich nur ein paar Schritte
zurück.**

프랑수아가 뒤따랐지만, 벅은 단지 몇 걸음 더 물러섰을
뿐이었다.

Nach einiger Zeit warf François frustriert die Waffe hin.

얼마 후, 프랑수아는 좌절감에 빠져 무기를
내던졌습니다.

**Er dachte, Buck hätte Angst vor einer Tracht Prügel und
würde ruhig kommen.**

그는 벅이 구타당할까봐 조용히 올 것이라고
생각했습니다.

**Aber Buck wollte sich nicht vor einer Strafe drücken – er
kämpfte um seinen Rang.**

하지만 벅은 처벌을 피한 것이 아니었습니다. 그는
계급을 위해 싸웠습니다.

Er hatte sich den Platz als Leithund durch einen Kampf auf Leben und Tod verdient

그는 죽음을 향한 싸움을 통해 선두견 자리를 차지했습니다.

er würde sich mit nichts Geringerem zufrieden geben, als der Anführer zu sein.

그는 리더가 되는 것보다 더 낮은 지위에는 만족할 생각이 없었습니다.

Perrault beteiligte sich an der Verfolgung, um den rebellischen Buck zu fangen.

페로는 반항적인 벅을 잡기 위해 추격전에 참여했습니다.

Gemeinsam ließen sie ihn fast eine Stunde lang durch das Lager laufen.

그들은 그를 캠프 주변으로 거의 한 시간 동안 데리고 다녔다.

Sie warfen Knüppel nach ihm, aber Buck wich jedem Schlag geschickt aus.

그들은 그에게 곤봉을 던졌지만, 벅은 모두 능숙하게 피했다.

Sie verfluchten ihn, seine Vorfahren, seine Nachkommen und jedes Haar an ihm.

그들은 그와 그의 조상, 그의 후손, 그리고 그의 털끝 하나까지 저주했습니다.

Aber Buck knurrte nur zurück und blieb gerade außerhalb ihrer Reichweite.

하지만 벅은 으르렁거리며 그들의 손이 닿지 않는 곳에 머물렀다.

Er versuchte nie wegzulaufen, sondern umkreiste das Lager absichtlich.

그는 도망치려고 하지 않고 의도적으로 캠프 주위를 돌았습니다.

Er machte klar, dass er gehorchen würde, sobald sie ihm gäben, was er wollte.

그는 원하는 것을 주면 복종하겠다고 분명히 했습니다.

Schließlich setzte sich François hin und kratzte sich frustriert am Kopf.

프랑수아는 마침내 앉아서 좌절감에 머리를 긁었다.

Perrault sah auf seine Uhr, fluchte und murmelte etwas über die verlorene Zeit.

페로는 시계를 확인하고 욕설을 내뱉으며 잃어버린 시간에 대해 중얼거렸다.

Obwohl sie eigentlich auf der Spur sein sollten, war bereits eine Stunde vergangen.

그들이 출발해야 할 시간인 한 시간이 이미 지나 있었습니다.

François zuckte verlegen mit den Achseln, als der Kurier resigniert seufzte.

프랑수아는 패배감에 한숨을 쉬는 배달원을 향해 어색하게 어깨를 으쓱했다.

Dann ging François zu Solleks und rief Buck noch einmal.

그러자 프랑수아는 솔렉스에게 다가가서 다시 한번 벅을 불렀다.

Buck lachte wie ein Hund, wahrte jedoch vorsichtig seine Distanz.

벅은 개처럼 웃었지만 조심스러운 거리를 유지했다.

François nahm Solleks das Geschirr ab und brachte ihn an seinen Platz zurück.

프랑수아는 솔렉스의 하네스를 벗겨내고 그를 원래 자리로 돌려보냈다.

Das Schlittenteam stand voll angespannt da, nur ein Platz war unbesetzt.

썰매 팀은 모든 장비를 갖추고 있었고, 빈 자리가 한 곳뿐이었습니다.

Die Führungsposition blieb leer und war eindeutig nur für Buck bestimmt.

선두 자리는 비어 있었고, 그것은 분명 벅 혼자 차지하기 위한 자리였다.

François rief erneut, und wieder lachte Buck und blieb standhaft.

프랑수아가 다시 소리쳤고, 벅은 다시 웃으며 자리를 지켰다.

„Wirf die Keule weg", befahl Perrault ohne zu zögern.
"곤봉을 던져라." 페로는 주저 없이 명령했다.

François gehorchte und Buck trabte sofort stolz vorwärts.
프랑수아는 그 말에 따랐고, 벅은 곧바로 자랑스럽게 앞으로 나아갔다.

Er lachte triumphierend und übernahm die Führungsposition.
그는 승리감에 넘쳐 웃으며 선두 자리에 올랐다.

François befestigte seine Leinen und der Schlitten wurde losgerissen.
프랑수아는 자신의 흔적을 지켰고, 썰매는 풀려났다.

Beide Männer liefen neben dem Team her, als es auf den Flusspfad rannte.
두 남자는 팀이 강변 산책로로 달려가는 동안 옆에서 달렸다.

François hatte Bucks „zwei Teufel" sehr geschätzt,
프랑수아는 벅의 "두 악마"를 높이 평가했습니다.

aber er merkte bald, dass er den Hund tatsächlich unterschätzt hatte.
하지만 그는 곧 자신이 실제로 개를 과소평가했다는 것을 깨달았습니다.

Buck übernahm schnell die Führung und erbrachte hervorragende Leistungen.
벅은 재빨리 리더십을 맡았고 뛰어난 성과를 냈다.

In puncto Urteilsvermögen, schnelles Denken und schnelles Handeln übertraf Buck Spitz.
판단력, 빠른 생각, 빠른 행동 면에서 벅은 스피츠를 능가했습니다.

François hatte noch nie einen Hund gesehen, der dem von Buck gleichkam.
프랑수아는 벅이 지금 보여준 것만큼 뛰어난 개를 본 적이 없었다.

Aber Buck war wirklich herausragend darin, für Ordnung zu sorgen und Respekt zu erlangen.

하지만 벅은 질서를 강화하고 존경을 받는 데 있어서
정말 뛰어났습니다.

**Dave und Solleks akzeptierten die Änderung ohne
Bedenken oder Protest.**
데이브와 솔렉스는 아무런 우려나 항의 없이 변화를
받아들였다.

**Sie konzentrierten sich nur auf die Arbeit und zogen kräftig
die Zügel an.**
그들은 오로지 일에만 집중하고, 고삐를 꽉 쥐고
있었습니다.

**Es war ihnen egal, wer führte, solange der Schlitten in
Bewegung blieb.**
그들은 썰매가 계속 움직이는 한, 누가 이끄는지 별로
신경 쓰지 않았습니다.

**Billee, der Fröhliche, hätte, soweit es sie interessierte, die
Führung übernehmen können.**
쾌활한 빌리는 그들이 원하는 만큼 리더 역할을 할 수
있었습니다.

**Was ihnen wichtig war, waren Frieden und Ordnung in den
Reihen.**
그들에게 중요한 것은 계급 내의 평화와 질서였습니다.

**Der Rest des Teams war während Spitz' Niedergang
unbändig geworden.**
스피츠가 쇠퇴하는 동안 나머지 팀원들도
어수선해졌습니다.

Sie waren schockiert, als Buck sie sofort zur Ordnung rief.
벅이 즉시 그들에게 질서를 가져다주자 그들은 충격을
받았다.

**Pike war immer faul gewesen und hatte Buck
hinterhergehangen.**
파이크는 항상 게으르고 벅의 뒤를 따라다니며 발을
질질 끌었다.

**Doch nun wurde er von der neuen Führung scharf
diszipliniert.**

하지만 이제 새로운 리더십에 의해 엄격하게 규율이
정해졌습니다.

Und er lernte schnell, seinen Teil zum Team beizutragen.
그리고 그는 팀에서 자신의 역할을 다하는 법을 빨리
배웠습니다.

Am Ende des Tages hatte Pike härter gearbeitet als je zuvor.
그날이 끝나갈 무렵, 파이크는 그 어느 때보다 더 열심히
일했습니다.

**In dieser Nacht im Lager wurde Joe, der mürrische Hund,
endlich beruhigt.**
그날 밤 캠프에서, 짜증나는 녀석 조는 마침내
제압당했습니다.

**Spitz hatte es nicht geschafft, ihn zu disziplinieren, aber
Buck versagte nicht.**
스피츠는 그를 징계하는 데 실패했지만, 벅은 징계하지
않았습니다.

**Durch die Nutzung seines größeren Gewichts überwältigte
Buck Joe in Sekundenschnelle.**
벅은 더 무거운 몸무게를 이용해 단 몇 초 만에 조를
압도했습니다.

**Er biss und schlug Joe, bis dieser wimmerte und aufhörte,
sich zu wehren.**
그는 조가 징징거리고 저항을 멈출 때까지 그를 물고
때렸습니다.

Von diesem Moment an verbesserte sich das gesamte Team.
그 순간부터 팀 전체가 발전하기 시작했습니다.

Die Hunde erlangten ihre alte Einheit und Disziplin zurück.
개들은 옛날의 단결과 규율을 되찾았습니다.

**In Rink Rapids kamen zwei neue einheimische Huskies
hinzu, Teek und Koona.**
링크 래피즈에서는 티크와 쿠나라는 두 마리의 새로운
토종 허스키가 합류했습니다.

Bucks schnelle Ausbildung erstaunte sogar François.
벅의 빠른 훈련은 프랑수아조차도 놀라게 했다.

**„So einen Hund wie diesen Buck hat es noch nie gegeben!",
rief er erstaunt.**

"벅 같은 개는 세상에 존재하지 않았어!" 그는 놀라서
소리쳤다.

„Nein, niemals! Er ist tausend Dollar wert, bei Gott!"
"아니, 절대! 맙소사, 그놈은 천 달러짜리야!"

„Wie? Was sagst du dazu, Perrault?", fragte er stolz.
"어? 뭐라고 하실 건가요, 페로?" 그는 자랑스럽게
물었다.

Perrault nickte zustimmend und überprüfte seine Notizen.
페로는 동의하며 고개를 끄덕이고 자신의 메모를
확인했다.

**Wir liegen bereits vor dem Zeitplan und kommen täglich
weiter voran.**
우리는 이미 일정보다 앞서 나가고 있으며, 매일 더 많은
것을 얻고 있습니다.

**Der Weg war festgestampft und glatt, es lag kein
Neuschnee.**
산길은 단단하게 다져져 있고 매끄러웠으며, 신선한
눈은 없었습니다.

**Es war konstant kalt und lag die ganze Zeit bei minus
fünfzig Grad.**
추위는 꾸준히 영하 50도에 머물렀습니다.

**Die Männer ritten und rannten abwechselnd, um sich warm
zu halten und Zeit zu gewinnen.**
남자들은 몸을 따뜻하게 유지하고 시간을 벌기 위해
교대로 말을 타고 달렸습니다.

**Die Hunde rannten schnell, mit wenigen Pausen, immer
vorwärts.**
개들은 멈추는 법이 거의 없이 빠르게 달렸고, 항상
앞으로 나아갔습니다.

**Der Thirty Mile River war größtenteils zugefroren und
leicht zu überqueren.**
서티마일 강은 대부분 얼어 있어서 건너기가
수월했습니다.

**Was zehn Tage gedauert hatte, wurde an einem Tag
verschickt.**
그들은 열흘 걸려 온 일을 하루 만에 끝냈습니다.

Sie legten einen sechsundneunzig Kilometer langen Sprint vom Lake Le Barge nach White Horse zurück.

그들은 르 바지 호수에서 화이트 호스까지 60마일을 달렸습니다.

Sie bewegten sich unglaublich schnell über die Seen Marsh, Tagish und Bennett.

그들은 마쉬, 타기시, 베넷 호수를 믿을 수 없을 정도로 빠른 속도로 이동했습니다.

Der laufende Mann wird an einem Seil hinter dem Schlitten hergezogen.

달리는 남자는 밧줄에 매달려 썰매를 끌고 갔다.

In der letzten Nacht der zweiten Woche erreichten sie ihr Ziel.

2주차 마지막 밤에 그들은 목적지에 도착했습니다.

Sie hatten gemeinsam die Spitze des White Pass erreicht.

그들은 함께 화이트 패스의 정상에 도달했습니다.

Sie sanken auf Meereshöhe hinab, mit den Lichtern von Skaguay unter ihnen.

그들은 스카과이의 불빛을 바라보며 해수면으로 내려갔습니다.

Es war ein Rekordlauf durch kilometerlange kalte Wildnis.

그것은 추운 황야의 수 마일을 가로지르는 기록적인 달리기였습니다.

An vierzehn aufeinanderfolgenden Tagen legten sie im Durchschnitt satte vierundsechzig Kilometer zurück.

그들은 14일 연속으로 평균 40마일을 달렸습니다.

In Skaguay transportierten Perrault und François Fracht durch die Stadt.

스카과이에서는 페로와 프랑수아가 마을을 통과해 화물을 이동시켰습니다.

Die bewundernde Menge jubelte ihnen zu und bot ihnen viele Getränke an.

그들은 감탄하는 군중으로부터 환호를 받았고 많은 음료를 제공받았습니다.

Hundefänger und Arbeiter versammelten sich um das berühmte Hundegespann.

유명한 개 팀 주변에는 개 퇴치 전문가와 노동자들이
모였습니다.

**Dann kamen Gesetzlose aus dem Westen in die Stadt und
erlitten eine brutale Niederlage.**

그러자 서부의 도적들이 마을에 들어와서 엄청난 패배를
당했습니다.

**Die Leute vergaßen bald das Team und konzentrierten sich
auf neue Dramen.**

사람들은 곧 팀을 잊고 새로운 드라마에 집중했다.

**Dann kamen die neuen Befehle, die alles auf einen Schlag
veränderten.**

그러다가 모든 것을 한꺼번에 바꿔놓은 새로운 명령이
내려졌습니다.

**François rief Buck zu sich und umarmte ihn mit
tränenreichem Stolz.**

프랑수아는 벅을 불러 눈물 어린 자랑스러움으로 그를
껴안았다.

**In diesem Moment sah Buck François zum letzten Mal
wieder.**

그 순간이 벅이 프랑수아를 다시 본 마지막 순간이었다.

**Wie viele Männer zuvor waren sowohl François als auch
Perrault nicht mehr da.**

그 전의 많은 사람들처럼, 프랑수아와 페로는 모두
세상을 떠났습니다.

**Ein schottischer Mischling übernahm das Kommando über
Buck und seine Schlittenhunde-Kollegen.**

스코틀랜드 혼혈견이 벅과 그의 썰매견 동료들을
지휘했습니다.

**Mit einem Dutzend anderer Hundegespanne kehrten sie auf
dem Weg nach Dawson zurück.**

그들은 다른 12개의 개 떼와 함께 도슨으로 향하는 길을
따라 돌아갔습니다.

**Es war kein Schnelllauf mehr, sondern harte Arbeit mit
einer schweren Last jeden Tag.**

이제는 빨리 달리는 게 아니라 매일 무거운 짐을 지고
힘들게 일하는 것뿐이었습니다.

Dies war der Postzug, der den Goldsuchern in der Nähe des Pols Nachrichten brachte.

이것은 북극 근처의 금광 사냥꾼들에게 소식을 전하는 우편 열차였습니다.

Buck mochte die Arbeit nicht, ertrug sie jedoch gut und war stolz auf seine Leistung.

벅은 그 일을 싫어했지만, 그 일을 잘 견뎌냈고 자신의 노고에 자부심을 느꼈습니다.

Wie Dave und Solleks zeigte Buck Hingabe bei jeder täglichen Aufgabe.

데이브와 솔렉스처럼 벅은 모든 일상 업무에 헌신하는 모습을 보였습니다.

Er stellte sicher, dass jeder seiner Teamkollegen seinen Teil beitrug.

그는 팀원들이 각자 자기 역할을 다하도록 했습니다.

Das Leben auf dem Trail wurde langweilig und wiederholte sich mit der Präzision einer Maschine.

트레일 생활은 지루해졌고 기계의 정밀함으로 반복되었습니다.

Jeder Tag fühlte sich gleich an, ein Morgen ging in den nächsten über.

매일이 똑같은 느낌이었고, 어느 날 아침이 다음 날 아침과 섞여 있었습니다.

Zur gleichen Stunde standen die Köche auf, um Feuer zu machen und Essen zuzubereiten.

같은 시간에 요리사들은 일어나 불을 피우고 음식을 준비했습니다.

Nach dem Frühstück verließen einige das Lager, während andere die Hunde anspannten.

아침 식사 후, 어떤 사람들은 캠프를 떠났고 다른 사람들은 개들에게 마구를 채웠습니다.

Sie machten sich auf den Weg, bevor die schwache Morgendämmerung den Himmel berührte.

그들은 새벽이 밝아오기 전에 길을 나섰다.

Nachts hielten sie an, um ihr Lager aufzuschlagen, wobei jeder Mann eine festgelegte Aufgabe hatte.

밤이 되면 그들은 캠프를 짓기 위해 멈추었고, 각자는 정해진 임무를 맡았습니다.

Einige stellten die Zelte auf, andere hackten Feuerholz und sammelten Kiefernzweige.

어떤 사람들은 텐트를 치고, 어떤 사람들은 장작을 패고 소나무 가지를 모았습니다.

Zum Abendessen wurde den Köchen Wasser oder Eis mitgebracht.

저녁 식사를 위해 물이나 얼음을 요리사에게 가져갔습니다.

Die Hunde wurden gefüttert und das war für sie der schönste Teil des Tages.

개들에게 먹이를 주는 것은 하루 중 가장 즐거운 시간이었습니다.

Nachdem sie Fisch gegessen hatten, entspannten sich die Hunde und machten es sich in der Nähe des Feuers gemütlich.

개들은 생선을 먹은 후, 휴식을 취하고 불 옆에 누워 있었습니다.

Im Konvoi waren noch hundert andere Hunde, unter die man sich mischen konnte.

대열에는 어울릴 수 있는 다른 개들이 백 마리나 있었습니다.

Viele dieser Hunde waren wild und kämpften ohne Vorwarnung.

그 개들 중 다수는 사나웠고 아무런 경고도 없이 재빨리 싸웠습니다.

Doch nach drei Siegen war Buck selbst den härtesten Kämpfern überlegen.

하지만 세 번의 승리 이후, 벅은 가장 강력한 선수보다도 더 강해졌습니다.

Als Buck nun knurrte und die Zähne fletschte, traten sie zur Seite.

벅이 으르렁거리며 이빨을 드러내자 그들은 옆으로 비켜섰다.

Und das Beste war vielleicht, dass Buck es liebte, neben dem flackernden Lagerfeuer zu liegen.

아마도 가장 좋았던 점은 벅이 깜빡이는 모닥불 옆에 누워 있는 것을 좋아했다는 것입니다.

Er hockte mit angezogenen Hinterbeinen und nach vorne gestreckten Vorderbeinen.

그는 뒷다리를 굽히고 앞다리를 앞으로 뻗은 채 웅크리고 있었습니다.

Er hatte den Kopf erhoben und blinzelte sanft in die glühenden Flammen.

그는 빛나는 불꽃을 향해 눈을 가볍게 깜빡이며 고개를 들었다.

Manchmal musste er an Richter Millers großes Haus in Santa Clara denken.

그는 때때로 산타클라라에 있는 밀러 판사의 큰 집을 떠올렸다.

Er dachte an den Zementpool, an Ysabel und den Mops namens Toots.

그는 시멘트 수영장, 이사벨, 그리고 투츠라는 이름의 퍼그를 생각했습니다.

Aber häufiger musste er an die Keule des Mannes mit dem roten Pullover denken.

하지만 그는 빨간 스웨터를 입은 남자의 곤봉을 더 자주 기억했습니다.

Er erinnerte sich an Curlys Tod und seinen erbitterten Kampf mit Spitz.

그는 컬리의 죽음과 스피츠와의 격렬한 싸움을 기억했습니다.

Er erinnerte sich auch an das gute Essen, das er gegessen hatte oder von dem er immer noch träumte.

그는 또한 자신이 먹었던 맛있는 음식이나 아직도 먹고 싶어하는 맛있는 음식을 떠올렸다.

Buck hatte kein Heimweh – das warme Tal war weit weg und unwirklich.

벅은 고향을 그리워하지 않았다. 따뜻한 계곡은 멀고 비현실적이었기 때문이다.

Die Erinnerungen an Kalifornien hatten keine große Anziehungskraft mehr auf ihn.

캘리포니아에 대한 추억은 더 이상 그를 사로잡지 못했다.

Stärker als die Erinnerung waren die tief in seinem Blut verwurzelten Instinkte.

기억보다 더 강한 본능은 그의 혈통 깊숙이 자리 잡고 있었습니다.

Einst verlorene Gewohnheiten waren zurückgekehrt und durch den Weg und die Wildnis wiederbelebt worden.

한때 잃어버렸던 습관이 돌아왔고, 길과 야생을 통해 되살아났습니다.

Während Buck das Feuerlicht betrachtete, veränderte sich seine Wahrnehmung manchmal.

벅이 불빛을 바라보는 동안, 그것은 때때로 다른 무언가로 변하기도 했습니다.

Er sah im Feuerschein ein anderes Feuer, älter und tiefer als das gegenwärtige.

그는 불빛 속에서 지금의 불보다 오래되고 더 깊은 또 다른 불을 보았습니다.

Neben dem anderen Feuer hockte ein Mann, der anders aussah als der Mischlingskoch.

그 다른 불 옆에는 혼혈 요리사와는 다른 남자가 웅크리고 있었습니다.

Diese Figur hatte kurze Beine, lange Arme und harte, verknotete Muskeln.

이 인물은 다리가 짧고, 팔이 길며, 근육이 단단하고 뭉쳐 있었습니다.

Sein Haar war lang und verfilzt und fiel von den Augen nach hinten ab.

그의 머리카락은 길고 엉켜 있었으며, 눈에서부터 뒤로 기울어져 있었습니다.

Er gab seltsame Geräusche von sich und starrte voller Angst in die Dunkelheit.

그는 이상한 소리를 내며 두려움에 떨며 어둠을 바라보았습니다.

Er hielt eine Steinkeule tief in seiner langen, rauen Hand fest.

그는 돌로 만든 곤봉을 낮게 잡고 길고 거친 손으로 꽉 쥐었다.

Der Mann trug wenig, nur eine verkohlte Haut, die ihm den Rücken hinunterhing.

그 남자는 거의 아무것도 입지 않았다. 그저 탄 가죽 조각만이 등을 따라 늘어져 있을 뿐이었다.

Sein Körper war an Armen, Brust und Oberschenkeln mit dichtem Haar bedeckt.

그의 몸은 팔, 가슴, 허벅지에 두꺼운 털로 덮여 있었습니다.

Einige Teile des Haares waren zu rauen Fellbüscheln verfilzt.

머리카락의 일부분이 거친 털 조각으로 엉켜 있었습니다.

Er stand nicht gerade, sondern war von der Hüfte bis zu den Knien nach vorne gebeugt.

그는 똑바로 서지 않고 엉덩이부터 무릎까지 몸을 앞으로 숙였다.

Seine Schritte waren federnd und katzenartig, als wäre er immer zum Sprung bereit.

그의 발걸음은 마치 언제나 뛰어오를 준비가 된 듯 탄력 있고 고양이 같았다.

Er war in höchster Wachsamkeit, als lebte er in ständiger Angst.

그는 끊임없이 두려움 속에 살고 있는 것처럼 예리한 경계심을 가지고 있었습니다.

Dieser alte Mann schien mit Gefahr zu rechnen, ob er die Gefahr nun sah oder nicht.

이 고대인은 위험이 눈에 보이든 보이지 않든 위험을 예상하는 듯했습니다.

Manchmal schlief der haarige Mann am Feuer, den Kopf zwischen die Beine gesteckt.

때때로 털북숭이 남자는 불 옆에서 다리를 꼬고 잠을 자기도 했습니다.

Seine Ellbogen ruhten auf seinen Knien, die Hände waren
über seinem Kopf gefaltet.
그는 팔꿈치를 무릎에 얹고, 손은 머리 위로 모았습니다.
Wie ein Hund benutzte er seine haarigen Arme, um den
fallenden Regen abzuschütteln.
그는 개처럼 털이 많은 팔을 이용해 떨어지는 비를
털어냈다.
Hinter dem Feuerschein sah Buck zwei Kohlen im Dunkeln
glühen.
벅은 불빛 너머로 어둠 속에서 빛나는 두 개의 석탄을
보았습니다.
Immer zu zweit, waren sie die Augen der sich
anpirschenden Raubtiere.
그들은 항상 둘씩 짝을 지어 맹수들의 눈이 되었습니다.
Er hörte, wie Körper durchs Unterholz krachten und
Geräusche in der Nacht.
그는 덤불에 몸이 부딪히는 소리와 밤에 나는 소리를
들었습니다.
Buck lag blinzelnd am Ufer des Yukon und träumte am
Feuer.
벅은 유콘 강둑에 누워 눈을 깜빡이며 불 옆에서 꿈을
꾸었습니다.
Die Anblicke und Geräusche dieser wilden Welt ließen ihm
die Haare zu Berge stehen.
그 거친 세상의 광경과 소리는 그의 머리카락을
곤두서게 만들었다.
Das Fell stand ihm über den Rücken, die Schultern und den
Hals hinauf.
털이 등, 어깨, 목까지 올라갔습니다.
Er wimmerte leise oder gab ein tiefes Knurren aus der Brust
von sich.
그는 가볍게 징징거리거나 가슴 깊은 곳에서 낮게
으르렁거렸다.
Dann rief der Mischlingskoch: „Hey, du Buck, wach auf!"
그러자 혼혈 요리사가 소리쳤다. "이 자식아, 일어나!"

Die Traumwelt verschwand und das wirkliche Leben kehrte in Bucks Augen zurück.

꿈의 세계는 사라지고, 벅의 눈에 현실 세계가 돌아왔다.

Er wollte aufstehen, sich strecken und gähnen, als wäre er aus einem Nickerchen erwacht.

그는 마치 낮잠에서 깨어난 것처럼 일어나서 몸을 쭉 뻗고 하품을 할 참이었다.

Die Reise war anstrengend, da sie den Postschlitten hinter sich herziehen mussten.

우편 썰매가 뒤에서 끌려오면서 여행은 힘들었습니다.

Schwere Lasten und harte Arbeit zermürbten die Hunde jeden langen Tag.

무거운 짐을 싣고 힘든 일을 하다 보니 개들은 매일매일 지쳐갔다.

Sie kamen dünn und müde in Dawson an und brauchten über eine Woche Ruhe.

그들은 야위고 지쳐 있었고, 일주일 이상의 휴식이 필요한 상태로 도슨에 도착했습니다.

Doch nur zwei Tage später machten sie sich erneut auf den Weg den Yukon hinunter.

하지만 불과 이틀 후, 그들은 다시 유콘 강을 따라 출발했습니다.

Sie waren mit weiteren Briefen beladen, die für die Außenwelt bestimmt waren.

그들은 바깥 세상으로 보낼 더 많은 편지를 가득 실었습니다.

Die Hunde waren erschöpft und die Männer beschwerten sich ständig.

개들은 지쳐 있었고 남자들은 끊임없이 불평했습니다.

Jeden Tag fiel Schnee, der den Weg weicher machte und die Schlitten verlangsamte.

매일 눈이 내려 길이 부드러워지고 썰매의 속도가 느려졌습니다.

Dies führte zu einem stärkeren Ziehen und einem größeren Widerstand der Läufer.

이로 인해 주자는 더 힘들게 당기고 저항도 더
커졌습니다.

**Trotzdem waren die Fahrer fair und kümmerten sich um
ihre Teams.**

그럼에도 불구하고 운전자들은 공정했고 자신의 팀을
배려했습니다.

**Jeden Abend wurden die Hunde gefüttert, bevor die Männer
etwas zu essen bekamen.**

매일 밤, 남자들이 먹기 전에 개들에게 먹이가
주어졌습니다.

**Kein Mann geht schlafen, ohne vorher die Pfoten seines
eigenen Hundes zu kontrollieren.**

자신의 개 발을 확인하기 전에는 아무도 잠을 자지
않았습니다.

**Dennoch wurden die Hunde mit jeder zurückgelegten
Strecke schwächer.**

하지만, 시간이 지날수록 개들은 점점 약해졌습니다.

**Sie waren den ganzen Winter über zweitausendachthundert
Kilometer gereist.**

그들은 겨울 동안 1,800마일을 여행했습니다.

Sie zogen Schlitten über jede Meile dieser brutalen Distanz.

그들은 그 잔혹한 거리를 마일마다 썰매를 끌고
갔습니다.

**Selbst die härtesten Schlittenhunde spüren nach so vielen
Kilometern die Belastung.**

가장 튼튼한 썰매견조차도 수 마일을 썰매를 탄 후에는
긴장감을 느낀다.

**Buck hielt durch, sorgte für die Weiterarbeit seines Teams
und sorgte für die nötige Disziplin.**

벅은 끈기 있게 노력했고, 팀원들이 일하도록 했으며,
규율도 유지했습니다.

**Aber Buck war müde, genau wie die anderen auf der langen
Reise.**

하지만 벅은 긴 여행을 떠난 다른 사람들처럼
피곤했습니다.

Billee wimmerte und weinte jede Nacht ohne Ausnahme im Schlaf.

빌리는 매일 밤 잠들면서 징징거리고 울었습니다.

Joe wurde noch verbitterter und Solleks blieb kalt und distanziert.

조는 더욱더 비통해졌고, 솔렉스는 차갑고 거리를 두었습니다.

Doch Dave war derjenige des gesamten Teams, der am meisten darunter litt.

하지만 팀 전체에서 가장 큰 피해를 입은 사람은 데이브였습니다.

Irgendetwas in seinem Inneren war schiefgelaufen, doch niemand wusste, was.

아무도 무슨 일이 그의 내부에서 잘못되었는지는 몰랐다.

Er wurde launischer und fuhr andere mit wachsender Wut an.

그는 기분이 더 나빠졌고 점점 더 화가 나서 다른 사람들에게 쏘아붙였다.

Jede Nacht ging er direkt zu seinem Nest und wartete darauf, gefüttert zu werden.

매일 밤 그는 곧장 둥지로 가서 먹이를 기다렸다.

Als Dave einmal unten war, stand er bis zum Morgen nicht mehr auf.

데이브는 한번 쓰러지자 아침까지 다시 일어나지 못했습니다.

Plötzliche Rucke oder Anlaufe an den Zügeln ließen ihn vor Schmerzen aufschreien.

고삐를 잡고 갑자기 움직이거나 움직이기 시작하면 그는 고통스럽게 비명을 질렀습니다.

Sein Fahrer suchte nach der Ursache, konnte jedoch keine Verletzungen feststellen.

운전자는 사고 원인을 찾았지만, 그에게서 부상자가 발견되지 않았습니다.

Alle Fahrer beobachteten Dave und besprachen seinen Fall.

운전자들은 모두 데이브를 지켜보며 그의 사건에 대해
논의했습니다.

**Sie unterhielten sich beim Essen und während ihrer letzten
Zigarette des Tages.**
그들은 식사 중과 그날의 마지막 담배를 피우는 동안
이야기를 나누었습니다.

**Eines Nachts hielten sie eine Versammlung ab und brachten
Dave zum Feuer.**
어느 날 밤 그들은 회의를 열고 데이브를 불 앞으로
데려왔습니다.

**Sie drückten und untersuchten seinen Körper und er schrie
oft.**
그들은 그의 몸을 누르고 더듬었고, 그는 자주 비명을
질렀습니다.

**Offensichtlich stimmte etwas nicht, auch wenn keine
Knochen gebrochen zu sein schienen.**
뼈는 부러지지 않은 듯했지만, 뭔가 잘못된 게
분명했습니다.

Als sie Cassiar Bar erreichten, war Dave am Umfallen.
그들이 캐시어 바에 도착했을 때, 데이브는 쓰러지고
있었습니다.

**Der schottische Mischling machte Schluss und nahm Dave
aus dem Team.**
스카치 혼혈은 중단을 선언하고 데이브를 팀에서
제외시켰습니다.

**Er befestigte Solleks an Daves Stelle, ganz vorne am
Schlitten.**
그는 데이브의 자리, 썰매 앞쪽에 가장 가까운 곳에
솔렉스를 고정했습니다.

**Er wollte Dave ausruhen und ihm die Freiheit geben, hinter
dem fahrenden Schlitten herzulaufen.**
그는 데이브가 쉬면서 움직이는 썰매 뒤에서 자유롭게
달릴 수 있도록 놔둘 생각이었습니다.

**Doch selbst als er krank war, hasste Dave es, von seinem Job
geholt zu werden.**

하지만 아플 때에도 데이브는 자신이 맡았던 일을
그만두는 것을 싫어했습니다.

Er knurrte und wimmerte, als ihm die Zügel aus dem Körper gerissen wurden.

고삐가 몸에서 풀리자 그는 으르렁거리고 징징거렸다.

Als er Solleks an seiner Stelle sah, weinte er vor gebrochenem Herzen.

그는 솔렉스가 자기 자리에 있는 것을 보고, 가슴이
찢어지는 듯한 고통으로 울었습니다.

Dave war noch immer stolz auf seine Arbeit auf dem Weg, selbst als der Tod nahte.

죽음이 다가왔을 때에도 데이브는 트레일 작업에 대한
자부심을 깊이 간직하고 있었습니다.

Während der Schlitten fuhr, kämpfte sich Dave durch den weichen Schnee in der Nähe des Pfades.

썰매가 움직이자 데이브는 길 근처의 부드러운 눈 속을
힘겹게 헤쳐 나갔습니다.

Er griff Solleks an, biss ihn und stieß ihn von der Seite des Schlittens.

그는 솔렉스를 공격하여 썰매 옆에서 그를 물고
밀어냈습니다.

Dave versuchte, in das Geschirr zu springen und seinen Arbeitsplatz zurückzuerobern.

데이브는 하네스에 뛰어들어 자신의 작업 자리를
되찾으려고 했습니다.

Er schrie, jammerte und weinte, hin- und hergerissen zwischen Schmerz und Stolz auf die Wehen.

그는 고통과 분만에 대한 자부심 사이에서 갈등하며
비명을 지르고, 징징거리고, 울부짖었습니다.

Der Mischling versuchte, Dave mit seiner Peitsche vom Team zu vertreiben.

혼혈인은 채찍을 사용해 데이브를 팀에서 멀어지게
하려고 했습니다.

Doch Dave ignorierte den Hieb und der Mann konnte nicht härter zuschlagen.

하지만 데이브는 채찍질을 무시했고, 그 남자는 그를 더
세게 때릴 수 없었다.

**Dave lehnte den einfacheren Weg hinter dem Schlitten ab,
wo der Schnee festgefahren war.**

데이브는 썰매 뒤에 있는 쉬운 길을 거부했는데,
거기에는 눈이 쌓여 있었기 때문이다.

**Stattdessen kämpfte er sich elend durch den tiefen Schnee
neben dem Weg.**

그 대신 그는 길가의 깊은 눈 속에서 비참하게
몸부림쳤습니다.

**Schließlich brach Dave zusammen, blieb im Schnee liegen
und schrie vor Schmerzen.**

결국 데이브는 쓰러져 눈 속에 누워 고통스럽게
울부짖었습니다.

**Er schrie auf, als die lange Schlittenkette einer nach dem
anderen an ihm vorbeifuhr.**

그는 썰매 행렬이 하나하나 지나가자 소리쳤다.

**Dennoch stand er mit der ihm verbleibenden Kraft auf und
stolperte ihnen hinterher.**

그럼에도 불구하고 그는 남은 힘을 다해 일어나 그들을
뒤쫓았습니다.

**Als der Zug wieder anhielt, holte er ihn ein und fand seinen
alten Schlitten.**

그는 기차가 다시 멈추자 따라잡아서 낡은 썰매를
발견했습니다.

**Er kämpfte sich an den anderen Teams vorbei und stand
wieder neben Solleks.**

그는 다른 팀들을 제치고 다시 솔렉스 옆에 섰다.

**Als der Fahrer anhielt, um seine Pfeife anzuzünden, nutzte
Dave seine letzte Chance.**

운전자가 파이프에 불을 붙이기 위해 잠시 멈췄을 때,
데이브는 마지막 기회를 잡았습니다.

**Als der Fahrer zurückkam und schrie, bewegte sich das
Team nicht weiter.**

운전사가 돌아와서 소리를 지르자 팀은 더 이상
움직이지 않았다.

Die Hunde hatten ihre Köpfe gedreht, verwirrt durch den plötzlichen Stopp.

개들은 갑작스러운 멈춤에 당황해서 고개를 돌렸다.

Auch der Fahrer war schockiert – der Schlitten hatte sich keinen Zentimeter vorwärts bewegt.

운전자 역시 충격을 받았습니다. 썰매가 조금도 앞으로 움직이지 않았거든요.

Er rief den anderen zu, sie sollten kommen und nachsehen, was passiert sei.

그는 다른 사람들에게 무슨 일이 일어났는지 보러 오라고 소리쳤다.

Dave hatte Solleks' Zügel durchgekaut und beide auseinandergerissen.

데이브는 솔렉스의 고삐를 갉아먹어 둘 다 부러뜨렸다.

Nun stand er vor dem Schlitten, wieder an seinem rechtmäßigen Platz.

이제 그는 썰매 앞에 서서, 본래의 자리로 돌아왔습니다.

Dave blickte zum Fahrer auf und flehte ihn stumm an, in der Spur zu bleiben.

데이브는 운전자를 올려다보며 조용히 추적에 남아달라고 간청했다.

Der Fahrer war verwirrt und wusste nicht, was er für den zappelnden Hund tun sollte.

운전자는 힘들어하는 개를 위해 무엇을 해야 할지 몰라 당황했습니다.

Die anderen Männer sprachen von Hunden, die beim Rausbringen gestorben waren.

다른 남자들은 밖으로 끌려나간 개들이 죽었다는 이야기를 했습니다.

Sie erzählten von alten oder verletzten Hunden, denen es das Herz brach, als sie zurückgelassen wurden.

그들은 늙거나 다친 개들이 뒤에 남겨지면 마음이 아프다는 이야기를 들려주었습니다.

Sie waren sich einig, dass es Gnade wäre, Dave sterben zu lassen, während er noch im Geschirr steckte.

그들은 데이브가 하네스를 착용한 채로 죽는 것을
허용하는 것이 자비로운 일이라는 데 동의했습니다.

**Er wurde wieder auf dem Schlitten festgeschnallt und Dave
zog voller Stolz.**

그는 다시 썰매에 몸을 고정했고, 데이브는 자랑스럽게
썰매를 끌었다.

**Obwohl er manchmal schrie, arbeitete er, als könne man den
Schmerz ignorieren.**

그는 때때로 비명을 질렀지만, 마치 고통을 무시할 수
있는 것처럼 일했습니다.

**Mehr als einmal fiel er und wurde mitgeschleift, bevor er
wieder aufstand.**

그는 여러 번 넘어져 끌려간 뒤에야 다시 일어났습니다.

**Einmal wurde er vom Schlitten überrollt und von diesem
Moment an humpelte er.**

어느 날 썰매가 그의 위로 넘어졌는데, 그 순간부터 그는
절뚝거리게 되었습니다.

**Trotzdem arbeitete er, bis das Lager erreicht war, und legte
sich dann ans Feuer.**

그럼에도 불구하고 그는 캠프에 도착할 때까지 일했고,
그 후에는 불 옆에 누워 있었습니다.

**Am Morgen war Dave zu schwach, um zu reisen oder auch
nur aufrecht zu stehen.**

아침이 되자 데이브는 너무 약해져서 여행도 못하고
똑바로 서 있을 수도 없었습니다.

**Als es Zeit war, das Geschirr anzulegen, versuchte er mit
zitternder Anstrengung, seinen Fahrer zu erreichen.**

마구를 착용할 시간이 되자 그는 떨리는 손으로
운전자에게 다가가려고 노력했습니다.

**Er rappelte sich auf, taumelte und brach auf dem
schneebedeckten Boden zusammen.**

그는 몸을 힘겹게 일으켜 비틀거리며 눈 덮인 땅으로
쓰러졌습니다.

**Mithilfe seiner Vorderbeine zog er seinen Körper in
Richtung des Angeschirrs.**

그는 앞다리를 이용해 자신의 몸을 굴레를 씌우는 구역
쪽으로 끌고 갔다.

Zentimeter für Zentimeter schob er sich auf die Arbeitshunde zu.

그는 일하는 개들을 향해 조금씩 앞으로 나아갔다.

Er verließ die Kraft, aber er machte mit seinem letzten verzweifelten Vorstoß weiter.

그의 힘은 사라졌지만, 그는 마지막 필사적인
밀어붙임으로 계속 움직였다.

Seine Teamkollegen sahen ihn im Schnee nach Luft schnappen und sich immer noch danach sehnen, zu ihnen zu kommen.

그의 팀 동료들은 그가 눈 속에서 헐떡이며 여전히
그들과 합류하기를 간절히 바라는 모습을 보았습니다.

Sie hörten ihn vor Kummer schreien, als sie das Lager hinter sich ließen.

그들은 캠프를 뒤로 하고 떠나면서 그가 슬픔에 잠겨
울부짖는 소리를 들었습니다.

Als das Team zwischen den Bäumen verschwand, hallte Daves Schrei hinter ihnen wider.

팀이 나무 사이로 사라지자 데이브의 외침이 그들
뒤에서 울려 퍼졌습니다.

Der Schlittenzug hielt kurz an, nachdem er einen Abschnitt des Flusswalds überquert hatte.

썰매 열차는 강의 목재 구간을 건넌 후 잠시 멈췄다.

Der schottische Mischling ging langsam zurück zum Lager dahinter.

스코틀랜드 혼혈인은 뒤쪽 캠프를 향해 천천히
걸어갔다.

Die Männer verstummten, als sie ihn den Schlittenzug verlassen sahen.

그 남자들은 그가 썰매 열차에서 내리는 것을 보고 말을
멈췄다.

Dann ertönte ein einzelner Schuss klar und scharf über den Weg.

그러자 총소리 한 발이 산길을 가로질러 선명하고
뚜렷하게 울려 퍼졌습니다.

**Der Mann kam schnell zurück und nahm wortlos seinen
Platz ein.**

그 남자는 재빨리 돌아와 아무 말 없이 자신의 자리를
차지했다.

**Peitschen knallten, Glöckchen bimmelten und die Schlitten
rollten durch den Schnee.**

채찍이 울리고, 종이 울리고, 썰매는 눈 속을
굴러갔습니다.

**Aber Buck wusste, was passiert war – und alle anderen
Hunde auch.**

하지만 벅은 무슨 일이 일어났는지 알고 있었습니다.
다른 모든 개들도 알고 있었습니다.

Die Mühen der Zügel und des Trails
고삐와 길의 수고

Dreißig Tage nach dem Verlassen von Dawson erreichte die Salt Water Mail Skaguay.

도슨을 출발한 지 30일 만에 솔트워터 메일호가
스카과이에 도착했습니다.

Buck und seine Teamkollegen gingen in Führung, kamen aber in einem erbärmlichen Zustand an.

벅과 그의 팀 동료들은 선두를 차지했지만, 비참한
상태로 도착했습니다.

Buck hatte von hundertvierzig auf hundertfünfzehn Pfund abgenommen.

벅의 체중은 140파운드에서 115파운드로 줄었습니다.

Die anderen Hunde hatten, obwohl kleiner, noch mehr Körpergewicht verloren.

다른 개들은 몸집은 작았지만 체중이 더 많이
줄었습니다.

Pike, einst ein vorgetäuschter Hinker, schleppte nun ein wirklich verletztes Bein hinter sich her.

한때 가짜 절름발이였던 파이크는 이제 정말로 다친
다리를 끌고 다녔다.

Solleks humpelte stark und Dub hatte ein verrenktes Schulterblatt.

솔렉스는 심하게 절뚝거리고 있었고, 더브는 어깨뼈가
삐끗했습니다.

Die Füße aller Hunde im Team waren von den Wochen auf dem gefrorenen Pfad wund.

팀의 모든 개들은 얼어붙은 산길에서 몇 주를 보내느라
발이 아팠습니다.

Ihre Schritte waren völlig federnd und bewegten sich nur langsam und schleppend.

그들의 발걸음에는 탄력이 없었고, 단지 느리고 질질
끌리는 움직임만 있었습니다.

Ihre Füße treffen den Weg hart und jeder Schritt belastet ihren Körper stärker.

그들의 발은 산길을 힘겹게 밟았고, 걸음을 옮길 때마다 몸에 더 많은 부담이 가해졌습니다.

Sie waren nicht krank, sondern nur so erschöpft, dass sie sich auf natürliche Weise nicht mehr erholen konnten.

그들은 아프지 않았지만, 자연적으로 회복할 수 없을 정도로 기력이 쇠약해졌습니다.

Dies war nicht die Müdigkeit eines harten Tages, die durch eine Nachtruhe geheilt werden konnte.

이것은 하루 종일 힘들었던 데를 하룻밤 쉬면 낫는 피로가 아니었습니다.

Es war eine Erschöpfung, die sich durch monatelange, zermürbende Anstrengungen langsam aufgebaut hatte.

그것은 몇 달간의 힘겨운 노력으로 천천히 쌓인 피로였습니다.

Es waren keine Kraftreserven mehr vorhanden, sie hatten alles aufgebraucht, was sie hatten.

예비 병력이 남아 있지 않았습니다. 그들은 가지고 있던 병력을 모두 소진해 버렸습니다.

Jeder Muskel, jede Faser und jede Zelle ihres Körpers war erschöpft und abgenutzt.

그들의 몸 속의 모든 근육, 섬유질, 세포는 모두 지치고 닳아 없어졌습니다.

Und das hatte seinen Grund: Sie hatten zweitausendfünfhundert Meilen zurückgelegt.

그럴 만한 이유가 있었습니다. 그들이 2,500마일을 이동했기 때문입니다.

Auf den letzten zweitausendachthundert Kilometern hatten sie sich nur fünf Tage ausgeruht.

그들은 지난 1,800마일 동안 단 5일만 휴식을 취했습니다.

Als sie Skaguay erreichten, sahen sie aus, als könnten sie kaum aufrecht stehen.

그들이 스카과이에 도착했을 때, 그들은 겨우 서 있을 수 있을 정도였습니다.

Sie hatten Mühe, die Zügel straff zu halten und vor dem Schlitten zu bleiben.

그들은 고삐를 단단히 잡고 썰매보다 앞서 나가기 위해 애썼습니다.

Auf abschüssigen Hängen konnten sie nur noch vermeiden, überfahren zu werden.

내리막길에서는 겨우 차에 치이는 것을 피할 수 있었습니다.

„Weiter, ihr armen, wunden Füße", sagte der Fahrer, während sie weiterhumpelten.

운전사는 다리를 절뚝거리며 걸어가면서 "어서 가세요, 아픈 발이여."라고 말했습니다.

„Das ist die letzte Strecke, danach bekommen wir alle auf jeden Fall noch eine lange Pause."

"이게 마지막 구간이에요. 그다음에 우리 모두 긴 휴식을 취하게 될 거예요."

„Eine richtig lange Pause", versprach er und sah ihnen nach, wie sie weiter taumelten.

"정말 긴 휴식이군." 그는 그들이 비틀거리며 앞으로 나아가는 것을 보며 약속했다.

Die Fahrer rechneten damit, dass sie nun eine lange, notwendige Pause bekommen würden.

운전자들은 이제 길고도 필요한 휴식을 취할 수 있을 것으로 기대했습니다.

Sie hatten zweitausend Meilen zurückgelegt und nur zwei Tage Pause gemacht.

그들은 겨우 이틀 쉬고서 1,200마일을 여행했습니다.

Sie waren der Meinung, dass sie sich die Zeit zum Entspannen verdient hätten, und das aus fairen und vernünftigen Gründen.

공평하고 이치에 맞게, 그들은 휴식할 시간을 얻었다고 느꼈습니다.

Aber zu viele waren zum Klondike gekommen und zu wenige waren zu Hause geblieben.

하지만 클론다이크로 온 사람이 너무 많았고, 집에 남은 사람은 너무 적었습니다.

Es gingen unzählige Briefe von Familien ein, die zu Bergen verspäteter Post führten.

가족들의 편지가 쇄도하면서 배달이 지연되는 우편물이
쌓였습니다.

Offizielle Anweisungen trafen ein – neue Hudson Bay-Hunde würden die Nachfolge antreten.

공식적인 명령이 내려졌습니다. 새로운 허드슨 베이
개들이 그 자리를 차지하게 되었습니다.

Die erschöpften Hunde, die nun als wertlos galten, sollten entsorgt werden.

이제 쓸모없다고 불린 지친 개들은 처분되어야
했습니다.

Da Geld wichtiger war als Hunde, sollten sie billig verkauft werden.

돈이 개보다 더 중요했기 때문에 개는 싸게 팔릴
예정이었습니다.

Drei weitere Tage vergingen, bevor die Hunde spürten, wie schwach sie waren.

개들이 얼마나 약해졌는지 느끼기까지 3일이 더
걸렸습니다.

Am vierten Morgen kauften zwei Männer aus den Staaten das gesamte Team.

넷째 날 아침, 미국에서 온 두 남자가 팀 전체를
사들였습니다.

Der Verkauf umfasste alle Hunde sowie ihre abgenutzte Geschirrausrüstung.

판매에는 모든 개와 낡은 하네스 장비가
포함되었습니다.

Die Männer nannten sich gegenseitig „Hal" und „Charles", als sie den Deal abschlossen.

두 남자는 거래를 마치면서 서로를 "할"과 "찰스"라고
불렀습니다.

Charles war mittleren Alters, blass, hatte schlaffe Lippen und wilde Schnurrbartspitzen.

찰스는 중년의 남자로 얼굴이 창백하고 입술은
힘없었으며 콧수염 끝이 험악했다.

Hal war ein junger Mann, vielleicht neunzehn, der einen Patronengürtel trug.

핼은 열아홉 살 정도의 청년이었고, 탄약이 채워진
벨트를 착용하고 있었습니다.

**Am Gürtel befanden sich ein großer Revolver und ein
Jagdmesser, beide unbenutzt.**

벨트에는 큰 리볼버와 사냥용 칼이 들어 있었는데, 둘 다
사용하지 않았습니다.

**Es zeigte, wie unerfahren und ungeeignet er für das Leben
im Norden war.**

그것은 그가 북부 생활에 얼마나 경험이 부족하고
적합하지 않은지를 보여주었습니다.

**Keiner der beiden Männer gehörte in die Wildnis; ihre
Anwesenheit widersprach jeder Vernunft.**

두 사람 모두 자연에 속하지 않았다. 그들의 존재는 모든
이성을 거스르는 것이었다.

**Buck beobachtete, wie das Geld zwischen Käufer und
Makler den Besitzer wechselte.**

벅은 구매자와 중개인 사이에서 돈이 오가는 것을
지켜보았습니다.

**Er wusste, dass die Postzugführer sein Leben wie alle
anderen verlassen würden.**

그는 우편 열차 운전사들이 다른 사람들과 마찬가지로
자신의 삶을 떠난다는 것을 알았습니다.

**Sie folgten Perrault und François, die nun
unwiederbringlich verschwunden waren.**

그들은 더 이상 소환될 수 없게 된 페로와 프랑수아를
따라갔다.

**Buck und das Team wurden in das schlampige Lager ihrer
neuen Besitzer geführt.**

벅과 그의 팀은 새로운 주인의 엉터리 캠프로
인도되었습니다.

**Das Zelt hing durch, das Geschirr war schmutzig und alles
lag in Unordnung.**

텐트는 처져 있었고, 접시는 더러웠으며, 모든 것이
엉망이었습니다.

**Buck bemerkte dort auch eine Frau – Mercedes, Charles'
Frau und Hals Schwester.**

벅은 거기에 한 여자도 있다는 것을 알아챘습니다.
메르세데스, 찰스의 아내이자 핼의 여동생이었습니다.

**Sie bildeten eine vollständige Familie, obwohl sie alles
andere als für den Wanderpfad geeignet waren.**
그들은 완전한 가족을 이루었지만, 그 길에는 전혀
적합하지 않았습니다.

**Buck beobachtete nervös, wie das Trio begann, die Vorräte
einzupacken.**
벅은 세 사람이 물품을 챙기기 시작하는 모습을 불안한
표정으로 지켜보았다.

**Sie arbeiteten hart, aber ohne Ordnung – nur Aufhebens
und vergeudete Mühe.**
그들은 열심히 일했지만 질서 없이 일했습니다. 그저
소란만 피우고 노력만 낭비했습니다.

**Das Zelt war zu einer sperrigen Form zusammengerollt und
viel zu groß für den Schlitten.**
텐트는 썰매에 비해 너무 커서 부피가 큰 모양으로 말려
있었습니다.

**Schmutziges Geschirr wurde eingepackt, ohne dass es
gespült oder getrocknet worden wäre.**
더러운 접시는 세척이나 건조 과정을 거치지 않고
포장되었습니다.

**Mercedes flatterte herum, redete, korrigierte und mischte
sich ständig ein.**
메르세데스는 끊임없이 말하고, 바로잡고, 간섭하며
돌아다녔다.

**Als ein Sack vorne platziert wurde, bestand sie darauf, dass
er hinten drankam.**
자루를 앞에 두자, 그녀는 그것을 뒤에 두라고
고집했습니다.

**Sie packte den Sack ganz unten rein und im nächsten
Moment brauchte sie ihn.**
그녀는 자루를 바닥에 넣었고, 다음 순간에 그것이
필요해졌습니다.

**Also wurde der Schlitten erneut ausgepackt, um an die eine
bestimmte Tasche zu gelangen.**

그래서 썰매는 다시 풀려 특정한 가방 하나에
도달했습니다.

In der Nähe standen drei Männer vor einem Zelt und
beobachteten die Szene.

근처에서 세 남자가 텐트 밖에 서서 그 광경이 펼쳐지는
것을 지켜보고 있었습니다.

Sie lächelten, zwinkerten und grinsten über die
offensichtliche Verwirrung der Neuankömmlinge.

그들은 새로 온 사람들의 명백한 혼란에 미소 짓고,
눈짓하고, 씩 웃었다.

„Sie haben schon eine ziemlich schwere Last", sagte einer
der Männer.

"당신은 이미 정말 무거운 짐을 지고 있군요." 남자 중 한
명이 말했다.

„Ich glaube nicht, dass Sie das Zelt tragen sollten, aber es ist
Ihre Entscheidung."

"그 텐트를 들고 다니는 건 좋지 않다고 생각하지만,
그건 당신의 선택이에요."

„Unvorstellbar!", rief Mercedes und warf verzweifelt die
Hände in die Luft.

"꿈에도 생각지 못했어!" 메르세데스가 절망에 빠져 두
손을 들어올리며 소리쳤다.

„Wie könnte ich ohne Zelt reisen, unter dem ich
übernachten kann?"

"숙박할 텐트도 없이 어떻게 여행을 할 수 있겠어요?"

„Es ist Frühling – Sie werden kein kaltes Wetter mehr
erleben", antwortete der Mann.

"이제 봄이 왔어요. 다시는 추운 날씨를 볼 수 없을
거예요." 그 남자가 대답했다.

Aber sie schüttelte den Kopf und sie stapelten weiterhin
Gegenstände auf den Schlitten.

하지만 그녀는 고개를 저었고, 그들은 계속해서 썰매
위에 물건들을 쌓았습니다.

Als sie die letzten Dinge hinzufügten, türmte sich die
Ladung gefährlich hoch auf.

그들이 마지막 물건을 더할 때 무게는 위험할 정도로
높아졌습니다.

„Glauben Sie, der Schlitten fährt?", fragte einer der Männer
mit skeptischem Blick.

"썰매가 달릴 수 있을까요?" 남자 중 한 명이 회의적인
표정으로 물었다.

„Warum sollte es nicht?", blaffte Charles mit scharfer
Verärgerung zurück.

"왜 안 되겠어요?" 찰스가 날카롭게 짜증내며 반박했다.

„Oh, das ist schon in Ordnung", sagte der Mann schnell und
wich seiner Beleidigung aus.

"아, 괜찮아요." 그 남자는 재빨리 말하며 공격적인
태도를 피했다.

„Ich habe mich nur gewundert – es sah für mich einfach ein
bisschen zu kopflastig aus."

"그냥 궁금해서요. 제 눈에는 위쪽이 너무 무거운 것
같았거든요."

Charles drehte sich um und band die Ladung so gut fest, wie
er konnte.

찰스는 돌아서서 짐을 최대한 단단히 묶었습니다.

Allerdings waren die Zurrgurte locker und die Verpackung
insgesamt schlecht ausgeführt.

하지만 끈이 느슨했고, 전반적으로 포장이 제대로 되어
있지 않았습니다.

„Klar, die Hunde machen das den ganzen Tag", sagte ein
anderer Mann sarkastisch.

"물론이지, 개들은 하루 종일 그걸 끌고 다닐 거야." 다른
남자가 비꼬는 투로 말했다.

„Natürlich", antwortete Hal kalt und packte die lange
Lenkstange des Schlittens.

"물론이죠." 할은 차갑게 대답하며 썰매의 긴 막대를
잡았다.

Mit einer Hand an der Stange schwang er mit der anderen
die Peitsche.

그는 한 손을 막대에 얹고 다른 한 손으로 채찍을
휘둘렀다.

„Los geht's!", rief er. „Bewegt euch!", und trieb die Hunde zum Aufbruch an.

"가자!" 그가 소리쳤다. "움직여!" 개들에게 출발하라고 재촉했다.

Die Hunde lehnten sich in das Geschirr und spannten sich einige Augenblicke lang an.

개들은 하네스에 기대어 잠시 힘을 쏟았습니다.

Dann blieben sie stehen, da sie den überladenen Schlitten keinen Zentimeter bewegen konnten.

그러다가 그들은 과적된 썰매를 조금도 움직일 수 없어 멈췄다.

„Diese faulen Bestien!", schrie Hal und hob die Peitsche, um sie zu schlagen.

"게으른 놈들!" 할이 소리치며 채찍을 들어 그들을 때렸다.

Doch Mercedes stürzte herein und riss Hal die Peitsche aus der Hand.

하지만 메르세데스가 달려들어 할의 손에서 채찍을 빼앗았습니다.

„Oh, Hal, wage es ja nicht, ihnen wehzutun", rief sie alarmiert.

"할, 그들을 다치게 하지 마!" 그녀는 놀라서 소리쳤다.

„Versprich mir, dass du nett zu ihnen bist, sonst gehe ich keinen Schritt weiter."

"그들에게 친절하게 대하겠다고 약속해. 그렇지 않으면 나는 한 걸음도 더 나아가지 않을 거야."

„Du weißt nichts über Hunde", fuhr Hal seine Schwester an.

"너는 개에 대해 아무것도 모르잖아." 할은 여동생에게 쏘아붙였다.

„Sie sind faul, und die einzige Möglichkeit, sie zu bewegen, besteht darin, sie zu peitschen."

"그들은 게으르기 때문에, 그들을 움직일 수 있는 유일한 방법은 채찍질하는 것뿐이에요."

„Fragen Sie irgendjemanden – fragen Sie einen dieser Männer dort drüben, wenn Sie mir nicht glauben."

"누구에게나 물어보세요. 저를 의심한다면 저기 있는 남자 중 한 명에게 물어보세요."

Mercedes sah die Zuschauer mit flehenden, tränennassen Augen an.

메르세데스는 애원하는 듯한 눈물 어린 눈으로 구경꾼들을 바라보았다.

Ihr Gesicht zeigte, wie sehr sie den Anblick jeglichen Schmerzes hasste.

그녀의 얼굴은 그녀가 고통을 보는 것을 얼마나 싫어하는지를 보여주었습니다.

„Sie sind schwach, das ist alles", sagte ein Mann. „Sie sind erschöpft."

"그냥 약해졌을 뿐이에요." 한 남자가 말했다. "지쳐버렸어요."

„Sie brauchen Ruhe – sie haben zu lange ohne Pause gearbeitet."

"그들에게는 휴식이 필요합니다. 그들은 휴식 없이 너무 오랫동안 일해왔습니다."

„Der Rest sei verflucht", murmelte Hal mit verzogenen Lippen.

"나머지는 저주받을 거야." 할은 입술을 삐죽 내밀고 중얼거렸다.

Mercedes schnappte nach Luft, sein grobes Wort schmerzte sie sichtlich.

메르세데스는 그의 거친 말에 분명히 괴로움을 느낀 듯 숨을 헐떡였다.

Dennoch blieb sie loyal und verteidigte ihren Bruder sofort.

그럼에도 불구하고 그녀는 충성을 다했고 즉시 동생을 옹호했습니다.

„Kümmere dich nicht um den Mann", sagte sie zu Hal. „Das sind unsere Hunde."

"저 남자는 신경 쓰지 마." 그녀가 할에게 말했다. "그들은 우리 개들이잖아."

„Fahren Sie sie, wie Sie es für richtig halten – tun Sie, was Sie für richtig halten."

"당신이 적절하다고 생각하는 대로 운전하세요. 당신이
옳다고 생각하는 대로 하세요."

**Hal hob die Peitsche und schlug die Hunde erneut
gnadenlos.**

할은 채찍을 들어 다시 한번 무자비하게 개들을 때렸다.

**Sie stürzten sich nach vorne, die Körper tief gebeugt, die
Füße in den Schnee gedrückt.**

그들은 몸을 숙이고 눈 속에 발을 디딘 채 앞으로
달려들었다.

**Sie gaben sich alle Mühe, den Schlitten zu ziehen, aber er
bewegte sich nicht.**

그들은 모든 힘을 썰매를 끄는 데 쏟았지만 썰매는
움직이지 않았습니다.

**Der Schlitten blieb wie ein im Schnee festgefrorener Anker
stecken.**

썰매는 굳은 눈 속에 얼어붙은 닻처럼 움직이지
않았습니다.

**Nach einem zweiten Versuch blieben die Hunde wieder
stehen und keuchten schwer.**

두 번째 시도 후, 개들은 다시 헐떡이며 멈췄다.

**Hal hob die Peitsche noch einmal, gerade als Mercedes
erneut eingriff.**

메르세데스가 다시 개입하자마자 할은 다시 채찍을
들었다.

Sie fiel vor Buck auf die Knie und umarmte seinen Hals.

그녀는 벅 앞에 무릎을 꿇고 그의 목을 껴안았다.

**Tränen traten ihr in die Augen, als sie den erschöpften
Hund anflehte.**

그녀는 지친 개에게 애원하며 눈물을 글썽였다.

**„Ihr Armen", sagte sie, „warum zieht ihr nicht einfach
stärker?"**

"불쌍한 얘들아," 그녀가 말했다. "왜 더 세게 당기지
않니?"

„Wenn du ziehst, wirst du nicht so ausgepeitscht."

"당기면 이렇게 채찍질 당하지 못할 거야."

Buck mochte Mercedes nicht, aber er war zu müde, um ihr jetzt zu widerstehen.

벅은 메르세데스를 싫어했지만, 지금은 너무 피곤해서 그녀에게 저항할 수 없었다.

Er akzeptierte ihre Tränen als einen weiteren Teil dieses elenden Tages.

그는 그녀의 눈물을 그저 비참한 하루의 일부로 받아들였다.

Einer der zuschauenden Männer ergriff schließlich das Wort, nachdem er seinen Ärger unterdrückt hatte.

분노를 참던 남자 중 한 명이 마침내 입을 열었다.

„Es ist mir egal, was mit euch passiert, Leute, aber diese Hunde sind wichtig."

"여러분에게 무슨 일이 일어나든 상관없지만, 그 개들은 중요해요."

„Wenn du helfen willst, mach den Schlitten los – er ist am Schnee festgefroren."

"도움을 주고 싶다면 썰매를 풀어주세요. 썰매가 눈 속에 얼어붙어 있거든요."

„Drücken Sie fest auf die Gee-Stange, rechts und links, und brechen Sie die Eisversiegelung."

"지폴을 좌우로 세게 눌러서 얼음 봉인을 깨세요."

Ein dritter Versuch wurde unternommen, diesmal auf Vorschlag des Mannes.

이번에는 그 남자의 제안에 따라 세 번째 시도가 이루어졌습니다.

Hal schaukelte den Schlitten von einer Seite auf die andere und löste so die Kufen.

할은 썰매를 좌우로 흔들어 주자들을 풀어주었다.

Obwohl der Schlitten überladen und unhandlich war, machte er schließlich einen Satz nach vorne.

썰매는 짐이 너무 많고 움직임이 불편했지만, 마침내 앞으로 나아갔다.

Buck und die anderen zogen wild, angetrieben von einem Sturm aus Schleudertraumen.

벅과 다른 사람들은 채찍질 폭풍에 쫓겨서 미친 듯이
끌려갔다.

**Hundert Meter weiter machte der Weg eine Biegung und
führte in die Straße hinein.**

100야드 앞에서 길은 휘어져 거리로 이어졌습니다.

**Um den Schlitten aufrecht zu halten, hätte es eines
erfahrenen Fahrers bedurft.**

썰매를 똑바로 세우려면 숙련된 운전자가 필요했을
것입니다.

**Hal war nicht geschickt und der Schlitten kippte, als er um
die Kurve schwang.**

할은 썰매를 잘 몰지 못했고, 썰매는 굽은길을 돌면서
기울어졌습니다.

**Lose Zurrgurte gaben nach und die Hälfte der Ladung
ergoss sich auf den Schnee.**

느슨한 묶음이 풀리고, 짐의 절반이 눈 위로
쏟아졌습니다.

**Die Hunde hielten nicht an; der leichtere Schlitten flog auf
der Seite weiter.**

개들은 멈추지 않았고, 가벼운 썰매는 옆으로 날아갔다.

**Wütend über die Beschimpfungen und die schwere Last
rannten die Hunde noch schneller.**

학대와 무거운 짐에 화가 난 개들은 더 빨리 달렸다.

Buck rannte wütend los und das Team folgte ihm.

벅은 격노하여 달려갔고, 그의 팀원들도 그를 따라갔다.

Hal rief „Whoa! Whoa!", aber das Team beachtete ihn nicht.

할은 "와! 와!"라고 소리쳤지만, 팀원들은 그에게 전혀
신경 쓰지 않았다.

**Er stolperte, fiel und wurde am Geschirr über den Boden
geschleift.**

그는 걸려 넘어졌고, 하네스에 묶인 채 땅바닥으로
끌려갔습니다.

**Der umgekippte Schlitten wurde über ihn geworfen, als die
Hunde weiterrasten.**

개들이 앞서 달려가는 동안 뒤집힌 썰매가 그 위로
덮쳤다.

Die restlichen Vorräte verteilten sich über die belebte Straße von Skaguay.

나머지 물품들은 스카과이의 번화가 곳곳에 흩어져 있었습니다.

Gutherzige Menschen eilten herbei, um die Hunde anzuhalten und die Ausrüstung einzusammeln.

친절한 사람들이 달려가 개들을 막고 장비를 모았습니다.

Sie gaben den neuen Reisenden auch direkte und praktische Ratschläge.

그들은 또한 새로운 여행자들에게 솔직하고 실용적인 조언을 해주었습니다.

„Wenn Sie Dawson erreichen wollen, nehmen Sie die halbe Ladung und die doppelte Anzahl an Hunden mit."

"도슨에게 다가가고 싶다면 짐은 절반만 싣고 개는 두 배로 늘리세요."

Hal, Charles und Mercedes hörten zu, wenn auch nicht mit Begeisterung.

핼, 찰스, 메르세데스는 그다지 열정적이지는 않았지만 귀를 기울였다.

Sie bauten ihr Zelt auf und begannen, ihre Vorräte zu sortieren.

그들은 텐트를 치고 필요한 물품을 분류하기 시작했습니다.

Heraus kamen Konserven, die die Zuschauer laut lachen ließen.

통조림이 나와서 구경꾼들을 큰 소리로 웃게 만들었다.

„Konserven auf dem Weg? Bevor die schmelzen, verhungern Sie", sagte einer.

"산길에 통조림을 놔두고? 녹기도 전에 굶어 죽을 거야." 한 사람이 말했다.

„Hoteldecken? Die wirfst du am besten alle weg."

"호텔 담요요? 다 버리는 게 낫겠어요."

„Schmeißen Sie auch das Zelt weg, und hier spült niemand mehr Geschirr."

"텐트도 치워버리면 여기서 설거지하는 사람도 없을 거야."

„Sie glauben, Sie fahren in einem Pullman-Zug mit Bediensteten an Bord?"

"당신은 하인들을 태운 풀먼 열차를 타고 있다고 생각하시나요?"

Der Prozess begann – jeder nutzlose Gegenstand wurde beiseite geworfen.

과정이 시작되었습니다. 쓸모없는 물건은 모두 옆으로 버려졌습니다.

Mercedes weinte, als ihre Taschen auf den schneebedeckten Boden geleert wurden.

메르세데스는 자신의 가방이 눈 덮인 땅에 비워지자 울었다.

Sie schluchzte ohne Pause über jeden einzelnen hinausgeworfenen Gegenstand.

그녀는 잠시도 멈추지 않고 물건 하나하나가 던져지는 것을 보며 흐느꼈다.

Sie schwor, keinen Schritt weiterzugehen – nicht einmal für zehn Charleses.

그녀는 더 이상 한 걸음도 나아가지 않겠다고 맹세했습니다. 찰스 10명에게도 말입니다.

Sie flehte alle Menschen in ihrer Nähe an, ihr ihre wertvollen Sachen zu überlassen.

그녀는 주변에 있는 모든 사람에게 그녀의 소중한 물건을 보관해 달라고 간청했습니다.

Schließlich wischte sie sich die Augen und begann, auch die wichtigsten Kleidungsstücke wegzuwerfen.

마침내 그녀는 눈물을 닦고 중요한 옷까지 던지기 시작했습니다.

Als sie mit ihrem eigenen fertig war, begann sie, die Vorräte der Männer auszuräumen.

그녀는 자신의 일을 마치고 나서 남자들의 물품을 비우기 시작했습니다.

Wie ein Wirbelwind verwüstete sie die Habseligkeiten von Charles und Hal.

그녀는 회오리바람처럼 찰스와 핼의 소지품을 뒤졌다.

Obwohl die Ladung halbiert wurde, war sie immer noch viel schwerer als nötig.

짐은 절반으로 줄었지만 여전히 필요한 것보다 훨씬 무거웠습니다.

In dieser Nacht gingen Charles und Hal los und kauften sechs neue Hunde.

그날 밤, 찰스와 핼은 나가서 새 개 여섯 마리를 샀습니다.

Diese neuen Hunde gesellten sich zu den ursprünglichen sechs, plus Teek und Koona.

이 새로운 개들은 티크와 쿠나를 포함해 원래 여섯 마리에 합류했습니다.

Zusammen bildeten sie ein Gespann aus vierzehn Hunden, die vor den Schlitten gespannt wurden.

그들은 함께 썰매에 묶인 14마리의 개로 이루어진 팀을 이루었습니다.

Doch die neuen Hunde waren für die Schlittenarbeit ungeeignet und schlecht ausgebildet.

하지만 새로 데려온 개들은 썰매 작업에 적합하지 않았고 제대로 훈련되지도 않았습니다.

Drei der Hunde waren kurzhaarige Vorstehhunde und einer war ein Neufundländer.

개 중 세 마리는 짧은 털을 가진 포인터였고, 한 마리는 뉴펀들랜드였습니다.

Bei den letzten beiden Hunden handelte es sich um Mischlinge ohne eindeutige Rasse oder Zweckbestimmung.

마지막 두 마리의 개는 품종도 목적도 명확하지 않은 잡종이었습니다.

Sie haben den Weg nicht verstanden und ihn nicht schnell gelernt.

그들은 그 길을 이해하지 못했고, 빨리 배우지도 못했습니다.

Buck und seine Kameraden beobachteten sie mit Verachtung und tiefer Verärgerung.

벅과 그의 친구들은 그들을 경멸과 깊은 짜증으로
바라보았습니다.

**Obwohl Buck ihnen beibrachte, was sie nicht tun sollten,
konnte er ihnen keine Pflicht beibringen.**
벅은 그들에게 무엇을 하지 말아야 하는지는
가르쳤지만, 의무는 가르칠 수 없었다.

**Sie kamen mit dem Leben auf dem Wanderpfad und dem
Ziehen von Zügeln und Schlitten nicht gut zurecht.**
그들은 산길을 걷는 생활이나 고삐와 썰매를 끌어당기는
생활에 적응하지 못했습니다.

**Nur die Mischlinge versuchten, sich anzupassen, und selbst
ihnen fehlte der Kampfgeist.**
오직 잡종만이 적응하려고 했고, 그들조차도 투지가
부족했습니다.

**Die anderen Hunde waren durch ihr neues Leben verwirrt,
geschwächt und gebrochen.**
다른 개들은 새로운 삶에 혼란스러워하고, 약해졌으며,
무너졌습니다.

**Da die neuen Hunde ahnungslos und die alten erschöpft
waren, gab es kaum Hoffnung.**
새로 온 개들은 아무것도 모르고, 기존 개들은 지쳐
있었기 때문에 희망은 희박했습니다.

**Bucks Team hatte zweitausendfünfhundert Meilen eines
rauen Pfades zurückgelegt.**
벅의 팀은 험난한 산길 2,500마일을 달렸습니다.

**Dennoch waren die beiden Männer fröhlich und stolz auf
ihr großes Hundegespann.**
그럼에도 불구하고 두 남자는 쾌활했고, 그들이 데리고
다니는 큰 개 팀을 자랑스러워했습니다.

**Sie dachten, sie würden mit Stil reisen, mit vierzehn
Hunden an der Leine.**
그들은 14마리의 개를 데리고 스타일리시하게 여행을
하고 있다고 생각했습니다.

**Sie hatten gesehen, wie Schlitten nach Dawson aufbrachen
und andere von dort ankamen.**

그들은 도슨으로 썰매가 떠나는 것을 보았고, 다른 썰매들이 도슨에서 도착하는 것을 보았습니다.

Aber noch nie hatten sie eins gesehen, das von bis zu vierzehn Hunden gezogen wurde.

하지만 그들은 14마리나 되는 개가 한 마리를 끌고 가는 것을 본 적이 없었습니다.

Es gab einen Grund, warum solche Teams in der arktischen Wildnis selten waren.

북극의 자연 속에서 이런 팀이 드문 데에는 이유가 있었습니다.

Kein Schlitten konnte genug Futter transportieren, um vierzehn Hunde für die Reise zu versorgen.

어떤 썰매도 여행 내내 14마리의 개에게 먹일 만큼의 충분한 음식을 실을 수 없었습니다.

Aber Charles und Hal wussten das nicht – sie hatten nachgerechnet.

하지만 찰스와 핼은 그 사실을 몰랐습니다. 그들은 이미 계산을 해 두었으니까요.

Sie haben das Futter berechnet: so viel pro Hund, so viele Tage, fertig.

그들은 음식의 양을 계산했습니다. 개 한 마리당 얼마인지, 며칠 동안 먹었는지.

Mercedes betrachtete ihre Zahlen und nickte, als ob es Sinn machte.

메르세데스는 그들의 모습을 보고, 그것이 무슨 뜻인지 알겠다는 듯이 고개를 끄덕였다.

Zumindest auf dem Papier erschien ihr alles sehr einfach.

그녀에게는 모든 것이 매우 간단해 보였습니다. 적어도 문서상으로는 말이죠.

Am nächsten Morgen führte Buck das Team langsam die verschneite Straße hinauf.

다음날 아침, 벅은 팀을 이끌고 눈 덮인 거리를 천천히 올라갔습니다.

Weder er noch die Hunde hinter ihm hatten Energie oder Tatendrang.

그에게도, 그의 뒤에 있는 개들에게도 에너지나 정신이 없었습니다.

Sie waren von Anfang an todmüde, es waren keine Reserven mehr vorhanden.

그들은 처음부터 지쳐 있었습니다. 여유가 전혀 없었습니다.

Buck hatte bereits vier Fahrten zwischen Salt Water und Dawson unternommen.

벅은 이미 솔트워터와 도슨 사이를 네 번이나 여행했습니다.

Als er nun erneut vor derselben Spur stand, empfand er nichts als Bitterkeit.

이제 다시 같은 길을 마주하게 되었지만, 그는 씁쓸함 외에는 아무것도 느끼지 못했습니다.

Er war nicht mit dem Herzen dabei und die anderen Hunde auch nicht.

그의 마음은 거기에 없었고, 다른 개들의 마음도 거기에 없었습니다.

Die neuen Hunde waren schüchtern und den Huskys fehlte jegliches Vertrauen.

새로 온 개들은 소심했고, 허스키들은 전혀 신뢰하지 않았습니다.

Buck spürte, dass er sich auf diese beiden Männer oder ihre Schwester nicht verlassen konnte.

벅은 이 두 남자나 그들의 자매를 믿을 수 없다는 것을 직감했습니다.

Sie wussten nichts und zeigten auf dem Weg keine Anzeichen, etwas zu lernen.

그들은 아무것도 몰랐고, 길을 가면서 배우는 모습도 보이지 않았습니다.

Sie waren unorganisiert und es fehlte ihnen jeglicher Sinn für Disziplin.

그들은 조직력이 부족했고 규율감이 전혀 없었습니다.

Sie brauchten jedes Mal die halbe Nacht, um ein schlampiges Lager aufzubauen.

그들은 매번 엉성한 캠프를 세우는 데 반나절이
걸렸습니다.

**Und den halben nächsten Morgen verbrachten sie wieder
damit, am Schlitten herumzufummeln.**

그리고 다음날 아침의 절반은 다시 썰매를 만지작거리며
보냈습니다.

**Gegen Mittag hielten sie oft nur an, um die ungleichmäßige
Beladung zu korrigieren.**

정오쯤 되면 그들은 종종 멈춰서 불균형한 하중을
해결하곤 했습니다.

**An manchen Tagen legten sie insgesamt weniger als
sechzehn Kilometer zurück.**

어떤 날에는 그들이 총 10마일도 이동하지 못했습니다.

**An anderen Tagen schafften sie es überhaupt nicht, das
Lager zu verlassen.**

다른 날에는 그들은 캠프를 전혀 떠나지 못했습니다.

**Sie kamen nie auch nur annähernd an die geplante
Nahrungsdistanz heran.**

그들은 계획된 식량 거리를 결코 넘지 못했습니다.

Wie erwartet ging das Futter für die Hunde sehr schnell aus.

예상했던 대로, 개들의 먹이가 금세 부족해졌습니다.

**Sie haben die Sache noch schlimmer gemacht, indem sie in
den ersten Tagen zu viel gefüttert haben.**

그들은 초기에 과잉 공급으로 상황을 악화시켰습니다.

**Mit jeder unvorsichtigen Ration rückte der Hungertod
näher.**

이런 식으로 부주의한 식량 배급으로 인해 기아가 더
가까워졌습니다.

**Die neuen Hunde hatten nicht gelernt, mit sehr wenig zu
überleben.**

새로 온 개들은 아주 적은 양으로 생존하는 법을 배우지
못했습니다.

Sie aßen hungrig, ihr Appetit war zu groß für den Weg.

그들은 길을 따라가는 것보다 식욕이 너무 왕성해서
배고프게 먹었습니다.

Als Hal sah, wie die Hunde schwächer wurden, glaubte er, dass das Futter nicht ausreichte.

개들이 약해지는 것을 보고, 핼은 음식이 충분하지 않다고 생각했습니다.

Er verdoppelte die Rationen und verschlimmerte damit den Fehler noch.

그는 식량 배급량을 두 배로 늘려서 실수를 더욱 심화시켰습니다.

Mercedes verschärfte das Problem mit Tränen und leisem Flehen.

메르세데스는 눈물과 부드러운 애원으로 문제를 더욱 키웠다.

Als sie Hal nicht überzeugen konnte, fütterte sie die Hunde heimlich.

핼을 설득할 수 없자, 그녀는 비밀리에 개들에게 먹이를 주었습니다.

Sie stahl den Fisch aus den Säcken und gab ihn ihnen hinter seinem Rücken.

그녀는 물고기 자루에서 물고기를 훔쳐서 그의 눈 밖에 나서 그들에게 주었습니다.

Doch was die Hunde wirklich brauchten, war nicht mehr Futter, sondern Ruhe.

하지만 개들에게 정말 필요한 것은 더 많은 음식이 아니라 휴식이었습니다.

Sie kamen nur langsam voran, aber der schwere Schlitten schleppte sich trotzdem weiter.

그들은 시간을 많이 낭비하지 않았지만, 무거운 썰매는 여전히 계속 끌렸습니다.

Allein dieses Gewicht zehrte jeden Tag an ihrer verbleibenden Kraft.

그 무게만으로도 그들의 남아 있던 힘이 매일 빠져나갔습니다.

Dann kam es zur Phase der Unterernährung, da die Vorräte zur Neige gingen.

그러다가 공급이 부족해져서 충분한 영양을 공급하지 못하는 단계가 왔습니다.

Eines Morgens stellte Hal fest, dass die Hälfte des Hundefutters bereits weg war.

어느 날 아침, 핼은 개 사료의 절반이 이미 없어졌다는 것을 깨달았습니다.

Sie hatten nur ein Viertel der gesamten Wegstrecke zurückgelegt.

그들은 전체 산길 거리의 4분의 1만 이동했습니다.

Es konnten keine Lebensmittel mehr gekauft werden, egal zu welchem Preis.

아무리 가격을 매겨도 더 이상 음식을 살 수 없었습니다.

Er reduzierte die Portionen der Hunde unter die normale Tagesration.

그는 개들에게 주는 먹이를 표준 일일 배급량보다 줄였습니다.

Gleichzeitig forderte er längere Reisemöglichkeiten, um die Verluste auszugleichen.

동시에 그는 손실을 메우기 위해 더 긴 여행을 요구했습니다.

Mercedes und Charles unterstützten diesen Plan, scheiterten jedoch bei der Umsetzung.

메르세데스와 샤를은 이 계획을 지지했지만 실행에는 실패했다.

Ihr schwerer Schlitten und ihre mangelnden Fähigkeiten machten ein Vorankommen nahezu unmöglich.

무거운 썰매와 기술 부족으로 인해 전진이 거의 불가능했습니다.

Es war einfach, weniger Futter zu geben, aber unmöglich, mehr Anstrengung zu erzwingen.

음식을 줄이는 건 쉽지만, 더 많은 노력을 강요하는 건 불가능했습니다.

Sie konnten weder früher anfangen, noch konnten sie Überstunden machen.

그들은 일찍 출발할 수도 없었고, 몇 시간 더 여행할 수도 없었습니다.

Sie wussten nicht, wie sie mit den Hunden und überhaupt mit sich selbst arbeiten sollten.

그들은 개를 다루는 법도, 자신들을 다루는 법도
몰랐습니다.

**Der erste Hund, der starb, war Dub, der unglückliche, aber
fleißige Dieb.**

처음으로 죽은 개는 불운하지만 열심히 일하는 도둑인
더브였습니다.

**Obwohl Dub oft bestraft wurde, leistete er ohne zu klagen
seinen Beitrag.**

종종 벌을 받았지만, 더브는 불평 없이 자신의 몫을
다했습니다.

**Seine Schulterverletzung verschlimmerte sich ohne Pflege
und nötige Ruhe.**

그의 다친 어깨는 치료나 휴식이 필요 없이 점점
악화되었습니다.

Schließlich beendete Hal mit dem Revolver Dubs Leiden.

마침내, 할은 리볼버를 사용해 더브의 고통을 끝냈다.

**Ein gängiges Sprichwort besagt, dass normale Hunde an der
Husky-Ration sterben.**

일반적인 속담에 허스키 사료를 먹으면 일반 개도
죽는다는 말이 있습니다.

**Bucks sechs neue Gefährten bekamen nur die Hälfte des
Futteranteils des Huskys.**

벅의 새로운 동료 여섯 마리는 허스키가 나눠 가진
음식의 절반만 가지고 있었습니다.

**Zuerst starb der Neufundländer, dann die drei kurzhaarigen
Vorstehhunde.**

뉴펀들랜드가 먼저 죽고, 그 다음에 짧은 털을 가진
포인터 세 마리가 죽었습니다.

**Die beiden Mischlinge hielten länger durch, kamen aber
schließlich wie die anderen um.**

두 잡종은 더 오래 버텼지만 결국 다른 이들처럼 죽고
말았다.

**Zu diesem Zeitpunkt waren alle Annehmlichkeiten und die
Sanftheit des Südens verschwunden.**

이 무렵, 사우스랜드의 모든 편의 시설과 온화함은
사라졌습니다.

Die drei Menschen hatten die letzten Spuren ihrer zivilisierten Erziehung abgelegt.

세 사람은 문명화된 양육의 마지막 흔적을 버렸습니다.

Ohne Glamour und Romantik wurde das Reisen in die Arktis zur brutalen Realität.

화려함과 로맨스가 사라진 북극 여행은 잔인할 정도로 현실이 되었습니다.

Es war eine Realität, die zu hart für ihr Männlichkeits- und Weiblichkeitsgefühl war.

그것은 그들의 남성성과 여성성에 대한 감각으로는 너무나 가혹한 현실이었습니다.

Mercedes weinte nicht mehr um die Hunde, sondern nur noch um sich selbst.

메르세데스는 더 이상 개들을 위해 울지 않고, 오직 자신을 위해 울었습니다.

Sie verbrachte ihre Zeit damit, zu weinen und mit Hal und Charles zu streiten.

그녀는 핼과 찰스와 울고 다투며 시간을 보냈다.

Streiten war das Einzige, wozu sie nie zu müde waren.

다투는 것은 그들이 지쳐서 할 수 없는 유일한 일이었습니다.

Ihre Gereiztheit rührte vom Elend her, wuchs mit ihm und übertraf es.

그들의 짜증은 비참함에서 비롯되었고, 비참함과 함께 커졌으며, 비참함을 넘어섰습니다.

Die Geduld des Weges, die diejenigen kennen, die sich abmühen und freundlich leiden, kam nie.

친절하게 수고하고 고통을 겪는 사람들이 아는, 길에서 겪는 인내심은 결코 찾아오지 않았습니다.

Diese Geduld, die die Sprache trotz Schmerzen süß hält, war ihnen unbekannt.

고통 속에서도 말을 달콤하게 유지하는 그 인내심은 그들에게는 알려지지 않았다.

Sie besaßen nicht die geringste Spur von Geduld und schöpften keine Kraft aus dem anmutigen Leiden.

그들에게는 인내심이라는 흔적도 없었고, 은혜롭게
고통을 겪으면서 얻는 힘도 없었습니다.

Sie waren steif vor Schmerz – ihre Muskeln, Knochen und ihr Herz schmerzten.

그들은 고통으로 몸이 굳어졌습니다. 근육, 뼈, 심장이
아팠습니다.

Aus diesem Grund bekamen sie eine scharfe Zunge und waren schnell im Umgang mit harten Worten.

이 때문에 그들은 혀가 날카로워지고 거친 말을 하기
쉬워졌습니다.

Jeder Tag begann und endete mit wütenden Stimmen und bitteren Klagen.

매일은 화난 목소리와 쓰라린 불평으로 시작하고
끝났습니다.

Charles und Hal stritten sich, wann immer Mercedes ihnen eine Chance gab.

메르세데스가 기회를 줄 때마다 찰스와 핼은 서로
다투었다.

Jeder Mann glaubte, dass er mehr als seinen gerechten Anteil an der Arbeit geleistet hatte.

각자는 자신에게 할당된 업무량 이상을 해냈다고
믿었습니다.

Keiner von beiden ließ es sich je entgehen, dies immer wieder zu sagen.

두 사람 모두 그 말을 할 기회를 놓치지 않았고,
계속해서 그렇게 말했습니다.

Manchmal stand Mercedes auf der Seite von Charles, manchmal auf der Seite von Hal.

때로는 메르세데스는 찰스 편을 들었고, 때로는 핼 편을
들었습니다.

Dies führte zu einem großen und endlosen Streit zwischen den dreien.

이로 인해 세 사람 사이에 끝없는 다툼이 벌어지게
되었다.

Ein Streit darüber, wer Brennholz hacken sollte, geriet außer Kontrolle.

장작을 누가 잘라야 할 것인가를 놓고 벌어진 논쟁이
걷잡을 수 없이 커졌습니다.

**Bald wurden Väter, Mütter, Cousins und verstorbene
Verwandte genannt.**

곧 아버지, 어머니, 사촌, 죽은 친척들의 이름이
지어졌습니다.

**Hal's Ansichten über Kunst oder die Theaterstücke seines
Onkels wurden Teil des Kampfes.**

할의 예술에 대한 견해나 그의 삼촌의 연극에 대한
견해가 싸움의 일부가 되었습니다.

**Auch Charles' politische Überzeugungen wurden in die
Debatte einbezogen.**

찰스의 정치적 신념 또한 논쟁에 포함되었습니다.

**Für Mercedes schienen sogar die Gerüchte über die
Schwester ihres Mannes relevant zu sein.**

메르세데스에게는 남편의 누이의 소문조차도 중요한
것처럼 보였습니다.

**Sie äußerte ihre Meinung dazu und zu vielen Fehlern in
Charles' Familie.**

그녀는 그 문제와 찰스 가족의 많은 단점에 대한 의견을
밝혔습니다.

**Während sie stritten, blieb das Feuer aus und das Lager war
halb fertig.**

그들이 논쟁하는 동안 불은 꺼져 있었고 캠프는 반쯤
세워져 있었습니다.

**In der Zwischenzeit waren die Hunde unterkühlt und hatten
nichts zu fressen.**

그 사이 개들은 추위에 떨며 아무것도 먹지 못했습니다.

**Mercedes hegte einen Groll, den sie als zutiefst persönlich
betrachtete.**

메르세데스는 자신이 매우 개인적으로 생각하는 불만을
품고 있었습니다.

**Sie fühlte sich als Frau misshandelt und fühlte sich ihrer
Privilegien beraubt.**

그녀는 여성으로서 부당한 대우를 받았다고 느꼈고,
신사로서의 특권을 박탈당했다고 느꼈습니다.

Sie war hübsch und sanft und pflegte ihr ganzes Leben lang ritterliche Gesten.
그녀는 예쁘고 상냥했으며, 평생 기사도 정신에
익숙했습니다.

Doch ihr Mann und ihr Bruder begegneten ihr nun mit Ungeduld.
하지만 그녀의 남편과 오빠는 이제 그녀를 참을성 없이
대했습니다.

Sie hatte die Angewohnheit, sich hilflos zu verhalten, und sie begannen, sich zu beschweren.
그녀는 무력하게 행동하는 게 습관이었고, 그들은
불평하기 시작했습니다.

Sie war davon beleidigt und machte ihnen das Leben noch schwerer.
그녀는 이에 불쾌감을 느꼈고, 그들의 삶을 더욱 어렵게
만들었습니다.

Sie ignorierte die Hunde und bestand darauf, den Schlitten selbst zu fahren.
그녀는 개들을 무시하고 직접 썰매를 타겠다고
고집했습니다.

Obwohl sie von leichter Gestalt war, wog sie fünfundvierzig Kilo.
그녀는 겉모습은 가벼웠지만 몸무게는 120파운드나
나갔습니다.

Diese zusätzliche Belastung war zu viel für die hungernden, schwachen Hunde.
그 추가적인 부담은 굶주리고 허약한 개들에게는 너무
컸습니다.

Trotzdem ritt sie tagelang, bis die Hunde in den Zügeln zusammenbrachen.
그럼에도 불구하고 그녀는 개들이 고삐를 잡고 쓰러질
때까지 며칠 동안 말을 탔습니다.

Der Schlitten stand still und Charles und Hal baten sie, zu laufen.
썰매는 멈춰 섰고, 찰스와 핼은 썰매에게 걸어가라고
간청했습니다.

Sie flehten und flehten, aber sie weinte und nannte sie grausam.
그들은 간청하고 간청했지만, 그녀는 울면서 그들을 잔인하다고 불렀습니다.

Einmal zogen sie sie mit purer Kraft und Wut vom Schlitten.
한번은 그들은 엄청난 힘과 분노로 그녀를 썰매에서 끌어냈습니다.

Nach dem, was damals passiert ist, haben sie es nie wieder versucht.
그들은 그 일이 있은 후로 다시는 시도하지 않았습니다.

Sie wurde schlaff wie ein verwöhntes Kind und setzte sich in den Schnee.
그녀는 버릇없는 아이처럼 힘이 빠지고 눈 속에 앉았습니다.

Sie gingen weiter, aber sie weigerte sich aufzustehen oder ihnen zu folgen.
그들은 계속 움직였지만, 그녀는 일어나거나 뒤따라오기를 거부했습니다.

Nach drei Meilen hielten sie an, kehrten um und trugen sie zurück.
3마일을 간 뒤, 그들은 멈춰 서서 돌아와 그녀를 다시 업고 돌아왔다.

Sie luden sie wieder auf den Schlitten, wobei sie erneut rohe Gewalt anwandten.
그들은 다시 힘을 써서 그녀를 썰매에 다시 태웠다.

In ihrem tiefen Elend zeigten sie gegenüber dem Leid der Hunde keine Skrupel.
그들은 깊은 비참함에 빠져서 개들의 고통에는 무감각했습니다.

Hal glaubte, man müsse sich abhärten und zwang anderen diesen Glauben auf.
할은 사람이 강해져야 한다고 믿었고, 그 믿음을 다른 사람들에게 강요했습니다.

Er versuchte zunächst, seiner Schwester seine Philosophie zu predigen

그는 먼저 자신의 철학을 여동생에게 전파하려고
했습니다.

und dann predigte er erfolglos seinem Schwager.

그리고 나서, 성공하지 못한 채 그는 처남에게
설교했습니다.

**Bei den Hunden hatte er mehr Erfolg, aber nur, weil er
ihnen weh tat.**

그는 개들을 다루는 데 더 성공적이었지만, 그것은 그가
개들을 다치게 했기 때문일 뿐이다.

Bei Five Fingers ist das Hundefutter komplett ausgegangen.

파이브 핑거스에서는 개 사료가 완전히 떨어졌습니다.

**Eine zahnlose alte Squaw verkaufte ein paar Pfund
gefrorenes Pferdeleder**

이가 없는 늙은 여자가 얼어붙은 말가죽 몇 파운드를
팔았습니다.

**Hal tauschte seinen Revolver gegen das getrocknete
Pferdefell.**

할은 리볼버를 말린 말가죽과 교환했다.

**Das Fleisch stammte von den Pferden der Viehzüchter, die
Monate zuvor verhungert waren.**

그 고기는 몇 달 전 목축업자들이 굶주린 말의
고기였습니다.

**Gefroren war die Haut wie verzinktes Eisen: zäh und
ungenießbar.**

얼어붙은 가죽은 마치 아연 도금된 철과 같아서 질기고
먹을 수 없었습니다.

**Die Hunde mussten endlos auf dem Fell herumkauen, um es
zu fressen.**

개들은 가죽을 먹기 위해 끝없이 씹어야 했습니다.

**Doch die ledrigen Fäden und das kurze Haar waren kaum
Nahrung.**

하지만 가죽 같은 털과 짧은 털은 영양분이 될 수
없었다.

**Das Fell war größtenteils irritierend und kein echtes
Nahrungsmittel.**

가죽의 대부분은 자극적이었고, 엄밀히 말하면 음식이
아니었습니다.

**Und während all dem taumelte Buck vorne herum, wie in
einem Albtraum.**

그리고 그 모든 일에도 불구하고 벅은 악몽 속에서처럼
비틀거리며 앞장섰다.

**Er zog, wenn er dazu in der Lage war; wenn nicht, blieb er
liegen, bis er mit einer Peitsche oder einem Knüppel
hochgehoben wurde.**

그는 할 수 있을 때는 잡아당겼고, 할 수 없을 때는
채찍이나 곤봉이 그를 들어올릴 때까지 누워
있었습니다.

**Sein feines, glänzendes Fell hatte jegliche Steifheit und
jeglichen Glanz verloren, den es einst hatte.**

그의 곱고 윤기 나는 털은 한때 가지고 있던 뻣뻣함과
윤기를 모두 잃어버렸습니다.

**Sein Haar hing schlaff herunter, war zerzaust und mit
getrocknetem Blut von den Schlägen verklebt.**

그의 머리카락은 힘없이 늘어져 있었고, 질질 끌려
있었으며, 타격으로 인한 말라붙은 피로 굳어 있었다.

**Seine Muskeln schrumpften zu Sehnen und seine
Fleischpolster waren völlig abgenutzt.**

그의 근육은 끈처럼 줄어들었고, 살갗은 모두 닳아
없어졌습니다.

**Jede Rippe, jeder Knochen war deutlich durch die Falten der
runzligen Haut zu sehen.**

주름진 피부 사이로 각 갈비뼈, 각 뼈가 선명하게
드러났습니다.

**Es war herzzerreißend, doch Bucks Herz konnte nicht
brechen.**

가슴 아픈 일이었지만, 벅의 마음은 무너지지
않았습니다.

**Der Mann im roten Pullover hatte das getestet und vor
langer Zeit bewiesen.**

빨간 스웨터를 입은 남자는 그것을 오래전에 시험해
보고 증명했습니다.

So wie es bei Buck war, war es auch bei allen seinen übrigen Teamkollegen.

벅의 경우와 마찬가지로, 그의 나머지 팀원들도 마찬가지였다.

Insgesamt waren es sieben, jeder einzelne ein wandelndes Skelett des Elends.

모두 일곱 명이었고, 각자는 비참함의 걸어다니는 해골이었습니다.

Sie waren gegenüber den Peitschenhieben taub geworden und spürten nur noch entfernten Schmerz.

그들은 채찍질에 무감각해졌고, 멀리서 느껴지는 고통만을 느꼈습니다.

Sogar Bild und Ton erreichten sie nur schwach, wie durch dichten Nebel.

짙은 안개 속에서처럼, 시력과 청각조차 희미하게 그들에게 전달되었습니다.

Sie waren nicht halb lebendig – es waren Knochen mit schwachen Funken darin.

그들은 반쯤 살아 있는 것이 아니었습니다. 그들은 안에 희미한 불꽃이 있는 뼈일 뿐이었습니다.

Als sie angehalten wurden, brachen sie wie Leichen zusammen, ihre Funken waren fast erloschen.

멈추자 그들은 시체처럼 쓰러졌고, 불꽃은 거의 사라졌습니다.

Und als die Peitsche oder der Knüppel erneut zuschlug, sprühten schwache Funken.

그리고 채찍이나 곤봉이 다시 닿았을 때, 불꽃은 약하게 펄럭였다.

Dann erhoben sie sich, taumelten vorwärts und schleiften ihre Gliedmaßen vor sich her.

그러고 나서 그들은 일어나 비틀거리며 앞으로 나아가며 팔다리를 앞으로 끌었다.

Eines Tages stürzte der nette Billee und konnte überhaupt nicht mehr aufstehen.

어느 날 친절한 빌리는 쓰러져서 더 이상 일어날 수 없게 되었습니다.

Hal hatte seinen Revolver eingetauscht und benutzte stattdessen eine Axt, um Billee zu töten.

할은 리볼버를 교환했기 때문에 대신 도끼를 사용해 빌리를 죽였습니다.

Er schlug ihm auf den Kopf, schnitt dann seinen Körper los und schleifte ihn weg.

그는 그의 머리를 내리친 다음 그의 몸을 베어내고 끌고 갔다.

Buck sah dies und die anderen auch; sie wussten, dass der Tod nahe war.

벅은 이 사실을 알았고, 다른 사람들도 이를 보았습니다. 그들은 죽음이 다가오고 있다는 것을 알았습니다.

Am nächsten Tag ging Koona und ließ nur fünf Hunde im hungernden Team zurück.

다음날 쿠나는 떠났고, 굶주린 팀에는 개 다섯 마리만 남았습니다.

Joe war nicht länger gemein, sondern zu weit weg, um überhaupt noch viel mitzubekommen.

조는 더 이상 심술궂지 않았지만, 너무 정신이 나가서 아무것도 알아차리지 못했습니다.

Pike täuschte seine Verletzung nicht länger vor und war kaum bei Bewusstsein.

파이크는 더 이상 부상을 가장하지 않았고, 거의 의식이 없었습니다.

Solleks, der immer noch treu war, beklagte, dass er nicht mehr die Kraft hatte, etwas zu geben.

여전히 충실한 솔렉스는 더 이상 줄 힘이 없다는 것을 슬퍼했습니다.

Teek wurde am häufigsten geschlagen, weil er frischer war, aber schnell nachließ.

티크는 더 신선했기 때문에 가장 많이 패배했지만, 빠르게 쇠퇴했습니다.

Und Buck, der immer noch in Führung lag, sorgte nicht länger für Ordnung und setzte sie auch nicht durch.

그리고 여전히 선두에 있던 벅은 더 이상 질서를 유지하거나 이를 집행하지 않았습니다.

Halb blind vor Schwäche folgte Buck der Spur nur nach Gefühl.

약함으로 인해 반쯤 눈이 먼 벅은 감각만으로 흔적을 따라갔다.

Es war schönes Frühlingswetter, aber keiner von ihnen bemerkte es.

아름다운 봄날씨였지만, 그들 중 누구도 그것을 눈치채지 못했습니다.

Jeden Tag ging die Sonne früher auf und später unter als zuvor.

매일 해가 예전보다 일찍 뜨고, 예전보다 늦게 졌습니다.

Um drei Uhr morgens dämmerte es, die Dämmerung dauerte bis neun Uhr.

새벽 3시가 되자 새벽이 밝았고, 황혼은 9시까지 지속되었습니다.

Die langen Tage waren erfüllt von der vollen Strahlkraft des Frühlingssonnenscheins.

긴 낮 동안에는 봄의 햇살이 활짝 비치었습니다.

Die gespenstische Stille des Winters hatte sich in ein warmes Murmeln verwandelt.

겨울의 유령같은 고요함은 따뜻한 속삭임으로 바뀌었습니다.

Das ganze Land erwachte und war erfüllt von der Freude am Leben.

온 땅이 깨어나, 살아있는 존재들의 기쁨으로 살아 숨 쉬고 있었습니다.

Das Geräusch kam von etwas, das den Winter über tot und reglos dagelegen hatte.

그 소리는 겨울 내내 죽어서 움직이지 않던 것에서 나왔습니다.

Jetzt bewegten sich diese Dinger wieder und schüttelten den langen Frostschlaf ab.

이제 그 것들이 다시 움직이며 긴 서리잠을 털어냈습니다.

Saft stieg durch die dunklen Stämme der wartenden Kiefern.

기다리고 있던 소나무의 어두운 줄기 사이로 수액이
흘러내렸습니다.

An jedem Zweig von Weiden und Espen treiben leuchtende junge Knospen aus.

버드나무와 아스펜은 각 나뭇가지에서 밝고 어린 새싹을
터뜨렸습니다.

Sträucher und Weinreben erstrahlten in frischem Grün, als der Wald zum Leben erwachte.

숲이 생기를 띠면서 관목과 덩굴이 새 푸르름을 띱니다.

Nachts zirpten Grillen und in der Sonne krabbelten Käfer.

밤에는 귀뚜라미가 울었고, 낮에는 벌레가
기어다녔습니다.

Rebhühner dröhnten und Spechte klopften tief in den Bäumen.

참새가 울부짖고, 딱따구리가 나무 깊숙이 울었다.

Eichhörnchen schnatterten, Vögel sangen und Gänse schnatterten über den Hunden.

다람쥐가 지저귀고, 새들이 노래하고, 거위들이 개들
위로 울었습니다.

Das Wildgeflügel kam in scharfen Keilen und flog aus dem Süden heran.

들새들이 남쪽에서 날아오면서 날카로운 쐐기 모양 떼를
지어 날아왔습니다.

Von jedem Hügel ertönte die Musik verborgener, rauschender Bäche.

모든 언덕에서 숨겨진 시냇물이 흐르는 음악이
들려왔다.

Alles taute auf, brach, bog sich und geriet wieder in Bewegung.

모든 것이 녹아내리고 부러지고, 구부러지고 다시
움직이기 시작했습니다.

Der Yukon bemühte sich, die Kälteketten des gefrorenen Eises zu durchbrechen.

유콘 강은 얼어붙은 얼음의 차가운 사슬을 끊으려고
애썼다.

Das Eis schmolz von unten, während die Sonne es von oben zum Schmelzen brachte.

얼음은 아래쪽에서 녹았고, 태양은 위쪽에서 녹였습니다.

Luftlöcher öffneten sich, Risse breiteten sich aus und Brocken fielen in den Fluss.

공기구멍이 열리고, 균열이 벌어지고, 덩어리가 강으로 떨어졌습니다.

Inmitten dieses pulsierenden und lodernden Lebens taumelten die Reisenden.

이 모든 폭발적이고 불타는 삶 속에서 여행자들은 비틀거렸습니다.

Zwei Männer, eine Frau und ein Rudel Huskys liefen wie die Toten.

두 남자, 한 여자, 그리고 허스키 무리가 죽은 사람처럼 걸어갔다.

Die Hunde fielen, Mercedes weinte, fuhr aber immer noch Schlitten.

개들이 넘어지고, 메르세데스는 울었지만, 여전히 썰매를 탔다.

Hal fluchte schwach und Charles blinzelte mit tränenden Augen.

할은 힘없이 욕설을 내뱉었고, 찰스는 눈물을 흘리며 눈을 깜빡였다.

Sie stolperten in John Thorntons Lager an der Mündung des White River.

그들은 화이트 리버 하구에서 존 손튼의 캠프에 우연히 들어갔습니다.

Als sie anhielten, fielen die Hunde flach um, als wären sie alle tot.

그들이 멈추자, 개들은 모두 죽은 것처럼 쓰러졌습니다.

Mercedes wischte sich die Tränen ab und sah zu John Thornton hinüber.

메르세데스는 눈물을 닦고 존 손튼을 바라보았다.

Charles saß langsam und steif auf einem Baumstamm, mit Schmerzen vom Weg.

찰스는 몸을 뻣뻣하게 하고 천천히 통나무에 앉았다. 그는 발걸음 때문에 몸이 아팠다.

Hal redete, während Thornton das Ende eines Axtstiels schnitzte.
쏜튼이 도끼 자루의 끝을 조각하는 동안 할이 이야기를 나누었습니다.

Er schnitzte Birkenholz und antwortete mit kurzen, bestimmten Antworten.
그는 자작나무를 깎아 짧고 단호한 대답을 내렸다.

Wenn man ihn fragte, gab er Ratschläge, war sich jedoch sicher, dass diese nicht befolgt würden.
그가 묻자 그는 그 조언이 따르지 않을 것이라고 확신하며 조언을 했습니다.

Hal erklärte: „Sie sagten uns, dass das Eis auf dem Weg schmelzen würde."
할은 "산길의 얼음이 빠져나가고 있다고 들었어요."라고 설명했습니다.

„Sie sagten, wir sollten bleiben, wo wir waren – aber wir haben es bis nach White River geschafft."
"그들은 우리가 그 자리에 머물러야 한다고 했지만, 우리는 화이트 리버에 도착했습니다."

Er schloss mit höhnischem Ton, als wolle er einen Sieg in der Not für sich beanspruchen.
그는 마치 고난 속에서 승리를 주장하듯이 비웃는 어조로 말을 마쳤다.

„Und sie haben dir die Wahrheit gesagt", antwortete John Thornton Hal ruhig.
"그들이 당신에게 진실을 말했어요." 존 손튼이 조용히 할에게 대답했다.

„Das Eis kann jeden Moment nachgeben – es ist kurz davor, abzufallen."
"얼음은 언제든지 무너질 수 있어요. 떨어져 나갈 준비가 되어 있죠."

„Nur durch blindes Glück und ein paar Narren wäre es möglich gewesen, lebend so weit zu kommen."

"오직 행운과 바보들만이 이렇게 멀리까지 살아올 수 있었을 거야."

„Ich sage es Ihnen ganz offen: Ich würde mein Leben nicht für alles Gold Alaskas riskieren."

"솔직히 말해서, 알래스카의 모든 금을 위해서라면 내 목숨을 걸고 싶지 않아요."

„Das liegt wohl daran, dass Sie kein Narr sind", antwortete Hal.

"그건 당신이 바보가 아니기 때문일 거예요." 할이 대답했다.

„Trotzdem fahren wir weiter nach Dawson." Er rollte seine Peitsche ab.

"그래도 우리는 도슨에게로 갈 거야." 그는 채찍을 풀었다.

„Komm rauf, Buck! Hallo! Steh auf! Los!", rief er barsch.

"일어나, 벅! 안녕! 일어나! 어서!" 그는 거칠게 소리쳤다.

Thornton schnitzte weiter, wohl wissend, dass Narren nicht auf Vernunft hören.

쏜튼은 바보들은 이성의 말을 듣지 않을 거라는 걸 알고 계속해서 깎아내렸습니다.

Einen Narren aufzuhalten war sinnlos – und zwei oder drei Narren änderten nichts.

어리석은 사람을 막는 것은 소용이 없습니다. 그리고 두세 명이 속아도 아무것도 변하지 않습니다.

Doch als das Team Hal's Befehl hörte, bewegte es sich nicht.

하지만 핼의 명령에도 불구하고 팀은 움직이지 않았다.

Jetzt konnten sie nur noch durch Schläge wieder auf die Beine kommen und weiterkommen.

이제 그들을 일으켜 세우고 앞으로 나아가게 할 수 있는 것은 타격뿐이었습니다.

Immer wieder knallte die Peitsche über die geschwächten Hunde.

채찍은 약해진 개들에게 계속해서 휘둘렸다.

John Thornton presste die Lippen fest zusammen und sah schweigend zu.

존 손튼은 입술을 꽉 다물고 말없이 지켜보았다.

Solleks war der Erste, der unter der Peitsche auf die Beine kam.

채찍질을 당하자 솔렉스가 가장 먼저 일어섰다.

Dann folgte Teek zitternd. Joe schrie auf, als er stolperte.

그러자 틱이 몸을 떨며 따라왔다. 조는 비틀거리며 일어서며 비명을 질렀다.

Pike versuchte aufzustehen, scheiterte zweimal und stand schließlich unsicher da.

파이크는 일어서려고 했지만 두 번이나 실패하고 마침내 비틀거리며 일어섰다.

Aber Buck blieb liegen, wo er hingefallen war, und bewegte sich dieses Mal überhaupt nicht.

하지만 벅은 쓰러진 자리에 그대로 누워서 전혀 움직이지 않았습니다.

Die Peitsche schlug immer wieder auf ihn ein, aber er gab keinen Laut von sich.

채찍이 그를 계속해서 베었지만 그는 소리를 내지 않았다.

Er zuckte nicht zusammen und wehrte sich nicht, sondern blieb einfach still und ruhig.

그는 움찔하거나 저항하지 않고 그저 가만히 있었습니다.

Thornton rührte sich mehr als einmal, als wolle er etwas sagen, tat es aber nicht.

쏜튼은 말을 하려는 듯 여러 번 몸을 움직였지만 말을 하지 않았다.

Seine Augen wurden feucht und immer noch knallte die Peitsche gegen Buck.

그의 눈은 젖었고, 채찍은 여전히 벅을 때렸다.

Schließlich begann Thornton langsam auf und ab zu gehen, unsicher, was er tun sollte.

마침내, 쏜튼은 무엇을 해야 할지 몰라 천천히 왔다 갔다 하기 시작했습니다.

Es war das erste Mal, dass Buck versagt hatte, und Hal wurde wütend.

벅이 실패한 것은 이번이 처음이었고, 핼은 분노했다.

Er warf die Peitsche weg und nahm stattdessen die schwere Keule.

그는 채찍을 내려놓고 대신 무거운 곤봉을 집어들었다.

Der Holzknüppel schlug hart auf, aber Buck stand immer noch nicht auf, um sich zu bewegen.

나무 곤봉이 세게 내려왔지만, 벅은 여전히 일어나 움직이지 않았다.

Wie seine Teamkollegen war er zu schwach – aber mehr als das.

그의 팀 동료들처럼 그도 너무 약했습니다. 하지만 그 이상이었습니다.

Buck hatte beschlossen, sich nicht zu bewegen, egal was als Nächstes passieren würde.

벅은 무슨 일이 일어나더라도 움직이지 않기로 결심했습니다.

Er spürte, wie etwas Dunkles und Bestimmtes direkt vor ihm schwebte.

그는 바로 앞에 뭔가 어둡고 확실한 것이 떠 있는 것을 느꼈다.

Diese Angst hatte ihn ergriffen, sobald er das Flussufer erreicht hatte.

그 공포는 그가 강둑에 도착하자마자 그를 사로잡았습니다.

Dieses Gefühl hatte ihn nicht verlassen, seit er das Eis unter seinen Pfoten dünner werden fühlte.

그는 발 밑의 얼음이 얇아지는 것을 느낀 이후로 그 느낌을 떨쳐낼 수 없었다.

Etwas Schreckliches wartete – er spürte es gleich weiter unten auf dem Weg.

뭔가 끔찍한 일이 기다리고 있다는 것을 그는 산길 바로 아래에서 느꼈다.

Er würde nicht auf das Schreckliche vor ihm zugehen

그는 앞에 있는 그 끔찍한 것을 향해 걸어갈 생각이 없었다.

Er würde keinem Befehl gehorchen, der ihn zu diesem Ding führte.

그는 그를 그 곳으로 인도하는 어떠한 명령에도
복종하지 않을 것입니다.

Der Schmerz der Schläge war für ihn kaum noch spürbar, er war zu weit weg.

타격의 고통은 이제 그에게 거의 느껴지지 않았다. 그는
너무 지쳐 있었다.

Der Funke des Lebens flackerte schwach und erlosch unter jedem grausamen Schlag.

생명의 불꽃이 낮게 깜빡이며 잔혹한 일격마다
희미해졌습니다.

Seine Glieder fühlten sich fremd an, sein ganzer Körper schien einem anderen zu gehören.

그의 팔다리는 멀리 떨어져 있는 것 같았고, 그의 몸
전체는 다른 사람의 소유인 것 같았다.

Er spürte eine seltsame Taubheit, als der Schmerz vollständig nachließ.

그는 고통이 완전히 사라지자 이상한 무감각함을
느꼈다.

Aus der Ferne spürte er, dass er geschlagen wurde, aber er wusste es kaum.

멀리서 그는 자신이 구타당하고 있다는 것을 느꼈지만
거의 알지 못했습니다.

Er konnte die Schläge schwach hören, aber sie taten nicht mehr wirklich weh.

그는 쿵쿵거리는 소리를 희미하게 들었지만, 더 이상
진짜로 아프지는 않았다.

Die Schläge trafen, aber sein Körper schien nicht mehr sein eigener zu sein.

타격이 가해졌지만, 그의 몸은 더 이상 자신의 몸 같지
않았습니다.

Dann stieß John Thornton plötzlich und ohne Vorwarnung einen wilden Schrei aus.

그러자 갑자기, 아무런 경고도 없이, 존 손튼이 갑자기
큰 소리로 울부짖었다.

Es war unartikuliert, eher der Schrei eines Tieres als eines Menschen.

그것은 분명하지 않았고, 사람의 울음소리라기보다는
짐승의 울음소리에 가까웠다.

Er sprang mit der Keule auf den Mann zu und stieß Hal
nach hinten.

그는 곤봉을 든 남자에게 달려들어 할을 뒤로 밀어냈다.

Hal flog, als wäre er von einem Baum getroffen worden, und
landete hart auf dem Boden.

할은 나무에 맞은 듯 날아가다가 땅에 세게 착지했다.

Mercedes schrie laut vor Panik und umklammerte ihr
Gesicht.

메르세데스는 당황해서 큰 소리로 비명을 지르며 얼굴을
움켜쥐었다.

Charles sah nur zu, wischte sich die Augen und blieb sitzen.

찰스는 그저 바라보며 눈물을 닦고 앉아만 있었다.

Sein Körper war vor Schmerzen zu steif, um aufzustehen
oder beim Kampf mitzuhelfen.

그의 몸은 너무 뻣뻣해서 일어날 수도, 싸움에 참여할
수도 없었다.

Thornton stand über Buck, zitterte vor Wut und konnte
nicht sprechen.

쏜튼은 벅 위에 서서 분노에 떨며 말을 할 수 없었다.

Er zitterte vor Wut und kämpfte darum, trotz allem seine
Stimme wiederzufinden.

그는 분노에 몸을 떨었고, 그 속에서 자신의 목소리를
찾으려고 애썼다.

„Wenn du den Hund noch einmal schlägst, bringe ich dich
um", sagte er schließlich.

"그 개를 다시 때리면 죽여버릴 거야." 그는 마침내
말했다.

Hal wischte sich das Blut aus dem Mund und kam wieder
nach vorne.

할은 입가의 피를 닦고 다시 앞으로 나왔다.

„Es ist mein Hund", murmelte er. „Geh mir aus dem Weg,
sonst kriege ich dich wieder in Ordnung."

"내 개잖아." 그가 중얼거렸다. "비켜, 안 그러면 내가
고쳐줄게."

„Ich gehe nach Dawson und Sie halten mich nicht auf",
fügte er hinzu.

그는 "나는 도슨으로 갈 거야. 너희가 나를 막을 수는
없어."라고 덧붙였다.

Thornton stand fest zwischen Buck und dem wütenden
jungen Mann.

쏜튼은 벅과 화난 청년 사이에 굳건히 섰다.

Er hatte nicht die Absicht, zur Seite zu treten oder Hal
vorbeizulassen.

그는 물러나거나 핼을 지나가게 할 생각이 전혀 없었다.

Hal zog sein Jagdmesser heraus, das lang und gefährlich in
der Hand lag.

핼은 사냥용 칼을 꺼냈다. 그 칼은 길고 위험했다.

Mercedes schrie, dann weinte sie und lachte dann in wilder
Hysterie.

메르세데스는 비명을 지르고, 울고, 그리고 격렬한
히스테리에 빠져 웃었다.

Thornton schlug mit dem Axtstiel hart und schnell auf Hals
Hand.

쏜튼은 도끼 자루로 핼의 손을 빠르고 세게 쳤다.

Das Messer wurde aus Hals Griff gerissen und flog zu
Boden.

칼은 핼의 손에서 빠져나와 땅으로 떨어졌다.

Hal versuchte, das Messer aufzuheben, und Thornton
klopfte erneut auf seine Fingerknöchel.

핼은 칼을 집으려고 했고, 쏜튼은 다시 한번 그의 손가락
관절을 두드렸다.

Dann bückte sich Thornton, griff nach dem Messer und hielt
es fest.

그러자 쏜튼은 몸을 굽혀 칼을 움켜쥐고 있었다.

Mit zwei schnellen Hieben des Axtstiels zerschnitt er Bucks
Zügel.

그는 도끼 자루를 두 번 빠르게 휘둘러 벅의 고삐를
잘랐다.

Hal hatte keine Kraft mehr, sich zu wehren, und trat von
dem Hund zurück.

할은 더 이상 싸울 힘이 없었고 개에게서 물러섰다.

Außerdem brauchte Mercedes jetzt beide Arme, um aufrecht zu bleiben.

게다가 메르세데스는 이제 몸을 똑바로 세우려면 두 팔이 모두 필요했다.

Buck war dem Tod zu nahe, um noch einmal einen Schlitten ziehen zu können.

벅은 다시 썰매를 끌기에는 너무 죽음이 가까웠다.

Ein paar Minuten später legten sie ab und fuhren flussabwärts.

몇 분 후, 그들은 강을 따라 내려갔습니다.

Buck hob schwach den Kopf und sah ihnen nach, wie sie die Bank verließen.

벅은 힘없이 고개를 들고 그들이 은행에서 나가는 것을 지켜보았다.

Pike führte das Team an, mit Solleks am Ende des Feldes.

파이크가 팀을 이끌었고, 솔렉스가 뒤에서 휠을 맡았습니다.

Joe und Teek gingen dazwischen, beide humpelten vor Erschöpfung.

조와 틱은 둘 다 지쳐서 다리를 절뚝거리며 그 사이를 걸어갔다.

Mercedes saß auf dem Schlitten und Hal hielt die lange Lenkstange fest.

메르세데스는 썰매에 앉았고, 할은 긴 썰매 막대를 잡았다.

Charles stolperte hinterher, seine Schritte waren unbeholfen und unsicher.

찰스는 뒤처지며 비틀거렸고, 그의 발걸음은 어색하고 불안했다.

Thornton kniete neben Buck und tastete vorsichtig nach gebrochenen Knochen.

쏜튼은 벅 옆에 무릎을 꿇고 조심스럽게 부러진 뼈를 만져보았다.

Seine Hände waren rau, bewegten sich aber mit Freundlichkeit und Sorgfalt.

그의 손은 거칠었지만 친절하고 세심하게 움직였다.

Bucks Körper wies Blutergüsse auf, wies jedoch keine bleibenden Verletzungen auf.

벅의 몸은 멍이 들었지만 영구적인 부상은 보이지 않았습니다.

Zurück blieben schrecklicher Hunger und nahezu völlige Schwäche.

남은 것은 극심한 배고픔과 거의 완전한 쇠약뿐이었습니다.

Als dies klar wurde, war der Schlitten bereits weit flussabwärts gefahren.

이것이 명확해졌을 때쯤, 썰매는 이미 강 하류로 멀리 이동해 버렸습니다.

Mann und Hund sahen zu, wie der Schlitten langsam über das knackende Eis kroch.

남자와 개는 썰매가 갈라지는 얼음 위로 천천히 기어가는 것을 지켜보았습니다.

Dann sahen sie, wie der Schlitten in eine Mulde sank.

그러자 그들은 썰매가 움푹 들어간 곳으로 가라앉는 것을 보았습니다.

Die Gee-Stange flog in die Höhe, und Hal klammerte sich immer noch vergeblich daran fest.

기둥이 날아올랐지만, 할은 여전히 기둥에 매달려 있었지만 소용이 없었다.

Mercedes' Schrei erreichte sie über die kalte Ferne.

메르세데스의 비명 소리가 차가운 거리를 가로질러 그들에게 전해졌습니다.

Charles drehte sich um und trat zurück – aber er war zu spät.

찰스는 돌아서서 한 걸음 물러섰다. 하지만 그는 너무 늦었다.

Eine ganze Eisdecke brach nach und sie alle fielen hindurch.

빙하 전체가 무너졌고, 그들은 모두 그 아래로 떨어졌습니다.

Hunde, Schlitten und Menschen verschwanden im schwarzen Wasser darunter.

개, 썰매, 사람들이 아래의 검은 물 속으로
사라졌습니다.

An der Stelle, an der sie vorbeigekommen waren, war nur
ein breites Loch im Eis zurückgeblieben.

그들이 지나간 자리에는 얼음에 넓은 구멍만 남았다.

Der Boden des Pfades war nach unten abgesunken – genau
wie Thornton gewarnt hatte.

쏜튼이 경고한 대로, 산길의 바닥이 빠져나갔습니다.

Thornton und Buck sahen sich einen Moment lang
schweigend an.

쏜튼과 벅은 잠시 아무 말 없이 서로를 바라보았다.

„Du armer Teufel", sagte Thornton leise und Buck leckte
ihm die Hand.

"불쌍한 놈이군." 손튼이 부드럽게 말했고, 벅은 그의
손을 핥았다.

Aus Liebe zu einem Mann
남자를 사랑해서

John Thornton erfror in der Kälte des vergangenen Dezembers seine Füße.

존 손튼은 지난 12월의 추위로 발이 얼어붙었습니다.

Seine Partner machten es ihm bequem und ließen ihn allein genesen.

그의 파트너들은 그를 편안하게 해 주었고 그가 혼자 회복할 수 있도록 내버려 두었습니다.

Sie fuhren den Fluss hinauf, um ein Floß mit Sägestämmen für Dawson zu holen.

그들은 도슨을 위해 톱질용 통나무를 모으기 위해 강을 거슬러 올라갔습니다.

Er humpelte noch leicht, als er Buck vor dem Tod rettete.

그는 벅을 죽음에서 구해냈을 때에도 여전히 약간 절뚝거리고 있었습니다.

Aber bei anhaltend warmem Wetter verschwand sogar dieses Hinken.

하지만 따뜻한 날씨가 계속되자 그 절름발이도 사라졌습니다.

Buck ruhte sich an langen Frühlingstagen am Flussufer aus.

벅은 긴 봄날 강둑에 누워서 휴식을 취했습니다.

Er beobachtete das fließende Wasser und lauschte den Vögeln und Insekten.

그는 흐르는 물을 바라보며 새와 곤충의 소리에 귀를 기울였다.

Langsam erlangte Buck unter Sonne und Himmel seine Kraft zurück.

벅은 천천히 태양과 하늘 아래서 힘을 되찾았습니다.

Nach einer Reise von dreitausend Meilen war eine Pause ein wunderbares Gefühl.

3천 마일을 여행한 후에 휴식을 취하니 기분이 정말 좋았습니다.

Buck wurde träge, als seine Wunden heilten und sein Körper an Gewicht zunahm.

벅의 상처가 낫고 몸이 부풀어 오르자, 그는 게으르게
되었다.

Seine Muskeln wurden fester und das Fleisch bedeckte
wieder seine Knochen.

그의 근육이 단단해졌고, 살이 다시 뼈를 덮었습니다.

Sie ruhten sich alle aus – Buck, Thornton, Skeet und Nig.

그들은 모두 쉬고 있었습니다. 벅, 손튼, 스키트, 니그.

Sie warteten auf das Floß, das sie nach Dawson bringen
sollte.

그들은 도슨으로 그들을 데려다줄 뗏목을 기다렸다.

Skeet war ein kleiner Irish Setter, der sich mit Buck
anfreundete.

스키트는 벅과 친구가 된 작은 아일랜드 세터였습니다.

Buck war zu schwach und krank, um ihr bei ihrem ersten
Treffen Widerstand zu leisten.

벅은 첫 만남에서 그녀를 저항할 수 없을 만큼 약하고
아팠다.

Skeet hatte die Heilereigenschaft, die manche Hunde von
Natur aus besitzen.

스키트는 일부 개들이 본래 가지고 있는 치료사 특성을
가지고 있었습니다.

Wie eine Katzenmutter leckte und reinigte sie Bucks offene
Wunden.

그녀는 어미 고양이처럼 벅의 상처를 핥고 닦아주었다.

Jeden Morgen nach dem Frühstück wiederholte sie ihre
sorgfältige Arbeit.

매일 아침 식사 후, 그녀는 신중하게 작업하는 것을
반복했습니다.

Buck erwartete ihre Hilfe ebenso sehr wie die von Thornton.

벅은 쏜튼의 도움을 기대했던 것만큼 그녀의 도움도
기대하게 되었다.

Nig war auch freundlich, aber weniger offen und weniger
liebevoll.

니그도 친절했지만 덜 개방적이고 덜 애정 어린
사람이었습니다.

Nig war ein großer schwarzer Hund, halb Bluthund, halb Hirschhund.

니그는 몸집이 큰 검은 개로, 블러드하운드와 디어하운드의 혼합종이었습니다.

Er hatte lachende Augen und eine unendlich gute Seele.

그는 웃는 눈을 가지고 있었고, 그의 정신 속에는 끝없는 선량함이 있었습니다.

Zu Bucks Überraschung zeigte keiner der Hunde Eifersucht ihm gegenüber.

벅이 놀란 것은, 두 마리의 개 모두 그에게 질투심을 보이지 않았다는 것이다.

Sowohl Skeet als auch Nig erfuhren die Freundlichkeit von John Thornton.

스키트와 니그는 둘 다 존 손튼의 친절을 공유했습니다.

Als Buck stärker wurde, verleiteten sie ihn zu albernen Hundespielen.

벅이 강해지자, 그들은 그를 어리석은 개 놀이에 유인했습니다.

Auch Thornton spielte oft mit ihnen und konnte ihrer Freude nicht widerstehen.

쏜튼 역시 종종 그들과 놀았고, 그들의 기쁨을 이기지 못했습니다.

Auf diese spielerische Weise gelang Buck der Übergang von der Krankheit in ein neues Leben.

이런 장난기 넘치는 방식으로 벅은 병에서 벗어나 새로운 삶으로 나아갔습니다.

Endlich hatte er Liebe gefunden – wahre, brennende und leidenschaftliche Liebe.

사랑, 진실하고 뜨겁고 열정적인 사랑이 마침내 그에게 찾아왔습니다.

Auf Millers Anwesen hatte er diese Art von Liebe nie erlebt.

그는 밀러의 영지에서 이런 종류의 사랑을 경험한 적이 없었다.

Mit den Söhnen des Richters hatte er Arbeit und Abenteuer geteilt.

그는 판사의 아들들과 함께 일과 모험을 공유했습니다.

Bei den Enkeln sah er steifen und prahlerischen Stolz.

그는 손자들에게서 뻣뻣하고 거만한 자존심을 보았다.

Mit Richter Miller selbst verband ihn eine respektvolle Freundschaft.

그는 밀러 판사와도 존중하는 우정을 나누었습니다.

Doch mit Thornton kam eine Liebe, die Feuer, Wahnsinn und Anbetung war.

하지만 쏜튼에게는 불과 광기, 숭배가 담긴 사랑이 찾아왔습니다.

Dieser Mann hatte Bucks Leben gerettet, und das allein bedeutete sehr viel.

이 남자는 벅의 생명을 구했고, 그것만으로도 큰 의미가 있었습니다.

Aber darüber hinaus war John Thornton der ideale Meistertyp.

하지만 그보다 더 중요한 것은, 존 손튼이 이상적인 스승이었다는 점입니다.

Andere Männer kümmerten sich aus Pflichtgefühl oder geschäftlicher Notwendigkeit um Hunde.

어떤 사람들은 의무나 사업상의 필요 때문에 개를 돌보았습니다.

John Thornton kümmerte sich um seine Hunde, als wären sie seine Kinder.

존 손튼은 마치 자기 자식처럼 자기 개들을 돌보았습니다.

Er kümmerte sich um sie, weil er sie liebte und einfach nicht anders konnte.

그는 그들을 사랑했기 때문에 그들을 돌보았고, 도저히 그럴 수 없었습니다.

John Thornton sah sogar weiter, als die meisten Menschen jemals sehen konnten.

존 손튼은 대부분의 남자들이 볼 수 있는 것보다 더 멀리 보았습니다.

Er vergaß nie, sie freundlich zu grüßen oder ein aufmunterndes Wort zu sagen.

그는 그들에게 친절하게 인사하거나 격려의 말을 건네는 것을 결코 잊지 않았습니다.

Er liebte es, mit den Hunden zusammenzusitzen und lange zu reden, oder, wie er sagte, „gasy".

그는 개들과 함께 앉아서 오랜 시간 이야기를 나누는 것을 좋아했습니다. 그의 표현을 빌리자면 "가스 같은" 시간이었습니다.

Er packte Bucks Kopf gern grob zwischen seinen starken Händen.

그는 강한 손으로 벅의 머리를 거칠게 움켜쥐는 것을 좋아했다.

Dann lehnte er seinen Kopf an Bucks und schüttelte ihn sanft.

그러고 나서 그는 자신의 머리를 벅의 머리에 기대고 부드럽게 흔들었다.

Die ganze Zeit über beschimpfte er Buck mit unhöflichen Namen, die für ihn Liebe bedeuteten.

그는 벅을 향해 무례한 이름을 불렀는데, 이는 벅에 대한 사랑을 의미했다.

Buck bereiteten diese grobe Umarmung und diese Worte große Freude.

벅에게는 그 거친 포옹과 그 말이 깊은 기쁨을 가져다주었습니다.

Sein Herz schien bei jeder Bewegung vor Glück zu beben.

그의 가슴은 매 움직임마다 행복으로 떨리는 듯했다.

Als er anschließend aufsprang, sah sein Mund aus, als würde er lachen.

그가 나중에 벌떡 일어섰을 때, 그의 입은 웃는 것처럼 보였다.

Seine Augen leuchteten hell und seine Kehle zitterte vor unausgesprochener Freude.

그의 눈은 밝게 빛났고, 그의 목은 말로 표현할 수 없는 기쁨으로 떨렸다.

Sein Lächeln blieb in diesem Zustand der Ergriffenheit und glühenden Zuneigung stehen.

그의 미소는 그 감정과 빛나는 애정의 상태에서 그대로
멈췄다.

**Dann rief Thornton nachdenklich aus: „Gott! Er kann fast
sprechen!"**

그러자 손튼은 생각에 잠긴 듯 소리쳤다. "맙소사! 거의
말을 할 수 있을 것 같아!"

**Buck hatte eine seltsame Art, Liebe auszudrücken, die
beinahe Schmerzen verursachte.**

벅은 사랑을 표현하는 이상한 방법을 가지고 있었는데,
그 방법은 거의 고통을 불러일으켰습니다.

**Er umklammerte Thorntons Hand oft sehr fest mit seinen
Zähnen.**

그는 종종 손튼의 손을 이빨로 매우 세게 움켜쥐곤 했다.

**Der Biss würde tiefe Spuren hinterlassen, die noch einige
Zeit blieben.**

물린 자국은 깊은 상처를 남겼고 그 상처는 한동안
남았습니다.

**Buck glaubte, dass diese Eide Liebe waren, und Thornton
wusste das auch.**

벅은 그 맹세가 사랑이라고 믿었고, 손튼도 똑같은 것을
알았습니다.

**Meistens zeigte sich Bucks Liebe in stiller, fast stummer
Verehrung.**

벅의 사랑은 대개 조용하고 거의 말없는 숭배의 형태로
나타났습니다.

**Obwohl er sich freute, wenn man ihn berührte oder
ansprach, suchte er nicht nach Aufmerksamkeit.**

그는 누군가 만지거나 말을 걸면 기뻐했지만, 주의를
끌려고 하지는 않았습니다.

**Skeet schob ihre Nase unter Thorntons Hand, bis er sie
streichelte.**

스키트는 손튼의 손 아래로 그녀의 코를 쿡 찌르며
쓰다듬었다.

**Nig kam leise herbei und legte seinen großen Kopf auf
Thorntons Knie.**

니그는 조용히 다가가서 큰 머리를 손튼의 무릎에
기댔다.

**Buck hingegen war zufrieden damit, aus respektvoller
Distanz zu lieben.**

반면 벅은 존중심을 가지고 거리를 두고 사랑하는 것에
만족했습니다.

**Er lag stundenlang zu Thorntons Füßen, wachsam und
aufmerksam beobachtend.**

그는 몇 시간 동안 쏜튼의 발치에 누워서 경계하며 주의
깊게 지켜보았습니다.

**Buck studierte jedes Detail des Gesichts seines Herrn und
jede kleinste Bewegung.**

벅은 주인의 얼굴과 사소한 움직임 하나하나를 주의
깊게 살폈다.

**Oder er blieb weiter weg liegen und betrachtete schweigend
die Gestalt des Mannes.**

아니면 더 멀리 누워서 침묵 속에서 남자의 모습을
살펴보기도 했습니다.

**Buck beobachtete jede kleine Bewegung, jede Veränderung
seiner Haltung oder Geste.**

벅은 모든 작은 움직임, 자세나 몸짓의 변화를 살폈다.

**Diese Verbindung war so stark, dass sie Thorntons Blick oft
auf sich zog.**

이런 강력한 연결은 종종 쏜튼의 시선을 끌었다.

**Er begegnete Bucks Blick ohne Worte, Liebe schimmerte
deutlich hindurch.**

그는 아무 말 없이 벅의 눈을 마주쳤고, 그의 눈에는
사랑이 선명하게 빛났다.

**Nach seiner Rettung ließ Buck Thornton lange Zeit nicht aus
den Augen.**

구출된 후 오랫동안 벅은 쏜튼을 눈에서 떼지
않았습니다.

**Immer wenn Thornton das Zelt verließ, folgte Buck ihm
dicht auf den Fersen.**

쏜튼이 텐트를 나갈 때마다 벅은 그를 바짝 뒤따라
밖으로 나갔다.

All die strengen Herren im Nordland hatten Buck Angst gemacht, zu vertrauen.

북쪽 땅의 가혹한 주인들은 모두 벅이 신뢰하기 어렵게 만들었습니다.

Er befürchtete, dass kein Mann länger als kurze Zeit sein Herr bleiben könnte.

그는 누구도 짧은 시간 이상 자신의 주인으로 남을 수 없을 것이라고 두려워했습니다.

Er befürchtete, dass John Thornton wie Perrault und François verschwinden würde.

그는 존 손튼이 페로와 프랑수아처럼 사라질 것을 두려워했습니다.

Sogar nachts quälte die Angst, ihn zu verlieren, Buck mit unruhigem Schlaf.

밤에도 그를 잃을지도 모른다는 두려움이 벅의 불안한 잠을 괴롭혔다.

Als Buck aufwachte, kroch er in die Kälte hinaus und ging zum Zelt.

벅이 깨어나자 그는 추위 속으로 기어나와 텐트로 갔다.

Er lauschte aufmerksam auf das leise Geräusch des Atmens in seinem Inneren.

그는 안에서 들리는 부드러운 호흡음을 주의 깊게 들었다.

Trotz Bucks tiefer Liebe zu John Thornton blieb die Wildnis am Leben.

벅이 존 손튼을 깊이 사랑했음에도 불구하고, 야생은 살아남았습니다.

Dieser im Norden erwachte primitive Instinkt ist nicht verschwunden.

북쪽에서 깨어난 그 원시적 본능은 사라지지 않았습니다.

Liebe brachte Hingabe, Treue und die warme Verbundenheit des Kaminfeuers.

사랑은 헌신과 충성, 그리고 벽난로 주변의 따뜻한 유대감을 가져다주었습니다.

Aber Buck behielt auch seine wilden Instinkte, scharf und stets wachsam.

하지만 벅은 또한 자신의 거친 본능을 날카롭게 유지하고 항상 경계했습니다.

Er war nicht nur ein gezähmtes Haustier aus den sanften Ländern der Zivilisation.

그는 문명의 부드러운 땅에서 길들여진 애완동물일 뿐이 아니었습니다.

Buck war ein wildes Wesen, das hereingekommen war, um an Thorntons Feuer zu sitzen.

벅은 쏜튼의 불 옆에 앉아 있던 야생적인 존재였습니다.

Er sah aus wie ein Südlandhund, aber in ihm lebte Wildheit.

그는 사우스랜드의 개처럼 보였지만, 그의 내면에는 야성이 깃들어 있었습니다.

Seine Liebe zu Thornton war zu groß, um zuzulassen, dass er den Mann bestohlen hätte.

그는 쏜튼을 너무나 사랑했기 때문에 그에게서 물건을 훔치는 것을 허용할 수 없었습니다.

Aber in jedem anderen Lager würde er dreist und ohne Pause stehlen.

하지만 다른 진영이었다면 그는 주저하지 않고 과감하게 도둑질을 했을 것입니다.

Er war beim Stehlen so geschickt, dass ihn niemand erwischen oder beschuldigen konnte.

그는 도둑질에 너무나 능숙해서 아무도 그를 잡거나 고발할 수 없었습니다.

Sein Gesicht und sein Körper waren mit Narben aus vielen vergangenen Kämpfen übersät.

그의 얼굴과 몸은 과거의 수많은 싸움으로 인한 상처로 뒤덮여 있었습니다.

Buck kämpfte immer noch erbittert, aber jetzt kämpfte er mit mehr List.

벅은 여전히 사납게 싸웠지만, 이제는 더욱 교활하게 싸웠다.

Skeet und Nig waren zu sanft, um zu kämpfen, und sie gehörten Thornton.

스키트와 니그는 싸우기에는 너무 온순했고, 그들은
쏜튼의 것이었다.

**Aber jeder fremde Hund, egal wie stark oder mutig, wich
zurück.**

하지만 낯선 개는 아무리 강하고 용감하더라도
항복했습니다.

**Ansonsten kämpfte der Hund gegen Buck und um sein
Leben.**

그렇지 않으면, 그 개는 벅과 싸우게 되고, 자신의
생명을 위해 싸우게 됩니다.

**Buck kannte keine Gnade, wenn er sich entschied, gegen
einen anderen Hund zu kämpfen.**

벅은 다른 개와 싸우기로 결정하자 더 이상 자비를
베풀지 않았습니다.

**Er hatte das Gesetz der Keule und des Reißzahns im
Nordland gut gelernt.**

그는 북쪽 땅에서 곤봉과 송곳니의 법칙을 잘
배웠습니다.

Er gab nie einen Vorteil auf und wich nie einer Schlacht aus.

그는 결코 이점을 포기하지 않았고, 결코 전투에서
물러나지 않았습니다.

**Er hatte Spitz und die wildesten Post- und Polizeihunde
studiert.**

그는 스피츠와 우편 및 경찰에 투입된 가장 사나운
개들에 대해 연구했습니다.

**Er wusste genau, dass es im wilden Kampf keinen
Mittelweg gab.**

그는 격렬한 전투에서는 중간지대가 없다는 것을 분명히
알고 있었습니다.

**Er musste herrschen oder beherrscht werden; Gnade zu
zeigen, hieße, Schwäche zu zeigen.**

그는 통치해야 하고 그렇지 않으면 통치를 받아야 한다.
자비를 베푸는 것은 약함을 베푸는 것을 의미한다.

**In der rauen und brutalen Welt des Überlebens kannte man
keine Gnade.**

생존의 잔혹하고 거친 세상에서 자비는 알려지지
않았습니다.

**Gnade zu zeigen wurde als Angst angesehen und Angst
führte schnell zum Tod.**

자비를 베푸는 것은 두려움으로 여겨졌고, 두려움은 곧
죽음으로 이어졌습니다.

**Das alte Gesetz war einfach: töten oder getötet werden,
essen oder gefressen werden.**

옛날의 법은 간단했습니다. 죽이거나 죽임을 당하고,
먹거나 먹혀라.

**Dieses Gesetz stammte aus längst vergangenen Zeiten und
Buck befolgte es vollständig.**

그 법칙은 시간의 깊은 곳에서 나왔고, 벅은 그것을
온전히 따랐습니다.

**Buck war älter als sein Alter und die Anzahl seiner
Atemzüge.**

벅은 그의 나이보다, 그리고 그가 숨쉬는 횟수보다 더
많았습니다.

Er verband die ferne Vergangenheit klar mit der Gegenwart.

그는 고대의 과거와 현재를 명확하게 연결했습니다.

**Die tiefen Rhythmen der Zeitalter bewegten sich durch ihn
wie die Gezeiten.**

시대의 깊은 리듬이 조수처럼 그의 몸을 스쳐 지나갔다.

**Die Zeit pulsierte in seinem Blut so sicher, wie die
Jahreszeiten die Erde bewegen.**

그의 피 속에서 시간은 마치 계절이 지구를 움직이는
것처럼 확실하게 뛰었습니다.

**Er saß mit starker Brust und weißen Reißzähnen an
Thorntons Feuer.**

그는 쏜튼의 불 옆에 앉아 있었는데, 튼튼한 가슴과 하얀
송곳니를 가지고 있었습니다.

**Sein langes Fell wehte, aber hinter ihm beobachteten ihn die
Geister wilder Hunde.**

그의 긴 털이 흔들렸지만, 그의 뒤에서 야생 개들의
영혼이 지켜보고 있었습니다.

Halbwölfe und Vollwölfe regten sich in seinem Herzen und seinen Sinnen.

그의 마음과 감각 속에서 반늑대와 온전한 늑대가 꿈틀거렸다.

Sie probierten sein Fleisch und tranken dasselbe Wasser wie er.

그들은 그의 고기를 맛보았고, 그가 마셨던 것과 같은 물을 마셨습니다.

Sie schnupperten neben ihm den Wind und lauschten dem Wald.

그들은 그 옆에서 바람을 맡고 숲의 소리에 귀를 기울였다.

Sie flüsterten die Bedeutung der wilden Geräusche in der Dunkelheit.

그들은 어둠 속에서 거친 소리의 의미를 속삭였다.

Sie prägten seine Stimmungen und leiteten jede seiner stillen Reaktionen.

그들은 그의 기분을 형성하고 그의 조용한 반응을 이끌었습니다.

Sie lagen bei ihm, während er schlief, und wurden Teil seiner tiefen Träume.

그들은 그가 잠들었을 때 그와 함께 누워 그의 깊은 꿈의 일부가 되었습니다.

Sie träumten mit ihm, über ihn hinaus und bildeten seinen Geist.

그들은 그와 함께, 그를 넘어 꿈을 꾸었고, 그의 정신을 만들어냈습니다.

Die Geister der Wildnis riefen so stark, dass Buck sich hingezogen fühlte.

야생의 정령들이 너무나 강하게 불러서 벅은 끌리는 것을 느꼈다.

Mit jedem Tag wurden die Menschheit und ihre Ansprüche in Bucks Herzen schwächer.

벅의 마음속에서 인류와 그들의 주장은 날이 갈수록 약해졌습니다.

Tief im Wald würde ein seltsamer und aufregender Ruf erklingen.

숲 속 깊은 곳에서 이상하고도 신나는 부름이 울려 퍼졌습니다.

Jedes Mal, wenn er den Ruf hörte, verspürte Buck einen Drang, dem er nicht widerstehen konnte.

그 부름을 들을 때마다 벅은 저항할 수 없는 충동을 느꼈다.

Er wollte sich vom Feuer und den ausgetretenen menschlichen Pfaden abwenden.

그는 불과 인간의 낡은 길에서 돌아서려고 했습니다.

Er wollte in den Wald eintauchen und weitergehen, ohne zu wissen, warum.

그는 왜인지도 모른 채 숲 속으로 뛰어들려고 했습니다.

Er hinterfragte diese Anziehungskraft nicht, denn der Ruf war tief und kraftvoll.

그는 이러한 끌림을 의심하지 않았습니다. 왜냐하면 그 부름은 깊고 강력했기 때문입니다.

Oft erreichte er den grünen Schatten und die weiche, unberührte Erde

그는 종종 푸른 그늘과 부드럽고 손길이 닿지 않은 땅에 도달했습니다.

Doch dann zog ihn die große Liebe zu John Thornton zurück zum Feuer.

하지만 존 손튼에 대한 강한 사랑이 그를 다시 불 속으로 끌어들였습니다.

Nur John Thornton hatte Bucks wildes Herz wirklich in seiner Gewalt.

오직 존 손튼만이 벅의 거친 마음을 진정으로 붙잡고 있었습니다.

Der Rest der Menschheit hatte für Buck keinen bleibenden Wert oder keine bleibende Bedeutung.

나머지 인류는 벅에게 지속적인 가치나 의미가 없었습니다.

Fremde könnten ihn loben oder ihm mit freundlichen Händen über das Fell streicheln.

낯선 사람들이 그를 칭찬하거나 친절한 손으로 그의
털을 쓰다듬을 수도 있습니다.

Buck blieb ungerührt und ging vor lauter Zuneigung davon.
벅은 아무런 감정도 느끼지 못하고 너무 많은 애정에
휩쓸려 떠났다.

Hans und Pete kamen mit dem lange erwarteten Floß
한스와 피트는 오랫동안 기다려온 뗏목을 가지고
도착했습니다.

**Buck ignorierte sie, bis er erfuhr, dass sie sich in der Nähe
von Thornton befanden.**
벅은 쏜튼과 가까워졌다는 것을 알 때까지 그들을
무시했습니다.

**Danach tolerierte er sie, zeigte ihnen jedoch nie seine volle
Zuneigung.**
그 후로 그는 그들을 참아주긴 했지만 결코 온전한
따뜻함을 보여주지는 않았습니다.

**Er nahm Essen oder Freundlichkeiten von ihnen an, als täte
er ihnen einen Gefallen.**
그는 마치 그들에게 은혜를 베푸는 것처럼 그들에게서
음식이나 친절을 받았습니다.

**Sie waren wie Thornton – einfach, ehrlich und klar im
Denken.**
그들은 쏜튼과 같았습니다. 단순하고, 정직하고, 생각이
명확했습니다.

**Gemeinsam reisten sie zu Dawsons Sägewerk und dem
großen Wirbel**
그들은 모두 함께 Dawson의 제재소와 큰 소용돌이로
여행했습니다.

Auf ihrer Reise lernten sie Bucks Wesen tiefgründig kennen.
그들은 여행을 하면서 벅의 본성을 깊이 이해하는 법을
배웠습니다.

**Sie versuchten nicht, sich näherzukommen, wie es Skeet
und Nig getan hatten.**
그들은 스키트와 니그처럼 친해지려고 노력하지
않았습니다.

Doch Bucks Liebe zu John Thornton wurde mit der Zeit immer stärker.

하지만 벅의 존 손튼에 대한 사랑은 시간이 지날수록 더욱 깊어졌습니다.

Nur Thornton könnte Buck im Sommer eine Last auf die Schultern laden.

여름에 벅의 등에 짐을 실어줄 수 있는 사람은 손튼뿐이었다.

Was auch immer Thornton befahl, Buck war bereit, es uneingeschränkt zu tun.

벅은 손튼이 명령한 것은 무엇이든 온전히 수행할 의지가 있었습니다.

Eines Tages, nachdem sie Dawson in Richtung der Quellgewässer des Tanana verlassen hatten,

어느 날, 그들이 도슨을 떠나 타나나 강 상류로 향했을 때,

die Gruppe saß auf einer Klippe, die dreihundert Fuß bis zum nackten Fels abfiel.

그 무리는 3피트나 되는 절벽 위에 앉아 있었는데, 그 절벽은 맨 바위로 되어 있었습니다.

John Thornton saß nahe der Kante und Buck ruhte sich neben ihm aus.

존 손튼은 가장자리에 앉았고, 벅은 그의 옆에서 쉬었다.

Thornton hatte plötzlich eine Idee und rief die Männer auf sich aufmerksam.

쏜튼은 갑자기 생각이 떠올라 남자들의 주의를 끌었다.

Er deutete über den Abgrund und gab Buck einen einzigen Befehl.

그는 틈새 너머를 가리키며 벅에게 단 하나의 명령을 내렸다.

„Spring, Buck!", sagte er und schwang seinen Arm über den Abgrund.

"뛰어, 벅!" 그는 팔을 휘두르며 말했다.

Einen Moment später musste er Buck packen, der sofort lossprang, um zu gehorchen.

그는 그 순간, 복종하려고 뛰어오는 벅을 붙잡아야
했습니다.

**Hans und Pete eilten nach vorne und zogen beide in
Sicherheit.**

한스와 피트는 앞으로 달려가 두 사람을 안전한 곳으로
끌어당겼다.

**Nachdem alles vorbei war und sie wieder zu Atem
gekommen waren, ergriff Pete das Wort.**

모든 것이 끝나고, 그들이 숨을 돌린 후, 피트가 입을
열었습니다.

**„Die Liebe ist unheimlich", sagte er, erschüttert von der
wilden Hingabe des Hundes.**

그는 개의 강렬한 헌신에 흔들리며 "사랑이
묘하네요."라고 말했다.

**Thornton schüttelte den Kopf und antwortete mit ruhiger
Ernsthaftigkeit.**

쏜튼은 고개를 저으며 차분하고 진지하게 대답했다.

**„Nein, die Liebe ist großartig", sagte er, „aber auch
schrecklich."**

"아니요, 사랑은 훌륭해요." 그가 말했다. "하지만
끔찍하기도 해요."

**„Manchmal, das muss ich zugeben, macht mir diese Art von
Liebe Angst."**

"가끔은, 이런 종류의 사랑이 나를 두렵게 만든다는 걸
인정해야겠어요."

**Pete nickte und sagte: „Ich möchte nicht der Mann sein, der
dich berührt."**

피트는 고개를 끄덕이며 말했다. "당신을 만지는 남자가
되고 싶지는 않아요."

Er sah Buck beim Sprechen ernst und voller Respekt an.

그는 벅을 바라보며 진지하고 존경심 가득한 어조로
말했다.

„Py Jingo!", sagte Hans schnell. „Ich auch nicht, nein, Sir."

"파이 징고!" 한스가 재빨리 말했다. "저도요, 안 돼요."

Noch vor Jahresende wurden Petes Befürchtungen in Circle City wahr.
그 해가 끝나기 전, 피트의 두려움은 서클 시티에서 현실이 되었습니다.

Ein grausamer Mann namens Black Burton hat in der Bar eine Schlägerei angezettelt.
블랙 버튼이라는 잔인한 남자가 술집에서 싸움을 걸었습니다.

Er war wütend und bösartig und ging auf einen Neuling los.
그는 화가 나서 악의를 품고 새로 온 신입생을 향해 덤벼들었다.

John Thornton schritt ein, ruhig und gutmütig wie immer.
존 손튼은 언제나처럼 차분하고 상냥한 태도로 나섰습니다.

Buck lag mit gesenktem Kopf in einer Ecke und beobachtete Thornton aufmerksam.
벅은 구석에 누워서 머리를 숙인 채 손튼을 유심히 지켜보고 있었다.

Burton schlug plötzlich zu und sein Schlag ließ Thornton herumwirbeln.
버튼이 갑자기 주먹을 날렸고, 그의 주먹에 손튼이 회전했다.

Nur die Stangenreling verhinderte, dass er hart auf den Boden stürzte.
그가 바닥에 세게 떨어지는 것을 막아준 것은 바의 난간뿐이었다.

Die Beobachter hörten ein Geräusch, das weder Bellen noch Jaulen war
감시자들은 짖는 소리나 울부짖는 소리가 아닌 소리를 들었습니다.

Ein tiefes Brüllen kam von Buck, als er auf den Mann zustürzte.
벅은 그 남자를 향해 달려들면서 깊은 포효를 터뜨렸다.

Burton riss seinen Arm hoch und rettete nur knapp sein eigenes Leben.

버튼은 팔을 들어올려 간신히 자신의 목숨을
구했습니다.

Buck prallte gegen ihn und warf ihn flach auf den Boden.
벅이 그에게 부딪히면서 그는 바닥에 쓰러졌습니다.

Buck biss tief in den Arm des Mannes und stürzte sich dann auf die Kehle.
벅은 남자의 팔을 깊이 물고, 목을 노렸다.

Burton konnte den Angriff nur teilweise blocken und sein Hals wurde aufgerissen.
버튼은 반쯤만 막을 수 있었고 그의 목은 찢어졌습니다.

Männer stürmten mit erhobenen Knüppeln herein und vertrieben Buck von dem blutenden Mann.
남자들이 달려들어 곤봉을 들고 벅을 피 흘리는
남자에게서 쫓아냈다.

Ein Chirurg arbeitete schnell, um den Blutausfluss zu stoppen.
외과의사는 재빨리 수술을 해서 피가 흐르는 것을
막았습니다.

Buck ging auf und ab und knurrte, während er immer wieder versuchte anzugreifen.
벅은 왔다 갔다 하며 으르렁거리며 계속해서 공격하려고
했습니다.

Nur schwingende Knüppel hielten ihn davon ab, Burton zu erreichen.
버튼에게 다가가려는 그를 막은 것은 오직 휘두르는
곤봉뿐이었다.

Eine Bergarbeiterversammlung wurde einberufen und noch vor Ort abgehalten.
그 자리에서 광부 회의가 소집되어 개최되었습니다.

Sie waren sich einig, dass Buck provoziert worden war, und stimmten für seine Freilassung.
그들은 벅이 도발을 받았다는 데 동의하고 그를
석방하기로 투표했습니다.

Doch Bucks wilder Name hallte nun durch jedes Lager in Alaska.

하지만 벅의 사나운 이름은 이제 알래스카의 모든
캠프에 울려 퍼졌습니다.

**Später im Herbst rettete Buck Thornton erneut auf eine neue
Art und Weise.**

그해 가을에 벅은 새로운 방법으로 다시 한번 손튼을
구했습니다.

**Die drei Männer steuerten ein langes Boot durch wilde
Stromschnellen.**

세 남자는 거친 급류 속으로 긴 배를 몰고 가고
있었습니다.

**Thornton steuerte das Boot und rief Anweisungen zur
Küste.**

쏜튼은 배를 조종하며 해안선으로 가는 길을 외쳤다.

**Hans und Pete rannten an Land und hielten sich an einem
Seil fest, das sie von Baum zu Baum führte.**

한스와 피트는 나무에서 나무로 밧줄을 잡고 땅으로
달려갔다.

**Buck hielt am Ufer Schritt und behielt seinen Herrn immer
im Auge.**

벅은 강둑에서 늘 주인을 지켜보며 속도를
유지했습니다.

**An einer ungünstigen Stelle ragten Felsen aus dem
schnellen Wasser hervor.**

한 군데에서는 물살이 빠른데 바위가 튀어나와
있었습니다.

Hans ließ das Seil los und Thornton steuerte das Boot weit.

한스는 밧줄을 놓았고, 손튼은 배를 크게 틀었다.

**Hans sprintete, um das Boot an den gefährlichen Felsen
vorbei wieder zu erreichen.**

한스는 위험한 바위를 지나 다시 배를 잡기 위해
달려갔다.

**Das Boot passierte den Felsvorsprung, geriet jedoch in eine
stärkere Strömung.**

배는 난간을 넘었지만 더 강한 흐름에 부딪혔습니다.

**Hans griff zu schnell nach dem Seil und brachte das Boot
aus dem Gleichgewicht.**

한스는 밧줄을 너무 빨리 잡아 배의 균형을 잃었습니다.

Das Boot kenterte und prallte mit dem Hinterteil nach oben gegen das Ufer.

배가 뒤집혀 바닥이 위로 향한 채 강둑에 부딪혔습니다.

Thornton wurde hinausgeworfen und in den wildesten Teil des Wassers geschwemmt.

쏜튼은 밖으로 튕겨져 나가 물속의 가장 거친 곳으로 휩쓸려갔다.

Kein Schwimmer hätte in diesen tödlichen, reißenden Gewässern überleben können.

그 위험하고 격렬한 물살 속에서는 어떤 수영자도 살아남을 수 없었을 것입니다.

Buck sprang sofort hinein und jagte seinen Herrn den Fluss hinunter.

벅은 즉시 뛰어들어 강 아래로 주인을 쫓아갔다.

Nach dreihundert Metern erreichte er endlich Thornton.

300야드를 달린 후, 그는 마침내 손튼에 도착했습니다.

Thornton packte Buck am Schwanz und Buck drehte sich zum Ufer um.

쏜튼은 벅의 꼬리를 잡았고, 벅은 해안으로 돌아섰습니다.

Er schwamm mit voller Kraft und kämpfte gegen den wilden Sog des Wassers an.

그는 물의 격렬한 저항에 맞서며 온 힘을 다해 수영했습니다.

Sie bewegten sich schneller flussabwärts, als sie das Ufer erreichen konnten.

그들은 해안에 도달하는 것보다 더 빠른 속도로 하류로 이동했습니다.

Vor ihnen toste der Fluss immer lauter und stürzte in tödliche Stromschnellen.

앞에서 강물은 치명적인 급류로 떨어지면서 더욱 큰 소리를 냈습니다.

Felsen schnitten durch das Wasser wie die Zähne eines riesigen Kamms.

바위들이 거대한 빗살처럼 물을 가르며 나 있었다.

Die Anziehungskraft des Wassers in der Nähe des Tropfens war wild und unausweichlich.

물방울이 떨어지는 곳 근처의 물의 힘은 사납고 벗어날 수 없었습니다.

Thornton wusste, dass sie das Ufer nie rechtzeitig erreichen würden.

쏜튼은 그들이 결코 제시간에 해안에 도착할 수 없다는 것을 알고 있었습니다.

Er schrammte über einen Felsen, zerschmetterte einen zweiten,

그는 한 바위를 긁어 넘고, 두 번째 바위를 부수었습니다.

Und dann prallte er gegen einen dritten Felsen, den er mit beiden Händen festhielt.

그리고 그는 세 번째 바위에 부딪혀 두 손으로 그것을 붙잡았습니다.

Er ließ Buck los und übertönte das Gebrüll: „Los, Buck! Los!"

그는 벅을 놓아주고 포효하는 소리 위로 소리쳤다. "가, 벅! 가!"

Buck konnte sich nicht über Wasser halten und wurde von der Strömung mitgerissen.

벅은 떠 있을 수 없었고 해류에 휩쓸려 떠내려갔습니다.

Er kämpfte hart und versuchte, sich umzudrehen, kam aber überhaupt nicht voran.

그는 힘겹게 몸을 돌려 방향을 바꾸려고 했지만 전혀 진전이 없었습니다.

Dann hörte er, wie Thornton den Befehl über das Tosen des Flusses hinweg wiederholte.

그러자 그는 강물의 울림 속에서 쏜튼이 명령을 반복하는 것을 들었습니다.

Buck erhob sich aus dem Wasser und hob den Kopf, als wolle er einen letzten Blick werfen.

벅은 물에서 몸을 내밀고, 마지막으로 한 번 더 바라보려는 듯 고개를 들었다.

dann drehte er sich um und gehorchte und schwamm
entschlossen auf das Ufer zu.
그러고 나서 돌아서서 순종하며 단호하게 강둑을 향해
헤엄쳐갔다.

Pete und Hans zogen ihn im letzten Moment an Land.
피트와 한스는 마지막 순간에 그를 해안으로
끌어올렸습니다.

Sie wussten, dass Thornton sich nur noch wenige Minuten
am Felsen festklammern konnte.
그들은 쏜튼이 바위에 매달려 있을 수 있는 시간이 몇
분밖에 되지 않는다는 걸 알고 있었습니다.

Sie rannten das Ufer hinauf zu einer Stelle weit oberhalb
der Stelle, an der er hing.
그들은 그가 매달려 있는 곳보다 훨씬 위쪽의 지점까지
강둑을 따라 올라갔습니다.

Sie befestigten die Bootsleine sorgfältig an Bucks Hals und
Schultern.
그들은 보트의 줄을 벅의 목과 어깨에 조심스럽게
묶었습니다.

Das Seil saß eng, war aber locker genug zum Atmen und für
Bewegung.
밧줄은 꼭 맞지만 숨쉬고 움직이기에는 충분히
느슨했습니다.

Dann warfen sie ihn erneut in den reißenden, tödlichen
Fluss.
그들은 그를 다시 급류에 휩쓸려 죽음의 강물에
던졌습니다.

Buck schwamm mutig, verpasste jedoch seinen Winkel in
die Kraft des Stroms.
벅은 대담하게 헤엄쳤지만 물살의 힘에 밀려 각도를
놓쳤다.

Er sah zu spät, dass er an Thornton vorbeiziehen würde.
그는 쏜튼을 지나쳐 흘러갈 것이라는 것을 너무 늦게
깨달았습니다.

Hans riss das Seil fest, als wäre Buck ein kenterndes Boot.

한스는 마치 벅이 전복하는 배인 것처럼 밧줄을
팽팽하게 당겼다.

Die Strömung zog ihn nach unten und er verschwand unter
der Oberfläche.
물살이 그를 끌어당겼고, 그는 수면 아래로
사라졌습니다.

Sein Körper schlug gegen das Ufer, bevor Hans und Pete ihn
herauszogen.
한스와 피트가 그를 끌어내기 전에 그의 몸은 강둑에
부딪혔습니다.

Er war halb ertrunken und sie haben das Wasser aus ihm
herausgeprügelt.
그는 반쯤 물에 빠져 죽었고, 그들은 그에게서 물을
뿜어냈습니다.

Buck stand auf, taumelte und brach erneut auf dem Boden
zusammen.
벅은 일어서서 비틀거리다가 다시 땅바닥에
쓰러졌습니다.

Dann hörten sie Thorntons Stimme, die schwach vom Wind
getragen wurde.
그때 그들은 바람에 실려오는 쏜튼의 목소리를 들었다.

Obwohl die Worte undeutlich waren, wussten sie, dass er
dem Tode nahe war.
말은 분명하지 않았지만, 그들은 그가 죽음이
다가왔다는 것을 알고 있었습니다.

Der Klang von Thorntons Stimme traf Buck wie ein
elektrischer Schlag.
쏜튼의 목소리가 전기 충격처럼 벅을 강타했다.

Er sprang auf, rannte das Ufer hinauf und kehrte zum
Startpunkt zurück.
그는 뛰어올라 강둑을 따라 달려 출발 지점으로
돌아왔습니다.

Wieder banden sie Buck das Seil fest und wieder betrat er
den Bach.
그들은 다시 밧줄을 벅에게 묶었고, 그는 다시 개울로
들어갔다.

Diesmal schwamm er direkt und entschlossen in das rauschende Wasser.
이번에는 그는 똑바로 그리고 힘차게 흐르는 물속으로 헤엄쳐 들어갔다.

Hans ließ das Seil langsam los, während Pete darauf achtete, dass es sich nicht verhedderte.
한스는 밧줄이 엉키지 않도록 잡고 있는 동안 꾸준히 밧줄을 풀었다.

Buck schwamm schnell, bis er direkt über Thornton auf einer Linie lag.
벅은 쏜튼 바로 위에 위치할 때까지 열심히 헤엄쳤다.

Dann drehte er sich um und raste wie ein Zug mit voller Geschwindigkeit nach unten.
그러고 나서 그는 돌아서서 마치 전속력으로 달리는 기차처럼 달려내려갔다.

Thornton sah ihn kommen, machte sich bereit und schlang die Arme um seinen Hals.
쏜튼은 그가 오는 것을 보고 몸을 굳히고 그의 목에 팔을 둘렀다.

Hans band das Seil fest um einen Baum, als beide unter Wasser gezogen wurden.
한스는 둘 다 나무 밑으로 끌려가자 밧줄을 나무에 단단히 묶었다.

Sie stürzten unter Wasser und zerschellten an Felsen und Flusstrümmern.
그들은 물속으로 떨어지면서 바위와 강 잔해물에 부딪혔습니다.

In einem Moment war Buck oben, im nächsten erhob sich Thornton keuchend.
어느 순간 벅이 위에 있었는데, 다음 순간 쏜튼이 헐떡이며 일어섰습니다.

Zerschlagen und erstickend steuerten sie auf das Ufer zu und waren in Sicherheit.
그들은 폭행을 당하고 질식해서 강둑과 안전한 곳으로 향했습니다.

Thornton erlangte sein Bewusstsein wieder und lag quer über einem Treibholzbaumstamm.

쏜튼은 표류물 위에 누워서 의식을 되찾았습니다.

Hans und Pete haben hart gearbeitet, um ihm Atem und Leben zurückzugeben.

한스와 피트는 그가 다시 숨쉬고 살아갈 수 있도록 열심히 노력했습니다.

Sein erster Gedanke galt Buck, der regungslos und schlaff dalag.

그의 첫 번째 생각은 움직이지 않고 힘없이 누워 있는 벅에 대한 것이었습니다.

Nig heulte über Bucks Körper und Skeet leckte sanft sein Gesicht.

니그는 벅의 몸 위로 울부짖었고, 스키트는 그의 얼굴을 부드럽게 핥았습니다.

Thornton, wund und verletzt, untersuchte Buck mit vorsichtigen Händen.

손튼은 상처와 멍이 난 채로 벅을 조심스럽게 살펴보았다.

Er stellte fest, dass der Hund drei Rippen gebrochen hatte, jedoch keine tödlichen Wunden aufwies.

그는 개에게서 갈비뼈 세 개가 부러진 것을 발견했지만 치명적인 상처는 발견하지 못했습니다.

„Damit ist die Sache geklärt", sagte Thornton. „Wir zelten hier." Und das taten sie.

"그럼 됐지." 손튼이 말했다. "우린 여기서 캠핑을 하죠." 그리고 그들은 그렇게 했다.

Sie blieben, bis Bucks Rippen verheilt waren und er wieder laufen konnte.

그들은 벅의 갈비뼈가 아물고 그가 다시 걸을 수 있을 때까지 머물렀습니다.

In diesem Winter vollbrachte Buck eine Leistung, die seinen Ruhm noch weiter steigerte.

그 겨울, 벅은 자신의 명성을 더욱 높이는 업적을 이루었습니다.

Es war weniger heroisch als Thornton zu retten, aber genauso beeindruckend.

쏜튼을 구한 것만큼 영웅적이지는 않았지만, 마찬가지로 인상적이었습니다.

In Dawson benötigten die Partner Vorräte für eine weite Reise.

도슨의 파트너들은 먼 여행을 위한 물품이 필요했습니다.

Sie wollten nach Osten reisen, in unberührte Wildnisgebiete.

그들은 동쪽, 손길이 닿지 않은 자연 그대로의 땅으로 여행하고 싶어했습니다.

Bucks Tat im Eldorado Saloon machte diese Reise möglich.

엘도라도 살롱에 있는 벅의 증서 덕분에 그 여행이 가능해졌습니다.

Es begann damit, dass Männer bei einem Drink mit ihren Hunden prahlten.

그것은 남자들이 술을 마시며 자기 개에 대해 자랑하는 것에서 시작되었습니다.

Bucks Ruhm machte ihn zur Zielscheibe von Herausforderungen und Zweifeln.

벅의 명성은 그를 도전과 의심의 표적으로 만들었다.

Thornton blieb stolz und ruhig und verteidigte Bucks Namen standhaft.

쏜튼은 당당하고 침착하게 벅의 이름을 수호하는 데 굳건히 섰습니다.

Ein Mann sagte, sein Hund könne problemlos zweihundertsechsunddreißig kg ziehen.

한 남자는 자신의 개가 500파운드를 쉽게 끌 수 있다고 말했습니다.

Ein anderer sagte sechshundert und ein dritter prahlte mit siebenhundert.

또 다른 사람은 600이라고 말했고, 세 번째 사람은 700이라고 자랑했습니다.

„Pfft!", sagte John Thornton, „Buck kann einen fünfhundert kg schweren Schlitten ziehen."

"푸우!" 존 손튼이 말했다. "벅은 1,000파운드짜리 썰매를 끌 수 있어."

Matthewson, ein Bonanza-König, beugte sich vor und forderte ihn heraus.

보난자 킹인 매튜슨이 앞으로 몸을 기울여 그에게 도전했습니다.

„Glauben Sie, er kann so viel Gewicht in Bewegung setzen?"

"그가 그렇게 많은 힘을 행사할 수 있다고 생각하세요?"

„Und Sie glauben, er kann das Gewicht volle hundert Meter weit ziehen?"

"그가 그 무게를 100야드나 끌 수 있다고 생각하세요?"

Thornton antwortete kühl: „Ja. Buck ist Hund genug, um das zu tun."

쏜튼이 차갑게 대답했다. "그래. 벅은 그럴 만큼 강인해."

„Er wird tausend Pfund in Bewegung setzen und es hundert Meter weit ziehen."

"그는 1,000파운드의 힘을 움직여 100야드까지 끌어올릴 수 있어요."

Matthewson lächelte langsam und stellte sicher, dass alle Männer seine Worte hörten.

매튜슨은 천천히 미소를 지으며 모든 남자들이 자신의 말을 듣도록 했다.

„Ich habe tausend Dollar, die sagen, dass er es nicht kann. Da ist es."

"그가 못 간다고 적힌 천 달러가 있어요. 여기 있어요."

Er knallte einen Sack Goldstaub von der Größe einer Wurst auf die Theke.

그는 소시지 크기의 금가루 자루를 바 위에 내던졌다.

Niemand sagte ein Wort. Die Stille um sie herum wurde drückend und angespannt.

아무도 아무 말도 하지 않았다. 그들 주변의 침묵은 점점 무겁고 긴장되었다.

Thorntons Bluff – wenn es denn einer war – war ernst genommen worden.

쏜튼의 허세는―만약 그것이 허세였다면―심각하게
받아들여졌습니다.

Er spürte, wie ihm die Hitze im Gesicht aufstieg und das Blut in seine Wangen schoss.

그는 얼굴이 뜨거워지는 것을 느꼈고, 피가 뺨으로
몰려왔다.

In diesem Moment war seine Zunge seiner Vernunft voraus.

그 순간 그의 혀가 이성보다 앞서 나갔다.

Er wusste wirklich nicht, ob Buck fünfhundert kg bewegen konnte.

그는 벅이 1,000파운드를 옮길 수 있을지 정말로
몰랐다.

Eine halbe Tonne! Allein die Größe ließ ihm das Herz schwer werden.

반 톤이나 되는 무게! 그 크기만으로도 가슴이
무거워졌다.

Er hatte Vertrauen in Bucks Stärke und hielt ihn für fähig.

그는 벅의 힘을 믿었고 그가 유능하다고 생각했습니다.

Doch einer solchen Herausforderung war er noch nie begegnet, nicht auf diese Art und Weise.

하지만 그는 이런 종류의 도전에 직면한 적이
없었습니다.

Ein Dutzend Männer beobachteten ihn still und warteten darauf, was er tun würde.

12명의 남자가 그를 조용히 지켜보며 그가 무엇을 할지
지켜보고 있었습니다.

Er hatte das Geld nicht – Hans und Pete auch nicht.

그는 돈이 없었습니다. 한스나 피트도
마찬가지였습니다.

„Ich habe draußen einen Schlitten", sagte Matthewson kalt und direkt.

매튜슨은 차갑고 직설적으로 "밖에 썰매가 있어요"라고
말했다.

„Es ist mit zwanzig Säcken zu je fünfzig Pfund beladen, alles Mehl.

"그 안에는 밀가루로 만든 자루가 20개 들어 있어요. 자루당 무게가 50파운드예요.

Lassen Sie sich also jetzt nicht von einem fehlenden Schlitten als Ausrede ausreden", fügte er hinzu.

그는 "그러니 지금 썰매가 없어졌다는 것을 변명으로 삼지 마세요"라고 덧붙였다.

Thornton stand still da. Er wusste nicht, was er sagen sollte.

손튼은 아무 말도 하지 않았다. 무슨 말을 해야 할지 알 수 없었다.

Er blickte sich die Gesichter an, ohne sie deutlich zu erkennen.

그는 주위를 둘러보았지만 얼굴들이 뚜렷이 보이지 않았다.

Er sah aus wie ein Mann, der in Gedanken erstarrt war und versuchte, neu zu starten.

그는 생각에 잠겨 다시 시작하려고 하는 사람처럼 보였다.

Dann sah er Jim O'Brien, einen Freund aus der Mastodon-Zeit.

그러다가 그는 마스토돈 시절 친구인 짐 오브라이언을 만났습니다.

Dieses vertraute Gesicht gab ihm Mut, von dem er nicht wusste, dass er ihn hatte.

그 친숙한 얼굴은 그에게 자신이 가지고 있다는 것을 몰랐던 용기를 주었습니다.

Er drehte sich um und fragte mit leiser Stimme: „Können Sie mir tausend leihen?"

그는 돌아서서 작은 목소리로 "천 달러만 빌려줄 수 있나요?"라고 물었습니다.

„Sicher", sagte O'Brien und ließ bereits einen schweren Sack neben dem Gold fallen.

"물론이죠." 오브라이언이 말하며 금화가 든 무거운 자루를 떨어뜨렸다.

„Aber ehrlich gesagt, John, ich glaube nicht, dass das Biest das tun kann."

"하지만 솔직히 말해서, 존, 나는 그 짐승이 이런 일을 할 수 있다고 믿지 않아."

Alle im Eldorado Saloon strömten nach draußen, um sich die Veranstaltung anzusehen.

엘도라도 살롱에 있던 모든 사람들이 그 행사를 보기 위해 달려 나갔습니다.

Sie ließen Tische und Getränke zurück und sogar die Spiele wurden unterbrochen.

그들은 테이블과 음료를 남겨두고 떠났고, 심지어 게임도 중단되었습니다.

Dealer und Spieler kamen, um das Ende der kühnen Wette mitzuerleben.

딜러와 도박꾼들은 대담한 내기의 끝을 지켜보러 왔습니다.

Hunderte versammelten sich auf der vereisten Straße um den Schlitten.

수백 명의 사람들이 얼음으로 뒤덮인 거리의 썰매 주위에 모였습니다.

Matthewsons Schlitten stand mit einer vollen Ladung Mehlsäcke da.

매튜슨의 썰매에는 밀가루 자루가 가득 실려 있었습니다.

Der Schlitten stand stundenlang bei Minustemperaturen.

썰매는 영하의 기온 속에 몇 시간 동안 놓여 있었습니다.

Die Kufen des Schlittens waren fest am festgetretenen Schnee festgefroren.

썰매의 바퀴는 굳어버린 눈에 꼭 붙어 있었습니다.

Die Männer wetteten zwei zu eins, dass Buck den Schlitten nicht bewegen könne.

남자들은 벅이 썰매를 움직일 수 없을 것이라는 배당률을 두 대 1로 제시했습니다.

Es kam zu einem Streit darüber, was „ausbrechen" eigentlich bedeutet.

"브레이크 아웃"이 실제로 무엇을 의미하는지에 대한 논쟁이 벌어졌습니다.

O'Brien sagte, Thornton solle die festgefrorene Basis des
Schlittens lösen.
오브라이언은 쏜튼이 썰매의 얼어붙은 바닥을 풀어야
한다고 말했다.

Buck könnte dann aus einem soliden, bewegungslosen Start
„ausbrechen".
그러면 벅은 흔들리지 않고 안정적으로 출발하여
"탈출"할 수 있었습니다.

Matthewson argumentierte, dass der Hund auch die Läufer
befreien müsse.
매튜슨은 개가 주자들을 자유롭게 풀어줘야 한다고
주장했다.

Die Männer, die von der Wette gehört hatten, stimmten
Matthewsons Ansicht zu.
내기를 들은 사람들은 매튜슨의 의견에 동의했습니다.

Mit dieser Entscheidung stiegen die Chancen auf drei zu
eins gegen Buck.
그 판결로 벅에게 유리한 배당률은 3 대 1로
높아졌습니다.

Niemand trat vor, um die wachsende Drei-zu-eins-Chance
auf sich zu nehmen.
점점 커지는 3대 1의 확률에 맞서기 위해 나서는 사람은
아무도 없었다.

Kein einziger Mann glaubte, dass Buck diese große Leistung
vollbringen könnte.
버크가 그 위대한 업적을 이룰 수 있다고 믿는 사람은 단
한 명도 없었다.

Thornton war zu der Wette gedrängt worden, obwohl er
voller Zweifel war.
쏜튼은 의심에 사로잡혀 서둘러 내기를 걸었다.

Nun blickte er auf den Schlitten und das zehnköpfige
Hundegespann daneben.
이제 그는 썰매와 그 옆에 있는 열 마리의 개로 이루어진
팀을 바라보았습니다.

Als ich die Realität der Aufgabe sah, erschien sie noch
unmöglicher.

그 과제의 현실을 깨닫자 그것은 더욱 불가능해 보였다.

Matthewson war in diesem Moment voller Stolz und Selbstvertrauen.

그 순간 매튜슨은 자부심과 자신감으로 가득 찼습니다.

„Drei zu eins!", rief er. „Ich wette noch tausend, Thornton!"

"3 대 1!" 그가 소리쳤다. "손튼, 1,000달러 더 걸겠어!"

Was sagst du dazu?", fügte er laut genug hinzu, dass es alle hören konnten.

"무슨 말씀이시죠?" 그는 모든 사람이 들을 수 있을 만큼 큰 소리로 덧붙였다.

Thorntons Gesicht zeigte seine Zweifel, aber sein Geist war aufgeblüht.

쏜튼의 얼굴에는 의심이 드러났지만, 그의 기운은 올라갔습니다.

Dieser Kampfgeist ignorierte alle Widrigkeiten und fürchtete sich überhaupt nicht.

그 투지는 역경을 무시했고 아무것도 두려워하지 않았습니다.

Er forderte Hans und Pete auf, ihr gesamtes Bargeld auf den Tisch zu bringen.

그는 한스와 피트에게 전화해서 그들이 가지고 있는 현금을 모두 가져오라고 했습니다.

Ihnen blieb nicht mehr viel übrig – insgesamt nur zweihundert Dollar.

그들에게 남은 것은 거의 없었습니다. 모두 합쳐 200달러뿐이었습니다.

Diese kleine Summe war ihr gesamtes Vermögen in schweren Zeiten.

이 소액은 힘든 시기에 그들이 가진 모든 재산이었습니다.

Dennoch setzten sie ihr gesamtes Vermögen auf Matthewsons Wette.

그럼에도 불구하고 그들은 매튜슨의 베팅에 모든 재산을 걸었습니다.

Das zehnköpfige Hundegespann wurde abgekoppelt und vom Schlitten wegbewegt.

10마리의 개로 이루어진 팀은 썰매에서 떨어져 나와 멀어졌습니다.

Buck wurde in die Zügel genommen und trug sein vertrautes Geschirr.

벅은 익숙한 하네스를 착용하고 고삐를 잡았다.

Er hatte die Energie der Menge aufgefangen und die Spannung gespürt.

그는 군중의 에너지를 느꼈고 긴장감을 느꼈습니다.

Irgendwie wusste er, dass er etwas für John Thornton tun musste.

그는 어떻게든 존 손튼을 위해 뭔가를 해야 한다는 걸 알았습니다.

Die Leute murmelten voller Bewunderung über die stolze Gestalt des Hundes.

사람들은 개의 당당한 모습에 감탄하며 중얼거렸다.

Er war schlank und stark und hatte kein einziges Gramm Fleisch zu viel.

그는 살이 한 톨도 찌지 않은, 마른 몸과 강한 몸매를 가지고 있었습니다.

Sein Gesamtgewicht von hundertfünfzig Pfund bestand nur aus Kraft und Ausdauer.

그의 전체 체중 150파운드는 모두 힘과 지구력이었습니다.

Bucks Fell glänzte wie Seide und strotzte vor Gesundheit und Kraft.

벅의 코트는 실크처럼 빛났고, 건강과 힘이 두껍게 깃들어 있었다.

Das Fell an seinem Hals und seinen Schultern schien sich aufzurichten und zu sträuben.

그의 목과 어깨의 털이 들어올려지고 뻣뻣해지는 것 같았다.

Seine Mähne bewegte sich leicht, jedes Haar war voller Energie.

그의 갈기가 살짝 움직였고, 머리카락 하나하나가 그의 강렬한 에너지로 살아 있었습니다.

Seine breite Brust und seine starken Beine passten zu seinem schweren, robusten Körperbau.

그의 넓은 가슴과 튼튼한 다리는 그의 무겁고 강인한 몸매와 잘 어울렸습니다.

Unter seinem Mantel spannten sich Muskeln, straff und fest wie geschmiedetes Eisen.

그의 코트 아래에서는 근육이 꿈틀거리며, 쇠로 묶인 것처럼 팽팽하고 단단했다.

Männer berührten ihn und schworen, er sei gebaut wie eine Stahlmaschine.

남자들은 그를 만지며 그가 강철 기계처럼 생겼다고 맹세했습니다.

Die Quoten sanken leicht auf zwei zu eins gegen den großen Hund.

그 위대한 개에 대한 승산 확률은 약간 떨어져 2 대 1이 되었습니다.

Ein Mann von den Skookum Benches drängte sich stotternd nach vorne.

스쿠컴 벤치에 앉아 있던 한 남자가 더듬거리며 앞으로 나아갔다.

„Gut, Sir! Ich biete achthundert für ihn – vor der Prüfung, Sir!"

"좋습니다, 선생님! 시험 전에 800달러를 제안합니다, 선생님!"

„Achthundert, so wie er jetzt dasteht!", beharrte der Mann.

"지금 기준으로 800명이에요!" 그 남자가 주장했다.

Thornton trat vor, lächelte und schüttelte ruhig den Kopf.

쏜튼은 앞으로 나서서 미소를 지으며 차분하게 고개를 저었다.

Matthewson schritt schnell mit warnender Stimme und einem Stirnrunzeln ein.

매튜슨은 재빨리 경고하는 목소리와 눈살을 찌푸리며 나섰다.

„Sie müssen Abstand von ihm halten", sagte er. „Geben Sie ihm Raum."

"그에게서 물러나야 합니다." 그가 말했다. "그에게 공간을 주세요."

Die Menge verstummte; nur die Spieler boten noch zwei zu eins.

군중은 조용해졌다. 오직 도박꾼들만이 여전히 2대 1을 걸고 있었다.

Alle bewunderten Bucks Körperbau, aber die Last schien zu groß.

모두가 벅의 몸매에 감탄했지만, 무게가 너무 무거워 보였다.

Zwanzig Säcke Mehl – jeder fünfzig Pfund schwer – schienen viel zu viel.

밀가루 자루 20개(각 자루의 무게가 50파운드)는 너무 많은 것 같았습니다.

Niemand war bereit, seinen Geldbeutel zu öffnen und sein Geld zu riskieren.

누구도 주머니를 열어 돈을 걸고 싶어하지 않았습니다.

Thornton kniete neben Buck und nahm seinen Kopf in beide Hände.

쏜튼은 벅 옆에 무릎을 꿇고 두 손으로 그의 머리를 잡았다.

Er drückte seine Wange an Bucks und sprach in sein Ohr.

그는 자신의 뺨을 벅의 뺨에 대고 그의 귀에 대고 말했다.

Es gab jetzt kein spielerisches Schütteln oder geflüsterte liebevolle Beleidigungen.

이제는 장난스럽게 흔드는 일도, 속삭이는 애정 어린 모욕도 없었습니다.

Er murmelte nur leise: „So sehr du mich liebst, Buck."

그는 단지 부드럽게 중얼거렸다. "당신이 나를 아무리 사랑하더라도, 벅."

Buck stieß ein leises Winseln aus, seine Begierde konnte er kaum zurückhalten.

벅은 조용히 신음하며 간신히 열망을 억눌렀다.

Die Zuschauer beobachteten neugierig, wie Spannung in der Luft lag.

구경꾼들은 긴장감이 공기 중에 가득 차는 것을 호기심 어린 눈으로 지켜보았습니다.

Der Moment fühlte sich fast unwirklich an, wie etwas jenseits der Vernunft.

그 순간은 거의 비현실적으로 느껴졌고, 이성을 초월한 것 같은 느낌이었습니다.

Als Thornton aufstand, nahm Buck sanft seine Hand zwischen die Kiefer.

쏜튼이 일어서자, 벅은 조심스럽게 그의 손을 턱에 쥐었다.

Er drückte mit den Zähnen nach unten und ließ dann langsam und sanft los.

그는 이를 눌러 누른 다음 천천히 부드럽게 놓았다.

Es war eine stille Antwort der Liebe, nicht ausgesprochen, aber verstanden.

말로 표현한 것이 아니라 이해한 조용한 사랑의 대답이었습니다.

Thornton trat weit von dem Hund zurück und gab das Signal.

쏜튼은 개에게서 멀리 떨어져서 신호를 보냈다.

„Jetzt, Buck", sagte er und Buck antwortete mit konzentrierter Ruhe.

"자, 벅," 그가 말했고, 벅은 집중된 침착함으로 대답했습니다.

Buck spannte die Leinen und lockerte sie dann um einige Zentimeter.

벅은 흔적을 조였다가 다시 몇 인치 정도 느슨하게 했습니다.

Dies war die Methode, die er gelernt hatte; seine Art, den Schlitten zu zerbrechen.

이것이 그가 배운 방법이었습니다. 썰매를 부수는 방법이었습니다.

„Mensch!", rief Thornton mit scharfer Stimme in der schweren Stille.

"이런!" 쏜튼이 무거운 침묵 속에서 날카로운 목소리로 소리쳤다.

Buck drehte sich nach rechts und stürzte sich mit seinem gesamten Gewicht nach vorn.

벅은 오른쪽으로 돌아서서 온몸의 무게를 실어 달려들었다.

Das Spiel verschwand und Bucks gesamte Masse traf die straffen Leinen.

느슨한 부분이 사라지고, 벅의 몸 전체가 단단한 줄에 부딪혔다.

Der Schlitten zitterte und die Kufen machten ein knackendes, knisterndes Geräusch.

썰매가 떨렸고, 주자들은 딱딱거리는 소리를 냈다.

„Haw!", befahl Thornton und änderte erneut Bucks Richtung.

"하!" 쏜튼이 명령하며 벅의 방향을 다시 바꿨다.

Buck wiederholte die Bewegung und zog diesmal scharf nach links.

벅은 다시 한번 움직임을 시도했고, 이번에는 왼쪽으로 급격히 방향을 틀었다.

Das Knacken des Schlittens wurde lauter, die Kufen knackten und verschoben sich.

썰매는 더 큰 소리를 내며, 썰매의 주자들이 딱딱거리고 움직였다.

Die schwere Last rutschte leicht seitwärts über den gefrorenen Schnee.

무거운 짐이 얼어붙은 눈 위로 살짝 옆으로 미끄러졌습니다.

Der Schlitten hatte sich aus der Umklammerung des eisigen Pfades gelöst!

썰매는 얼음길에서 벗어났습니다!

Die Männer hielten den Atem an, ohne zu merken, dass sie nicht einmal atmeten.

남자들은 자신이 숨을 쉬지 않는다는 사실조차 모른 채 숨을 참았습니다.

„Jetzt ZIEHEN!", rief Thornton durch die eisige Stille.

"당겨!" 쏜튼이 얼어붙은 침묵 속에서 소리쳤다.

Thorntons Befehl klang scharf wie ein Peitschenknall.

쏜튼의 명령은 채찍을 휘두르는 소리처럼 날카롭게 울려
퍼졌다.

**Buck stürzte sich mit einem heftigen und heftigen
Ausfallschritt nach vorne.**

벅은 사납고 충격적인 돌진으로 몸을 앞으로
던졌습니다.

**Sein ganzer Körper war aufgrund der enormen Belastung
angespannt und verkrampft.**

그의 몸 전체가 엄청난 부담으로 긴장되고
뭉쳐졌습니다.

**Unter seinem Fell spannten sich Muskeln wie lebendig
werdende Schlangen.**

그의 털 아래에서 근육이 꿈틀거리는 모습이 마치 살아
움직이는 뱀 같았다.

**Seine breite Brust war tief, der Kopf nach vorne zum
Schlitten gestreckt.**

그의 큰 가슴은 낮게 위치하고, 머리는 썰매를 향해 뻗어
있었습니다.

**Seine Pfoten bewegten sich blitzschnell und seine Krallen
zerschnitten den gefrorenen Boden.**

그의 발은 번개처럼 움직였고, 발톱으로 얼어붙은 땅을
갈랐다.

**Er kämpfte um jeden Zentimeter Bodenhaftung und
hinterließ tiefe Rillen.**

그는 견인력을 한 인치라도 더 얻으려고 애쓰면서 홈을
깊게 파냈습니다.

**Der Schlitten schaukelte, zitterte und begann eine langsame,
unruhige Bewegung.**

썰매는 흔들리고 떨리더니 느리고 불안하게 움직이기
시작했습니다.

**Ein Fuß rutschte aus und ein Mann in der Menge stöhnte
laut auf.**

한 발이 미끄러지자 군중 속의 한 남자가 큰 소리로
신음했습니다.

**Dann machte der Schlitten mit einer ruckartigen, heftigen
Bewegung einen Satz nach vorne.**

그러자 썰매가 갑자기 거칠게 앞으로 움직였다.

Es hörte nicht wieder auf – noch einen halben Zoll … einen Zoll … zwei Zoll mehr.

더 이상 멈추지 않았습니다. 반 인치… 한 인치… 두 인치 더.

Die Stöße wurden kleiner, als der Schlitten an Geschwindigkeit zunahm.

썰매가 속도를 내면서 갑작스러운 움직임은 점점 줄어들었습니다.

Bald zog Buck mit sanfter, gleichmäßiger Rollkraft.

곧 벅은 부드럽고 고르게 굴러가는 힘으로 끌어당기기 시작했습니다.

Die Männer schnappten nach Luft und erinnerten sich schließlich wieder daran zu atmen.

남자들은 숨을 헐떡이며 마침내 다시 숨을 쉬는 법을 기억해냈습니다.

Sie hatten nicht bemerkt, dass ihnen vor Ehrfurcht der Atem stockte.

그들은 경외심에 숨이 멎는 줄도 몰랐다.

Thornton rannte hinterher und rief kurze, fröhliche Befehle.

쏜튼은 짧고 쾌활한 명령을 외치며 뒤따라 달렸다.

Vor uns lag ein Stapel Brennholz, der die Entfernung markierte.

앞에는 거리를 알려주는 장작더미가 놓여 있었습니다.

Als Buck sich dem Haufen näherte, wurde der Jubel immer lauter.

벅이 더미에 가까워질수록 환호성은 점점 더 커졌습니다.

Der Jubel schwoll zu einem Brüllen an, als Buck den Endpunkt passierte.

벅이 종착점을 지나자 환호성은 함성으로 커졌습니다.

Männer sprangen auf und schrien, sogar Matthewson grinste.

남자들은 놀라서 소리쳤고, 매튜슨조차도 미소를 지었다.

Hüte flogen durch die Luft, Fäustlinge wurden gedankenlos und ziellos herumgeworfen.
모자가 공중으로 날아가고, 장갑이 생각이나 목적 없이
던져졌습니다.

Männer packten einander und schüttelten sich die Hände, ohne zu wissen, wer es war.
누구인지도 모르는 남자들이 서로를 붙잡고 악수했다.

Die ganze Menge war in wilder, freudiger Stimmung.
군중 전체가 열광적이고 즐거운 축하 분위기에
휩싸였다.

Thornton fiel mit zitternden Händen neben Buck auf die Knie.
쏜튼은 떨리는 손으로 벅 옆에 무릎을 꿇었다.

Er drückte seinen Kopf an Bucks und schüttelte ihn sanft hin und her.
그는 자신의 머리를 벅의 머리에 가져다 대고 가볍게
앞뒤로 흔들었다.

Diejenigen, die näher kamen, hörten, wie er den Hund mit stiller Liebe verfluchte.
다가간 사람들은 그가 조용한 사랑으로 개를 저주하는
것을 들었습니다.

Er beschimpfte Buck lange – leise, herzlich und emotional.
그는 오랫동안 벅을 향해 욕설을 퍼부었다. 부드럽고,
따뜻하게, 감정을 담아서.

„Gut, Sir! Gut, Sir!", rief der König der Skookum-Bank hastig.
"좋아요, 선생님! 좋아, 선생님!" 스쿠컴 벤치의 왕이
황급히 소리쳤다.

„Ich gebe Ihnen tausend – nein, zwölfhundert – für diesen Hund, Sir!"
"저 개 한 마리에 천 달러, 아니, 천이백 달러를
드리겠습니다, 선생님!"

Thornton stand langsam auf, seine Augen glänzten vor Emotionen.
쏜튼은 천천히 일어섰고, 그의 눈은 감정으로 빛났다.

Tränen strömten ihm ohne jede Scham über die Wangen.

그의 뺨에는 조금의 부끄러움도 없이 눈물이 줄줄
흘러내렸다.

**„Sir", sagte er zum König der Skookum-Bank, ruhig und
bestimmt**

그는 Skookum Bench의 왕에게 "선생님"이라고 말하며
꾸준하고 단호하게 말했습니다.

**„Nein, Sir. Sie können zur Hölle fahren, Sir. Das ist meine
endgültige Antwort."**

"아니요, 선생님. 지옥에나 가시죠, 선생님. 이게 제
마지막 대답입니다."

**Buck packte Thorntons Hand sanft mit seinen starken
Kiefern.**

벅은 튼튼한 턱으로 쏜튼의 손을 부드럽게 잡았다.

**Thornton schüttelte ihn spielerisch, ihre Bindung war so tief
wie eh und je.**

쏜튼은 장난스럽게 그를 흔들었고, 두 사람의 유대감은
그 어느 때보다 깊었다.

**Die Menge, bewegt von diesem Moment, trat schweigend
zurück.**

그 순간에 감동한 군중은 조용히 뒤로 물러섰다.

**Von da an wagte es niemand mehr, diese heilige Zuneigung
zu unterbrechen.**

그 이후로 그 누구도 감히 그 신성한 애정을 방해하지
못했습니다.

Der Klang des Rufs
부름의 소리

Buck hatte in fünf Minuten Sechzehnhundert Dollar verdient.
벅은 5분 만에 1,600달러를 벌었습니다.

Mit dem Geld konnte John Thornton einen Teil seiner Schulden begleichen.
그 돈으로 존 손튼은 빚의 일부를 갚을 수 있었습니다.

Mit dem restlichen Geld machte er sich mit seinen Partnern auf den Weg nach Osten.
그는 남은 돈을 가지고 동료들과 함께 동쪽으로 향했습니다.

Sie suchten nach einer sagenumwobenen verlorenen Mine, die so alt ist wie das Land selbst.
그들은 그 나라만큼이나 오래된 전설 속 잃어버린 광산을 찾았습니다.

Viele Männer hatten nach der Mine gesucht, aber nur wenige hatten sie je gefunden.
많은 사람들이 광산을 찾았지만, 실제로 광산을 찾은 사람은 거의 없었습니다.

Während der gefährlichen Suche waren nicht wenige Männer verschwunden.
위험한 탐색 중에 몇몇 남자가 사라졌습니다.

Diese verlorene Mine war sowohl in Geheimnisse als auch in eine alte Tragödie gehüllt.
이 잃어버린 광산은 미스터리와 오래된 비극에 싸여 있었습니다.

Niemand wusste, wer der erste Mann war, der die Mine entdeckt hatte.
광산을 처음 발견한 사람이 누구인지는 아무도 몰랐습니다.

In den ältesten Geschichten wird niemand namentlich erwähnt.
가장 오래된 이야기에는 누구의 이름도 언급되지 않습니다.

Dort hatte immer eine alte, baufällige Hütte gestanden.
그곳에는 항상 낡고 허름한 오두막이 있었습니다.
Sterbende Männer hatten geschworen, dass sich neben dieser alten Hütte eine Mine befand.
죽어가는 사람들은 그 오래된 오두막 옆에 광산이 있었다고 맹세했습니다.
Sie bewiesen ihre Geschichten mit Gold, wie es nirgendwo sonst zu finden ist.
그들은 다른 어떤 곳에서도 찾을 수 없는 금으로 자신의 이야기를 증명했습니다.
Keine lebende Seele hatte den Schatz von diesem Ort jemals geplündert.
그 곳에서 보물을 약탈한 사람은 아무도 없었습니다.
Die Toten waren tot, und Tote erzählen keine Geschichten.
죽은 자는 죽었고, 죽은 자는 아무 말도 하지 않는다.
Also machten sich Thornton und seine Freunde auf den Weg in den Osten.
그래서 쏜튼과 그의 친구들은 동쪽으로 향했습니다.
Pete und Hans kamen mit Buck und sechs starken Hunden.
피트와 한스가 벅과 힘센 개 여섯 마리를 데리고 합류했습니다.
Sie begaben sich auf einen unbekannten Weg, an dem andere gescheitert waren.
그들은 다른 사람들이 실패한 알려지지 않은 산길로 들어섰습니다.
Sie rodelten siebzig Meilen den zugefrorenen Yukon River hinauf.
그들은 얼어붙은 유콘 강을 따라 70마일을 썰매를 타고 올라갔습니다.
Sie bogen links ab und folgten dem Pfad bis zum Stewart.
그들은 좌회전하여 스튜어트로 향하는 산길을 따라갔다.
Sie passierten Mayo und McQuestion und drängten weiter.
그들은 메이요 앤 맥퀘션을 지나 계속해서 전진했습니다.
Der Stewart schrumpfte zu einem Strom, der sich durch zerklüftete Gipfel schlängelte.

스튜어트 강은 뾰족한 봉우리를 지나며 흐르는 개울처럼 줄어들었다.

Diese scharfen Gipfel markierten das Rückgrat des Kontinents.

이 날카로운 봉우리들은 대륙의 핵심을 이루었습니다.

John Thornton verlangte wenig von den Menschen oder der Wildnis.

존 손튼은 사람이나 자연에 별로 많은 것을 요구하지 않았습니다.

Er fürchtete nichts in der Natur und begegnete der Wildnis mit Leichtigkeit.

그는 자연 속에서 아무것도 두려워하지 않았고, 야생에 쉽게 맞섰습니다.

Nur mit Salz und einem Gewehr konnte er reisen, wohin er wollte.

그는 소금과 소총만 가지고 원하는 곳 어디든 여행할 수 있었습니다.

Wie die Eingeborenen jagte er auf seiner Reise nach Nahrung.

그는 원주민들처럼 여행하면서 식량을 사냥했습니다.

Wenn er nichts fing, machte er weiter und vertraute auf sein Glück.

아무것도 잡지 못하더라도 그는 앞으로 행운이 있을 것이라고 믿고 계속 나아갔습니다.

Auf dieser langen Reise war Fleisch die Hauptnahrungsquelle.

이 긴 여정에서 그들이 주로 먹은 음식은 고기였습니다.

Der Schlitten enthielt Werkzeuge und Munition, jedoch keinen strengen Zeitplan.

썰매에는 도구와 탄약이 실려 있었지만, 엄격한 시간표는 없었습니다.

Buck liebte dieses Herumwandern, die endlose Jagd und das Fischen.

벅은 이런 방랑, 끝없는 사냥과 낚시를 좋아했습니다.

Wochenlang waren sie Tag für Tag unterwegs.

그들은 몇 주 동안 매일매일 여행을 했습니다.

Manchmal schlugen sie Lager auf und blieben wochenlang dort.

어떤 때는 캠프를 짓고 몇 주 동안 움직이지 않고
머물기도 했습니다.

Die Hunde ruhten sich aus, während die Männer im gefrorenen Dreck gruben.

남자들이 얼어붙은 흙을 파헤치는 동안 개들은 휴식을
취했습니다.

Sie erwärmten Pfannen über dem Feuer und suchten nach verborgenem Gold.

그들은 불 위에 냄비를 올려놓고 숨겨진 금을
찾았습니다.

An manchen Tagen hungerten sie, an anderen feierten sie Feste.

어떤 날은 굶주렸고, 어떤 날은 잔치를 벌였습니다.

Ihre Mahlzeiten hingen vom Wild und vom Jagdglück ab.

그들의 식사는 사냥감과 사냥의 행운에 달려
있었습니다.

Als der Sommer kam, trugen Männer und Hunde schwere Lasten auf ihren Rücken.

여름이 오자, 사람들과 개들은 등에 짐을 짊어졌습니다.

Sie fuhren mit dem Floß über blaue Seen, die in Bergwäldern versteckt waren.

그들은 산림 속에 숨겨진 푸른 호수를 뗏목으로
건넜습니다.

Sie segelten in schmalen Booten auf Flüssen, die noch nie von Menschen kartiert worden waren.

그들은 아무도 지도에 표시해 본 적이 없는 강에서
가느다란 배를 타고 항해했습니다.

Diese Boote wurden aus Bäumen gebaut, die sie in der Wildnis gesägt haben.

그 배들은 야생에서 톱질한 나무로 만들어졌습니다.

Die Monate vergingen und sie schlängelten sich durch die wilden, unbekannten Länder.

몇 달이 지났고, 그들은 알려지지 않은 광활한 땅을
지나갔습니다.

**Es waren keine Männer dort, doch alte Spuren deuteten
darauf hin, dass Männer dort gewesen waren.**

거기에는 남자가 없었지만, 오래된 흔적으로 보아
남자가 있었던 것으로 보인다.

**Wenn die verlorene Hütte echt war, dann waren einst andere
hier entlang gekommen.**

만약 잃어버린 오두막이 실제로 존재한다면, 다른
사람들도 한때 이곳으로 왔을 것이다.

**Sie überquerten hohe Pässe bei Schneestürmen, sogar im
Sommer.**

그들은 여름에도 눈보라 속에서 높은 고개를
건넜습니다.

**Sie zitterten unter der Mitternachtssonne auf kahlen
Berghängen.**

그들은 벌거벗은 산비탈에서 자정의 태양 아래서 떨고
있었습니다.

**Zwischen der Baumgrenze und den Schneefeldern stiegen
sie langsam auf.**

그들은 나무가 우거진 곳과 눈밭 사이를 천천히
올라갔습니다.

**In warmen Tälern schlugen sie nach Schwärmen aus
Mücken und Fliegen.**

따뜻한 계곡에서는 그들은 모기와 파리떼를
쫓아냈습니다.

**Sie pflückten süße Beeren in der Nähe von Gletschern in
voller Sommerblüte.**

그들은 여름철 꽃이 만발한 빙하 근처에서 달콤한
열매를 따 먹었습니다.

**Die Blumen, die sie fanden, waren genauso schön wie die
im Süden.**

그들이 발견한 꽃은 사우스랜드의 꽃만큼이나
아름다웠습니다.

**Im Herbst erreichten sie eine einsame Region voller stiller
Seen.**

그해 가을, 그들은 조용한 호수가 가득한 외딴 지역에
도착했습니다.

Das Land war traurig und leer, einst voller Vögel und Tiere.
그 땅은 한때 새와 짐승이 살았지만 지금은 쓸쓸하고 텅
비어 있습니다.

**Jetzt gab es kein Leben mehr, nur noch den Wind und das
Eis, das sich in Pfützen bildete.**
이제는 생명은 존재하지 않았고, 오직 바람과 웅덩이에
형성되는 얼음만이 있을 뿐이었습니다.

**Mit einem sanften, traurigen Geräusch schlugen die Wellen
gegen die leeren Ufer.**
파도가 텅 빈 해안에 부드럽고 슬픈 소리를 내며
밀려왔다.

**Ein weiterer Winter kam und sie folgten erneut schwachen,
alten Spuren.**
또다시 겨울이 왔고, 그들은 다시 희미하고 오래된 길을
따라갔다.

**Dies waren die Spuren von Männern, die schon lange vor
ihnen gesucht hatten.**
이것은 그들보다 훨씬 먼저 수색을 했던 사람들의
흔적이었습니다.

**Einmal fanden sie einen Pfad, der tief in den dunklen Wald
hineinreichte.**
그들은 어느 날 어둠의 숲 속으로 깊이 파인 길을
발견했습니다.

**Es war ein alter Pfad und sie hatten das Gefühl, dass die
verlorene Hütte ganz in der Nähe war.**
그곳은 오래된 산길이었고, 그들은 잃어버린 오두막이
가까이 있다고 느꼈습니다.

**Doch die Spur führte nirgendwo hin und verlor sich im
dichten Wald.**
하지만 그 길은 어디로도 이어지지 않고 울창한 숲
속으로 사라졌습니다.

**Wer auch immer die Spur angelegt hat und warum, das
wusste niemand.**

누가 그 길을 만들었는지, 그리고 왜 만들었는지 아무도
몰랐습니다.

**Später fanden sie das Wrack einer Hütte, versteckt zwischen
den Bäumen.**
나중에 그들은 나무 사이에 숨겨진 롯지의 잔해를
발견했습니다.

**Verrottende Decken lagen verstreut dort, wo einst jemand
geschlafen hatte.**
누군가가 잠을 잤던 곳에는 썩은 담요가 흩어져
있었습니다.

**John Thornton fand darin ein Steinschlossgewehr mit
langem Lauf.**
존 손튼은 안에 묻힌 긴 총신의 화승총을 발견했습니다.

**Er wusste, dass es sich um eine Waffe von Hudson Bay aus
den frühen Handelstagen handelte.**
그는 초창기부터 이것이 허드슨 만의 총이라는 것을
알고 있었습니다.

**Damals wurden solche Gewehre gegen Stapel von
Biberfellen eingetauscht.**
그 당시에는 그런 총을 비버 가죽 몇 뭉치와 교환하곤
했습니다.

**Das war alles – von dem Mann, der die Hütte gebaut hatte,
gab es keine Spur mehr.**
그게 전부였습니다. 롯지를 지은 사람에 대한 단서는
전혀 남아 있지 않았습니다.

**Der Frühling kam wieder und sie fanden keine Spur von der
verlorenen Hütte.**
다시 봄이 왔지만, 그들은 잃어버린 오두막의 흔적을
찾을 수 없었다.

**Stattdessen fanden sie ein breites Tal mit einem seichten
Bach.**
대신 그들은 얕은 개울이 흐르는 넓은 계곡을
발견했습니다.

Gold lag wie glatte, gelbe Butter auf dem Pfannenboden.

냄비 바닥에는 매끈한 노란 버터처럼 금이 깔려
있었습니다.

Sie hielten dort an und suchten nicht weiter nach der Hütte.
그들은 거기서 멈춰 서서 더 이상 오두막을 찾지
않았습니다.

Jeden Tag arbeiteten sie und fanden Tausende in Goldstaub.
그들은 매일 일하여 수천 개의 금가루를 발견했습니다.

Sie packten das Gold in Säcke aus Elchhaut, jeder Fünfzig Pfund schwer.
그들은 금을 각각 50파운드씩 무스 가죽 자루에 담아
포장했습니다.

Die Säcke waren wie Brennholz vor ihrer kleinen Hütte gestapelt.
가방들은 그들의 작은 숙소 밖에 장작처럼 쌓여
있었습니다.

Sie arbeiteten wie Giganten und die Tage vergingen wie im Flug.
그들은 거인처럼 일했고, 하루하루는 꿈처럼 빨리
지나갔습니다.

Sie häuften Schätze an, während die endlosen Tage schnell vorbeizogen.
끝없는 나날이 빠르게 흘러가는 동안 그들은 보물을
쌓았습니다.

Außer ab und zu Fleisch zu schleppen, gab es für die Hunde nicht viel zu tun.
개들이 할 수 있는 일은 가끔씩 고기를 끌어오는 것
외에는 별로 없었다.

Thornton jagte und tötete das Wild, und Buck lag am Feuer.
쏜튼은 사냥을 해서 사냥감을 잡았고, 벅은 불 옆에 누워
있었습니다.

Er verbrachte viele Stunden schweigend, versunken in Gedanken und Erinnerungen.
그는 오랜 시간 침묵 속에 생각과 기억에 잠겨
있었습니다.

Das Bild des haarigen Mannes kam Buck immer häufiger in den Sinn.

털이 많은 남자의 이미지가 벅의 마음속에 더 자주
떠올랐다.

**Jetzt, wo es kaum noch Arbeit gab, träumte Buck, während
er ins Feuer blinzelte.**

이제 일자리가 부족해지자 벅은 불을 쳐다보며 눈을
깜빡이며 꿈을 꾸었다.

**In diesen Träumen wanderte Buck mit dem Mann in eine
andere Welt.**

그 꿈속에서 벅은 그 남자와 함께 다른 세계를
방황했습니다.

**Angst schien das stärkste Gefühl in dieser fernen Welt zu
sein.**

두려움은 그 먼 세상에서 가장 강한 감정인 듯했다.

**Buck sah, wie der haarige Mann mit gesenktem Kopf
schlief.**

벅은 털이 많은 남자가 머리를 숙인 채 잠들어 있는 것을
보았다.

**Seine Hände waren gefaltet und sein Schlaf war unruhig
und unterbrochen.**

그는 손을 꽉 쥐고 있었고, 잠은 불안하고 깨져
있었습니다.

**Er wachte immer ruckartig auf und starrte ängstlich in die
Dunkelheit.**

그는 깜짝 놀라 깨어나 두려움에 떨며 어둠 속을
응시하곤 했습니다.

**Dann warf er mehr Holz ins Feuer, um die Flamme hell zu
halten.**

그리고 그는 불꽃을 밝게 유지하기 위해 불에 나무를 더
많이 던졌습니다.

**Manchmal spazierten sie an einem Strand entlang, der an
einem grauen, endlosen Meer entlangführte.**

때때로 그들은 잿빛으로 끝없이 펼쳐진 바다를 따라
해변을 따라 걸었습니다.

**Der haarige Mann sammelte Schalentiere und aß sie im
Gehen.**

털이 많은 남자는 조개류를 주워서 걸으면서
먹었습니다.

**Seine Augen suchten immer nach verborgenen Gefahren in
den Schatten.**
그의 눈은 항상 그림자 속에 숨겨진 위험을 찾았습니다.

**Seine Beine waren immer bereit, beim ersten Anzeichen
einer Bedrohung loszusprinten.**
그의 다리는 언제나 위협의 첫 징후에 달려들 준비가
되어 있었습니다.

**Sie schlichen still und vorsichtig Seite an Seite durch den
Wald.**
그들은 나란히 조용히 조심스럽게 숲을 지나갔다.

Buck folgte ihm auf den Fersen und beide blieben wachsam.
벅이 그의 뒤를 따랐고, 두 사람은 모두 경계를 늦추지
않았습니다.

**Ihre Ohren zuckten und bewegten sich, ihre Nasen
schnüffelten in der Luft.**
그들의 귀는 꿈틀거리고 움직였고, 코는 공기를
맡았습니다.

**Der Mann konnte den Wald genauso gut hören und riechen
wie Buck.**
그 남자는 벅만큼이나 숲의 냄새와 소리를 예리하게
들을 수 있었습니다.

**Der haarige Mann schwang sich mit plötzlicher
Geschwindigkeit durch die Bäume.**
털이 많은 남자가 갑작스러운 속도로 나무 사이로
달려갔다.

Er sprang von Ast zu Ast, ohne jemals den Halt zu verlieren.
그는 가지에서 가지로 뛰어다니며 한 번도 놓치지
않았습니다.

**Er bewegte sich über dem Boden genauso schnell wie auf
ihm.**
그는 땅 위에서만큼 빠르게 움직였다.

**Buck erinnerte sich an lange Nächte, in denen er unter den
Bäumen Wache hielt.**

벅은 나무 아래에서 긴 밤을 보내며 경계를 지키던 때를 기억했다.

Der Mann schlief auf seiner Stange in den Zweigen und klammerte sich fest.

그 남자는 나뭇가지에 매달려 몸을 꼭 붙잡고 잠을 잤다.

Diese Vision des haarigen Mannes war eng mit dem tiefen Ruf verbunden.

털이 많은 남자에 대한 이 환상은 깊은 부름과 밀접하게 연관되어 있었습니다.

Der Ruf klang noch immer mit eindringlicher Kraft durch den Wald.

그 부름은 여전히 숲 속에 잊혀지지 않을 만큼 힘차게 울려 퍼졌다.

Der Anruf erfüllte Buck mit Sehnsucht und einem rastlosen Gefühl der Freude.

그 전화는 벅의 마음을 그리움과 끊임없는 기쁨으로 채웠다.

Er spürte seltsame Triebe und Regungen, die er nicht benennen konnte.

그는 이름 붙일 수 없는 이상한 충동과 움직임을 느꼈다.

Manchmal folgte er dem Ruf tief in die Stille des Waldes.

때때로 그는 조용한 숲 속 깊은 곳까지 부름을 따라갔다.

Er suchte nach dem Ruf und bellte dabei leise oder scharf.

그는 부름을 찾으려고 가면서 가볍게 또는 날카롭게 짖었다.

Er roch am Moos und der schwarzen Erde, wo die Gräser wuchsen.

그는 풀이 자라는 이끼와 검은 흙을 맡았습니다.

Er schnaubte entzückt über den reichen Geruch der tiefen Erde.

그는 깊은 땅에서 풍기는 풍부한 냄새를 즐기며 코를 킁킁거렸다.

Er hockte stundenlang hinter pilzbefallenen Baumstämmen.

그는 곰팡이로 뒤덮인 나무줄기 뒤에 몇 시간 동안 웅크리고 있었습니다.

Er blieb still und lauschte mit großen Augen jedem noch so kleinen Geräusch.

그는 움직이지 않고 눈을 크게 뜨고 모든 작은 소리에 귀를 기울였다.

Vielleicht hoffte er, das Wesen, das den Ruf auslöste, zu überraschen.

그는 전화를 건 사람을 놀라게 하고 싶었을지도 모른다.

Er wusste nicht, warum er so handelte – er tat es einfach.

그는 왜 이런 행동을 했는지 몰랐지만, 그냥 그렇게 행동했을 뿐이었습니다.

Die Triebe kamen aus der Tiefe, jenseits von Denken und Vernunft.

그런 충동은 생각이나 이성을 초월한 깊은 내면에서 나왔습니다.

Unwiderstehliche Triebe überkamen Buck ohne Vorwarnung oder Grund.

저항할 수 없는 충동이 아무런 경고나 이유 없이 벅을 사로잡았습니다.

Manchmal döste er träge im Lager in der Mittagshitze.

그는 가끔 한낮의 더위 속에서 캠프 안에서 게으르게 졸기도 했습니다.

Plötzlich hob er den Kopf und stellte aufmerksam die Ohren auf.

갑자기 그의 머리가 들려졌고 그의 귀가 솟아올랐습니다.

Dann sprang er auf und stürmte ohne Pause in die Wildnis.

그러자 그는 벌떡 일어나 잠시도 멈추지 않고 야생으로 달려 나갔다.

Er rannte stundenlang durch Waldwege und offene Flächen.

그는 숲길과 열린 공간을 수 시간 동안 달렸습니다.

Er liebte es, trockenen Bachläufen zu folgen und Vögel in den Bäumen zu beobachten.

그는 마른 개울바닥을 따라가고 나무 위에 있는 새들을 관찰하는 것을 좋아했습니다.

Er könnte den ganzen Tag versteckt liegen und den Rebhühnern beim Herumstolzieren zusehen.

그는 하루 종일 숨어서 참새들이 활보하는 것을 지켜볼
수도 있었습니다.

**Sie trommelten und marschierten, ohne Bucks Anwesenheit
zu bemerken.**

그들은 벅이 아직 존재한다는 사실을 모른 채 북을 치며
행진했다.

**Doch am meisten liebte er das Laufen in der
Sommerdämmerung.**

하지만 그가 가장 좋아했던 것은 여름 황혼 무렵에
달리는 것이었습니다.

**Das schwache Licht und die schläfrigen Waldgeräusche
erfüllten ihn mit Freude.**

희미한 빛과 졸린 숲의 소리가 그를 기쁨으로 채웠다.

**Er las die Zeichen des Waldes so deutlich, wie ein Mann ein
Buch liest.**

그는 마치 사람이 책을 읽듯이 숲 속의 표지판을
또렷하게 읽었습니다.

Und er suchte immer nach dem seltsamen Ding, das ihn rief.

그리고 그는 항상 자신을 부르는 이상한 것을
찾았습니다.

**Dieser Ruf hörte nie auf – er erreichte ihn im Wachzustand
und im Schlaf.**

그 부름은 결코 멈추지 않았습니다. 깨어 있든 잠들어
있든 그 부름은 그에게 닿았습니다.

**Eines Nachts erwachte er mit einem Ruck, die Augen waren
scharf und die Ohren gespitzt.**

어느 날 밤, 그는 깜짝 놀라 깨어났는데, 눈은 예리하고
귀는 쫑긋 서 있었습니다.

**Seine Nasenlöcher zuckten, während seine Mähne in Wellen
sträubte.**

그의 콧구멍은 꿈틀거렸고 그의 갈기는 물결치듯
곤두섰다.

Aus der Tiefe des Waldes ertönte erneut der alte Ruf.

숲 속 깊은 곳에서 다시 소리가 들렸습니다. 옛날의
부름이었습니다.

Diesmal war der Ton klar und deutlich zu hören, ein langes, eindringliches, vertrautes Heulen.

이번에는 소리가 또렷하게 들렸습니다. 길고, 잊혀지지 않고, 친숙한 울부짖음이었습니다.

Es klang wie der Schrei eines Huskys, aber mit einem seltsamen und wilden Ton.

그것은 허스키의 울음소리와 비슷했지만, 음색이 이상하고 거칠었습니다.

Buck erkannte das Geräusch sofort – er hatte das genaue Geräusch vor langer Zeit gehört.

벅은 그 소리를 즉시 알아챘다. 그는 오래전에 그 소리를 들었던 것이다.

Er sprang durch das Lager und verschwand schnell im Wald.

그는 캠프를 뛰어넘어 재빨리 숲 속으로 사라졌다.

Als er sich dem Geräusch näherte, wurde er langsamer und bewegte sich vorsichtig.

그는 소리가 가까워지자 속도를 늦추고 조심스럽게 움직였다.

Bald erreichte er eine Lichtung zwischen dichten Kiefern.

그는 곧 울창한 소나무 사이의 개간지에 도착했습니다.

Dort saß aufrecht auf seinen Hinterbeinen ein großer, schlanker Timberwolf.

거기, 엉덩이를 땅에 대고 똑바로 앉아 있는 키가 크고 마른 늑대가 있었습니다.

Die Nase des Wolfes zeigte zum Himmel und hallte noch immer den Ruf wider.

늑대의 코는 하늘을 가리키며 여전히 울음소리를 울리고 있었다.

Buck hatte keinen Laut von sich gegeben, doch der Wolf blieb stehen und lauschte.

벅은 소리를 내지 않았지만 늑대는 멈춰서서 귀를 기울였다.

Der Wolf spürte etwas, spannte sich an und suchte die Dunkelheit ab.

무언가를 감지한 늑대는 긴장하며 어둠 속을 탐색했습니다.

Buck schlich ins Blickfeld, mit gebeugtem Körper und ruhigen Füßen auf dem Boden.
벅이 몸을 숙이고 발은 땅에 닿은 채 조용히 다가왔다.

Sein Schwanz war gerade, sein Körper vor Anspannung zusammengerollt.
그의 꼬리는 곧게 뻗었고, 몸은 긴장감으로 팽팽하게 꼬여 있었습니다.

Er zeigte sowohl eine bedrohliche als auch eine Art raue Freundschaft.
그는 위협적인 모습과 거친 우정의 모습을 동시에 보였다.

Es war die vorsichtige Begrüßung, die wilde Tiere einander entgegenbrachten.
그것은 야생 동물이 나누는 조심스러운 인사였습니다.

Aber der Wolf drehte sich um und floh, sobald er Buck sah.
하지만 늑대는 벅을 보자마자 돌아서 도망갔습니다.

Buck nahm die Verfolgung auf und sprang wild um sich, begierig darauf, es einzuholen.
벅은 맹렬하게 뛰어올라 그것을 따라잡으려고 달려들었다.

Er folgte dem Wolf in einen trockenen Bach, der durch einen Holzstau blockiert war.
그는 늑대를 따라 나무가 막혀 있는 마른 개울로 들어갔다.

In die Enge getrieben, wirbelte der Wolf herum und blieb stehen.
궁지에 몰린 늑대는 돌아서서 그 자리에 섰다.

Der Wolf knurrte und schnappte wie ein gefangener Husky im Kampf.
늑대는 싸움에 갇힌 허스키 개처럼 으르렁거리고 딱딱거렸다.

Die Zähne des Wolfes klickten schnell, sein Körper strotzte vor wilder Wut.
늑대의 이빨이 빠르게 딱딱 부딪혔고, 늑대의 몸은 격렬한 분노로 가득 찼습니다.

Buck griff nicht an, sondern umkreiste den Wolf mit vorsichtiger Freundlichkeit.

벅은 공격하지 않고 조심스럽고 친근하게 늑대 주위를 돌았습니다.

Durch langsame, harmlose Bewegungen versuchte er, seine Flucht zu verhindern.

그는 느리고 무해한 움직임으로 탈출을 막으려고 했습니다.

Der Wolf war vorsichtig und verängstigt – Buck war dreimal so schwer wie er.

늑대는 경계심과 두려움을 느꼈습니다. 벅은 늑대보다 세 배나 더 무거웠습니다.

Der Kopf des Wolfes reichte kaum bis zu Bucks massiver Schulter.

늑대의 머리는 벅의 거대한 어깨에 간신히 닿았습니다.

Der Wolf hielt Ausschau nach einer Lücke, rannte los und die Jagd begann von neuem.

늑대는 틈을 노리고 달려갔고 추격은 다시 시작되었습니다.

Buck drängte ihn mehrere Male in die Enge und der Tanz wiederholte sich.

벅은 여러 번 그를 몰아붙였고, 춤은 반복되었다.

Der Wolf war dünn und schwach, sonst hätte Buck ihn nicht fangen können.

늑대는 마르고 약했기 때문에 벅이 그를 잡을 수 없었을 것이다.

Jedes Mal, wenn Buck näher kam, wirbelte der Wolf herum und sah ihn voller Angst an.

벅이 다가갈 때마다 늑대는 돌아서서 두려움에 휩싸여 그를 마주 보았다.

Dann rannte er bei der ersten Gelegenheit erneut in den Wald.

그러다가 기회가 생기자마자 그는 다시 숲으로 달려갔다.

Aber Buck gab nicht auf und schließlich fasste der Wolf Vertrauen zu ihm.

하지만 벅은 포기하지 않았고, 마침내 늑대는 그를
신뢰하게 되었습니다.

**Er schnüffelte an Bucks Nase und die beiden wurden
verspielt und aufmerksam.**

그는 벅의 코를 맡았고, 두 사람은 장난기 넘치고
경계심을 갖게 되었다.

**Sie spielten wie wilde Tiere, wild und doch schüchtern in
ihrer Freude.**

그들은 야생 동물처럼 놀았고, 기쁨 속에서는
사나우면서도 수줍어했습니다.

**Nach einer Weile trabte der Wolf zielstrebig und ruhig
davon.**

얼마 후, 늑대는 차분한 마음으로 달려갔습니다.

**Er machte Buck deutlich, dass er beabsichtigte, verfolgt zu
werden.**

그는 벅에게 자신이 따라와야 한다는 것을 분명히
보여주었습니다.

Sie rannten Seite an Seite durch die Dämmerung.

그들은 황혼의 어둠 속을 나란히 달렸다.

Sie folgten dem Bachbett hinauf in die felsige Schlucht.

그들은 개울바닥을 따라 바위 협곡으로 올라갔습니다.

**Sie überquerten eine kalte Wasserscheide, wo der Bach
entsprungen war.**

그들은 개울이 시작되는 차가운 분수령을 건넜습니다.

**Am gegenüberliegenden Hang fanden sie ausgedehnte
Wälder und viele Bäche.**

저 멀리 있는 경사지에는 넓은 숲과 많은 개울이
있었습니다.

**Durch dieses weite Land rannten sie stundenlang ohne
Pause.**

그들은 이 광활한 땅을 몇 시간 동안 멈추지 않고
달렸습니다.

**Die Sonne stieg höher, die Luft wurde wärmer, aber sie
rannten weiter.**

태양은 더 높이 떠올랐고, 공기는 따뜻해졌지만 그들은
계속 달렸습니다.

Buck war voller Freude – er wusste, dass er seiner Berufung folgte.

벅은 기쁨으로 가득 찼습니다. 그는 자신이 부름에 응답했다는 것을 알았습니다.

Er rannte neben seinem Waldbruder her, näher an die Quelle des Rufs.

그는 숲 속의 형제 옆으로 달려가, 부름의 근원에 더 가까이 다가갔다.

Alte Gefühle kehrten zurück, stark und schwer zu ignorieren.

옛날의 감정이 돌아왔고, 그 감정은 강렬해서 무시하기 어려웠다.

Dies waren die Wahrheiten hinter den Erinnerungen aus seinen Träumen.

이것이 그의 꿈 속 기억 속에 담긴 진실이었습니다.

All dies hatte er schon einmal in einer fernen, schattenhaften Welt getan.

그는 이 모든 일을 먼 어두운 세상에서 이미 행한 적이 있었습니다.

Jetzt tat er es wieder und rannte wild herum, während der Himmel über ihm frei war.

그는 이번에도 똑같은 짓을 반복하며, 머리 위의 열린 하늘을 마음껏 날아다녔습니다.

Sie hielten an einem Bach an, um aus dem kalten, fließenden Wasser zu trinken.

그들은 차갑게 흐르는 물을 마시기 위해 개울가에 멈췄다.

Während er trank, erinnerte sich Buck plötzlich an John Thornton.

그는 술을 마시던 중 갑자기 존 손튼을 떠올렸다.

Er saß schweigend da, hin- und hergerissen zwischen der Anziehungskraft der Loyalität und der Berufung.

그는 충성심과 부름에 대한 갈등 속에서 침묵 속에 앉았습니다.

Der Wolf trabte weiter, kam aber zurück, um Buck anzutreiben.

늑대는 계속 달렸지만, 돌아와서 벅을 앞으로
재촉했습니다.

Er rümpfte die Nase und versuchte, ihn mit sanften Gesten zu beruhigen.

그는 코를 킁킁거리며 부드러운 몸짓으로 그를 달래려고
노력했다.

Aber Buck drehte sich um und machte sich auf den Rückweg.

하지만 벅은 돌아서서 온 길로 돌아갔습니다.

Der Wolf lief lange Zeit neben ihm her und winselte leise.

늑대는 오랫동안 그의 옆을 따라 달리며 조용히
낑낑거렸다.

Dann setzte er sich hin, hob die Nase und stieß ein langes Heulen aus.

그러고 나서 그는 앉아서 코를 들어올리고 길게
울부짖었다.

Es war ein trauriger Schrei, der leiser wurde, als Buck wegging.

그것은 애절한 울음소리였지만, 벅이 걸어가면서 그
울음소리는 부드러워졌습니다.

Buck lauschte, als der Schrei langsam in der Stille des Waldes verklang.

벅은 울음소리가 숲의 고요함 속으로 천천히 사라지는
것을 들었다.

John Thornton aß gerade zu Abend, als Buck ins Lager stürmte.

존 손튼이 저녁을 먹고 있을 때 벅이 캠프로 뛰어
들어왔습니다.

Buck sprang wild auf ihn zu, leckte, biss und warf ihn um.

벅은 그에게 달려들어 핥고, 물고, 넘어뜨렸습니다.

Er warf ihn um, kletterte darauf und küsste sein Gesicht.

그는 그를 쓰러뜨리고 그 위로 기어올라가 그의 얼굴에
키스했습니다.

Thornton nannte dies liebevoll „den allgemeinen Narren spielen".

손튼은 이를 애정을 담아 "일반 바보 놀이"라고
불렀습니다.

**Die ganze Zeit verfluchte er Buck sanft und schüttelte ihn
hin und her.**

그러는 동안 그는 벅을 부드럽게 저주하며 앞뒤로
흔들었다.

**Zwei ganze Tage und Nächte lang verließ Buck das Lager
kein einziges Mal.**

이틀 밤낮으로 벅은 캠프를 한 번도 떠나지 않았습니다.

Er blieb in Thorntons Nähe und ließ ihn nie aus den Augen.

그는 쏜튼과 가까이 지내며 그를 시야에서 벗어나지
않게 했습니다.

**Er folgte ihm bei der Arbeit und beobachtete ihn beim
Essen.**

그는 그가 일하는 모습을 따라갔고, 그가 식사하는
모습을 지켜보았습니다.

**Er begleitete Thornton abends in seine Decken und jeden
Morgen wieder heraus.**

그는 밤에는 쏜튼이 담요를 뒤집어쓰고, 아침에는 그가
담요를 뒤집어쓰고 있는 것을 보았습니다.

**Doch bald kehrte der Ruf des Waldes zurück, lauter als je
zuvor.**

하지만 곧 숲의 부름이 예전보다 더 크게 돌아왔습니다.

**Buck wurde wieder unruhig, aufgewühlt von Gedanken an
den wilden Wolf.**

벅은 야생 늑대에 대한 생각에 다시 불안해졌습니다.

**Er erinnerte sich an das offene Land und daran, wie sie Seite
an Seite gelaufen waren.**

그는 넓은 땅과 나란히 달리는 것을 기억했습니다.

**Er begann erneut, allein und wachsam in den Wald zu
wandern.**

그는 다시 한번 혼자서 정신을 차리고 숲속으로
들어가기 시작했습니다.

**Aber der wilde Bruder kam nicht zurück und das Heulen
war nicht zu hören.**

그러나 야생의 형제는 돌아오지 않았고, 울부짖음도
들리지 않았습니다.

Buck begann, draußen zu schlafen und blieb tagelang weg.
벅은 밖에서 자기 시작했고, 며칠씩이나 밖에 나가지
않았습니다.

**Einmal überquerte er die hohe Wasserscheide, wo der Bach
entsprungen war.**
그는 개울이 시작되는 높은 분수령을 건넜습니다.

**Er betrat das Land des dunklen Waldes und der breiten,
fließenden Ströme.**
그는 어두운 숲과 넓게 흐르는 개울이 있는 땅에
들어갔습니다.

**Eine Woche lang streifte er umher und suchte nach Spuren
seines wilden Bruders.**
그는 일주일 동안 야생 형제의 흔적을 찾아
돌아다녔습니다.

**Er tötete sein eigenes Fleisch und reiste mit langen,
unermüdlichen Schritten.**
그는 스스로 고기를 잡고, 지치지 않고 긴 걸음걸이로
여행을 했습니다.

**Er fischte in einem breiten Fluss, der bis ins Meer reichte,
nach Lachs.**
그는 바다로 이어지는 넓은 강에서 연어를 낚았습니다.

**Dort kämpfte er gegen einen von Insekten verrückt
gewordenen Schwarzbären und tötete ihn.**
그곳에서 그는 벌레에 미쳐버린 검은곰과 싸워서
죽였습니다.

**Der Bär war beim Angeln und rannte blind durch die
Bäume.**
곰은 낚시를 하던 중 나무 사이로 눈을 감고 달려갔다.

**Der Kampf war erbittert und weckte Bucks tiefen
Kampfgeist.**
그 전투는 치열했고, 벅의 깊은 투지를 일깨웠습니다.

**Als Buck zwei Tage später zurückkam, fand er Vielfraße an
seiner Beute vor.**

이틀 후, 벅은 자신이 죽인 사냥감에 울버린이 있는 것을
발견했습니다.

**Ein Dutzend von ihnen stritten sich lautstark und wütend
um das Fleisch.**

그들 중 12명이 고기를 놓고 시끄럽고 분노하며 싸웠다.

Buck griff an und zerstreute sie wie Blätter im Wind.

벅은 달려들어 바람에 날리는 나뭇잎처럼 그들을
흩어버렸다.

**Zwei Wölfe blieben zurück – still, leblos und für immer
regungslos.**

두 마리의 늑대가 뒤에 남았습니다. 영원히 조용하고,
생명이 없고, 움직이지 않았습니다.

Der Blutdurst wurde stärker denn je.

피에 대한 갈증은 그 어느 때보다 강해졌습니다.

**Buck war ein Jäger, ein Killer, der sich von Lebewesen
ernährte.**

벅은 사냥꾼이자 살인자였으며, 살아있는 생물을
잡아먹었습니다.

**Er überlebte allein und verließ sich auf seine Kraft und
seine scharfen Sinne.**

그는 자신의 힘과 예리한 감각에 의지해 혼자
살아남았습니다.

**Er gedieh in der Wildnis, wo nur die Zähesten überleben
konnten.**

그는 강인한 사람만이 살 수 있는 야생에서 잘
살았습니다.

**Daraus erwuchs ein großer Stolz, der Bucks ganzes Wesen
erfüllte.**

그러자 큰 자부심이 솟아올라 벅의 온 존재를 가득
채웠다.

**Sein Stolz war in jedem seiner Schritte und in der
Anspannung jedes einzelnen Muskels zu erkennen.**

그의 자부심은 그의 모든 발걸음과 근육의 움직임에서
드러났습니다.

**Sein Stolz war so deutlich wie seine Sprache und spiegelte
sich in seiner Haltung wider.**

그의 자존심은 말에서처럼 분명했고, 그가 행동하는
방식에서도 드러났다.

**Sogar sein dickes Fell sah majestätischer aus und glänzte
heller.**

그의 두꺼운 털도 더욱 위엄 있어 보였고, 더욱 밝게
빛났다.

**Man hätte Buck mit einem riesigen Timberwolf verwechseln
können.**

벅은 거대한 목재늑대로 오해받을 수도 있었습니다.

**Außer dem Braun an seiner Schnauze und den Flecken über
seinen Augen.**

주둥이의 갈색과 눈 위의 반점을 제외하고요.

**Und der weiße Fellstreifen, der mitten auf seiner Brust
verlief.**

그리고 그의 가슴 중앙을 따라 흘러내리는 흰 털줄기.

Er war sogar größer als der größte Wolf dieser wilden Rasse.

그는 그 사나운 늑대 중에서도 가장 큰 늑대보다도 더
컸습니다.

**Sein Vater, ein Bernhardiner, verlieh ihm Größe und einen
schweren Körperbau.**

그의 아버지는 세인트 버나드 종으로, 그에게 크고
튼튼한 체구를 물려주었습니다.

**Seine Mutter, eine Schäferin, formte diesen Körper zu einer
wolfsähnlichen Gestalt.**

그의 어머니는 양치기였는데, 그 덩어리를 늑대
모양으로 만들었습니다.

**Er hatte die lange Schnauze eines Wolfes, war allerdings
schwerer und breiter.**

그는 늑대처럼 긴 주둥이를 가지고 있었지만, 늑대보다
무겁고 넓었습니다.

**Sein Kopf war der eines Wolfes, aber von massiver,
majestätischer Gestalt.**

그의 머리는 늑대의 머리였지만, 그 규모는 엄청나고
위엄이 넘쳤습니다.

Bucks List war die List des Wolfes und der Wildnis.

벅의 교활함은 늑대의 교활함과 야생의 교활함이었다.

Seine Intelligenz hat er sowohl vom Deutschen Schäferhund
als auch vom Bernhardiner.
그의 지능은 저먼 셰퍼드와 세인트 버나드에게서
나왔습니다.

All dies und harte Erfahrungen machten ihn zu einer
furchterregenden Kreatur.
이 모든 것과 혹독한 경험 때문에 그는 무서운 존재가
되었습니다.

Er war so furchterregend wie jedes andere Tier, das in der
Wildnis des Nordens umherstreifte.
그는 북부 황야를 돌아다니는 어떤 짐승보다도
강력했습니다.

Buck ernährte sich ausschließlich von Fleisch und erreichte
den Höhepunkt seiner Kraft.
오직 고기만 먹고 사는 벅은 자신의 힘의 정점에
도달했습니다.

Jede Faser seines Körpers strotzte vor Kraft und männlicher
Stärke.
그는 온몸에 힘과 남성적 강인함이 넘쳐흘렀습니다.

Als Thornton seinen Rücken streichelte, funkelten seine
Haare vor Energie.
쏜튼이 그의 등을 쓰다듬자, 그의 털에서 에너지가
솟아올랐다.

Jedes Haar knisterte, aufgeladen durch die Berührung
lebendigen Magnetismus.
각각의 머리카락이 딱딱거렸고, 살아있는 자기력으로
충전된 듯했다.

Sein Körper und sein Gehirn waren auf die höchstmögliche
Tonhöhe eingestellt.
그의 몸과 두뇌는 가능한 가장 좋은 음정으로
조정되었습니다.

Jeder Nerv, jede Faser und jeder Muskel arbeitete in
perfekter Harmonie.
모든 신경, 섬유, 근육이 완벽한 조화를 이루며
작동했습니다.

Auf jedes Geräusch oder jeden Anblick, der eine Aktion erforderte, reagierte er sofort.

행동이 필요한 소리나 광경에 그는 즉시 반응했습니다.

Wenn ein Husky zum Angriff ansetzte, konnte Buck doppelt so schnell springen.

허스키가 공격하려고 뛰어들면, 벅은 두 배나 빨리 뛰어오를 수 있었습니다.

Er reagierte schneller, als andere es sehen oder hören konnten.

그는 다른 사람들이 보거나 들을 수 있는 것보다 더 빠르게 반응했습니다.

Wahrnehmung, Entscheidung und Handlung erfolgten alle in einem fließenden Moment.

인식, 결정, 행동이 모두 한 순간에 이루어졌습니다.

Tatsächlich geschahen diese Handlungen getrennt voneinander, aber zu schnell, um es zu bemerken.

사실, 이 두 가지 행위는 별개였지만 너무 빨리 진행되어 알아차리지 못했습니다.

Die Abstände zwischen diesen Akten waren so kurz, dass sie wie ein einziger Akt wirkten.

이 두 행위 사이의 간격이 너무 짧아서 마치 하나가 된 것처럼 보였습니다.

Seine Muskeln und sein Körper waren wie straff gespannte Federn.

그의 근육과 존재는 단단히 꼬인 스프링과 같았습니다.

Sein Körper strotzte vor Leben, wild und freudig in seiner Kraft.

그의 몸은 활력으로 솟구쳐 올랐고, 그 힘은 거칠고 즐거웠다.

Manchmal hatte er das Gefühl, als würde die Kraft völlig aus ihm herausbrechen.

때때로 그는 힘이 자신에게서 완전히 터져 나올 것 같은 느낌을 받았습니다.

„So einen Hund hat es noch nie gegeben", sagte Thornton eines ruhigen Tages.

"그런 개는 결코 없었어." 쏜튼은 어느 조용한 날 이렇게 말했다.

Die Partner sahen zu, wie Buck stolz aus dem Lager schritt.
두 사람은 벅이 캠프에서 당당하게 걸어나오는 모습을 지켜보았다.

„Als er erschaffen wurde, veränderte er, was ein Hund sein kann", sagte Pete.
피트는 "그가 만들어졌을 때, 개가 될 수 있는 모습이 바뀌었어요."라고 말했습니다.

„Bei Gott! Das glaube ich auch", stimmte Hans schnell zu.
"맙소사! 나도 그렇게 생각해." 한스가 재빨리 동의했다.

Sie sahen ihn abmarschieren, aber nicht die Veränderung, die danach kam.
그들은 그가 행진하는 모습은 보았지만, 그 후에 일어난 변화는 보지 못했습니다.

Sobald er den Wald betrat, verwandelte sich Buck völlig.
숲에 들어서자마자 벅은 완전히 변했습니다.

Er marschierte nicht mehr, sondern bewegte sich wie ein wilder Geist zwischen den Bäumen.
그는 더 이상 행진하지 않고, 나무 사이를 야생 유령처럼 움직였다.

Er wurde still, katzenpfotenartig, ein Flackern, das durch die Schatten huschte.
그는 조용해졌고, 고양이발처럼 움직이며 그림자 속으로 스쳐 지나가는 깜빡임이 되었다.

Er nutzte die Deckung geschickt und kroch wie eine Schlange auf dem Bauch.
그는 능숙하게 엄폐물을 사용했고, 뱀처럼 배를 기어다녔습니다.

Und wie eine Schlange konnte er lautlos nach vorne springen und zuschlagen.
그리고 뱀처럼 그는 앞으로 뛰어올라 소리 없이 공격할 수 있었습니다.

Er könnte ein Schneehuhn direkt aus seinem versteckten Nest stehlen.

그는 숨겨진 둥지에서 뇌조를 바로 훔칠 수도
있었습니다.

**Er tötete schlafende Kaninchen, ohne ein einziges Geräusch
zu machen.**
그는 잠자는 토끼들을 소리 하나 내지 않고 죽였습니다.

**Er konnte Streifenhörnchen mitten in der Luft fangen, wenn
sie zu langsam flohen.**
그는 다람쥐들이 너무 느리게 도망가기 때문에 공중에서
그들을 잡을 수 있었습니다.

**Selbst Fische in Teichen konnten seinen plötzlichen
Angriffen nicht entkommen.**
심지어 연못 속의 물고기조차도 그의 갑작스러운 공격을
피할 수 없었다.

**Nicht einmal schlaue Biber, die Dämme reparierten, waren
vor ihm sicher.**
댐을 고치는 똑똑한 비버조차도 그에게서 안전하지
못했습니다.

**Er tötete, um Nahrung zu bekommen, nicht zum Spaß – aber
seine eigene Beute gefiel ihm am besten.**
그는 재미로가 아니라 음식을 위해 살인을 저질렀지만,
자신이 죽인 것이 가장 좋았다.

**Dennoch war bei manchen seiner stillen Jagden ein
hintergründiger Humor spürbar.**
그럼에도 불구하고 그의 조용한 사냥에는 교활한 유머가
흐르고 있었습니다.

**Er schlich sich dicht an Eichhörnchen heran, ließ sie aber
dann entkommen.**
그는 다람쥐에게 가까이 다가갔지만 다람쥐가
도망가도록 내버려 두었습니다.

**Sie wollten in die Bäume fliehen und schnatterten voller
Angst und Empörung.**
그들은 두려움과 분노에 찬 소리를 지르며 나무 위로
도망갈 참이었다.

Mit dem Herbst kamen immer mehr Elche.
가을이 오면서 무스가 더 많이 나타나기 시작했습니다.

Sie zogen langsam in die tiefer gelegenen Täler, um dem Winter entgegenzukommen.

그들은 겨울을 맞이하기 위해 천천히 낮은 계곡으로 이동했습니다.

Buck hatte bereits ein junges, streunendes Kalb erlegt.

벅은 이미 어린 길 잃은 송아지 한 마리를 잡아왔다.

Doch er sehnte sich danach, einer größeren, gefährlicheren Beute gegenüberzutreten.

하지만 그는 더 크고 더 위험한 먹잇감에 맞서고 싶어했습니다.

Eines Tages fand er an der Wasserscheide, an der Quelle des Baches, seine Chance.

어느 날 분수령에서, 개울의 상류에서 그는 기회를 찾았습니다.

Eine Herde von zwanzig Elchen war aus bewaldeten Gebieten herübergekommen.

20마리의 무스 무리가 숲에서 건너왔습니다.

Unter ihnen war ein mächtiger Stier, der Anführer der Gruppe.

그들 중에는 힘센 황소가 있었는데, 그는 그 무리의 리더였다.

Der Bulle war über ein Meter achtzig Meter groß und sah grimmig und wild aus.

그 황소는 키가 6피트가 넘었고 사납고 거칠어 보였습니다.

Er warf sein breites Geweih hin und her, dessen vierzehn Enden sich nach außen verzweigten.

그는 넓은 뿔을 흔들었고, 뿔의 14개가 바깥쪽으로 갈라졌습니다.

Die Spitzen dieser Geweihe hatten einen Durchmesser von sieben Fuß.

뿔의 끝은 너비가 7피트나 되었습니다.

Seine kleinen Augen brannten vor Wut, als er Buck in der Nähe entdeckte.

그는 근처에 벅이 있는 것을 보고 작은 눈으로 분노를 표했다.

Er stieß ein wütendes Brüllen aus und zitterte vor Wut und Schmerz.

그는 격노와 고통으로 떨면서 맹렬한 포효를 터뜨렸다.

Nahe seiner Flanke ragte eine gefiederte und scharfe Pfeilspitze hervor.

그의 옆구리 근처에는 깃털이 돋아 있고 날카로운 화살촉이 튀어나와 있었다.

Diese Wunde trug dazu bei, seine wilde, verbitterte Stimmung zu erklären.

이 상처는 그의 사나운, 씁쓸한 기분을 설명하는 데 도움이 되었습니다.

Buck, geleitet von seinem uralten Jagdinstinkt, machte seinen Zug.

벅은 고대의 사냥 본능에 따라 움직였다.

Sein Ziel war es, den Bullen vom Rest der Herde zu trennen.

그는 황소를 무리의 나머지 부분에서 분리하는 것을 목표로 삼았습니다.

Dies war keine leichte Aufgabe – es erforderte Schnelligkeit und messerscharfe List.

이것은 쉬운 일이 아니었습니다. 빠른 속도와 엄청난 재치가 필요했습니다.

Er bellte und tanzte in der Nähe des Stiers, gerade außerhalb seiner Reichweite.

그는 황소 근처로 짖으며 춤을 추었지만, 황소의 사정거리 바로 바깥에 있었습니다.

Der Elch stürzte sich mit riesigen Hufen und tödlichem Geweih auf ihn.

무스는 거대한 발굽과 치명적인 뿔로 달려들었다.

Ein Schlag hätte Bucks Leben im Handumdrehen beenden können.

한 번의 타격만으로도 벅의 생명은 눈 깜짝할 새에 끝날 수 있었습니다.

Der Stier konnte die Bedrohung nicht hinter sich lassen und wurde wütend.

위협에서 벗어날 수 없었던 황소는 미쳐버렸다.

Er stürmte wütend auf ihn zu, doch Buck entkam ihm jedes Mal.

그는 격노하여 돌격했지만 벅은 언제나 도망쳤다.

Buck täuschte Schwäche vor und lockte ihn weiter von der Herde weg.

벅은 약한 척하며 무리에서 멀어졌습니다.

Doch die jungen Bullen wollten zurückstürmen, um den Anführer zu beschützen.

하지만 어린 황소들은 지도자를 보호하기 위해 돌격해 왔습니다.

Sie zwangen Buck zum Rückzug und den Bullen, sich wieder der Gruppe anzuschließen.

그들은 벅을 후퇴하게 했고 황소는 무리에 다시 합류했습니다.

In der Wildnis herrscht eine tiefe und unaufhaltsame Geduld.

자연에는 깊고 멈출 수 없는 인내심이 있습니다.

Eine Spinne wartet unzählige Stunden bewegungslos in ihrem Netz.

거미는 수없이 많은 시간 동안 거미줄 속에서 움직이지 않고 기다린다.

Eine Schlange rollt sich ohne zu zucken zusammen und wartet, bis es Zeit ist.

뱀은 꿈틀거리지 않고 똬리를 틀며 때가 될 때까지 기다린다.

Ein Panther liegt auf der Lauer, bis der Moment gekommen ist.

표범은 매복 공격을 하지만, 때가 되면 매복 공격을 합니다.

Dies ist die Geduld von Raubtieren, die jagen, um zu überleben.

이것이 살아남기 위해 사냥하는 포식자의 인내심입니다.

Dieselbe Geduld brannte in Buck, als er in seiner Nähe blieb.

벅은 가까이 머물면서 그와 같은 인내심을 불태웠다.

Er blieb in der Nähe der Herde, verlangsamte ihren Marsch und schürte Angst.

그는 무리 근처에 머물며 무리의 행진을 늦추고 두려움을 조장했습니다.

Er ärgerte die jungen Bullen und schikanierte die Mutterkühe.

그는 어린 황소들을 놀리고, 어미 암소들을 괴롭혔다.

Er trieb den verwundeten Stier in eine noch tiefere, hilflose Wut.

그는 상처 입은 황소를 더욱 깊고 무력한 분노 속으로 몰아넣었다.

Einen halben Tag lang zog sich der Kampf ohne Pause hin.

반나절 동안 싸움은 쉬지 않고 계속되었습니다.

Buck griff aus jedem Winkel an, schnell und wild wie der Wind.

벅은 모든 각도에서 바람처럼 빠르고 맹렬하게 공격했다.

Er hinderte den Stier daran, sich auszuruhen oder sich bei seiner Herde zu verstecken.

그는 황소가 쉬거나 무리 속에 숨는 것을 막았습니다.

Buck zermürbte den Willen des Elchs schneller als seinen Körper.

벅은 무스의 몸보다 더 빨리 무스의 의지를 꺾어버렸다.

Der Tag verging und die Sonne sank tief am nordwestlichen Himmel.

하루가 지나고 태양이 북서쪽 하늘에 낮게 졌습니다.

Die jungen Bullen kehrten langsamer zurück, um ihrem Anführer zu helfen.

어린 황소들은 지도자를 돕기 위해 더 천천히 돌아왔습니다.

Die Herbstnächte waren zurückgekehrt und die Dunkelheit dauerte nun sechs Stunden.

가을밤이 돌아왔고, 어둠은 이제 여섯 시간 동안 지속되었습니다.

Der Winter drängte sie bergab in sicherere, wärmere Täler.

겨울은 그들을 더 안전하고 따뜻한 계곡으로 내리막길로
몰아넣었습니다.

**Aber sie konnten dem Jäger, der sie zurückhielt, immer noch
nicht entkommen.**

하지만 그들은 여전히 그들을 붙잡고 있는 사냥꾼에게서
벗어날 수 없었습니다.

**Es stand nur ein Leben auf dem Spiel – nicht das der Herde,
sondern nur das ihres Anführers.**

위험에 처한 것은 단 한 명의 목숨뿐이었다. 무리의
목숨이 아니라, 그들의 지도자의 목숨이었다.

**Dadurch wurde die Bedrohung in weite Ferne gerückt und
ihre dringende Sorge wurde aufgehoben.**

그래서 그들은 위협을 멀리하는 것으로 여겼고, 그
위협을 시급한 문제로 여기지 않았습니다.

**Mit der Zeit akzeptierten sie diesen Preis und überließen
Buck die Übernahme des alten Bullen.**

시간이 지나면서 그들은 이 비용을 받아들이고 벅이
늙은 황소를 맡게 했습니다.

**Als die Dämmerung hereinbrach, stand der alte Bulle mit
gesenktem Kopf da.**

황혼이 깃들자 늙은 황소는 머리를 숙인 채 서
있었습니다.

**Er sah zu, wie die Herde, die er geführt hatte, im
schwindenden Licht verschwand.**

그는 자신이 이끌던 무리가 희미해지는 빛 속으로
사라지는 것을 지켜보았습니다.

**Es gab Kühe, die er gekannt hatte, Kälber, deren Vater er
einst gewesen war.**

그가 아는 소도 있었고, 한때 낳은 송아지도 있었습니다.

**Es gab jüngere Bullen, gegen die er in vergangenen Saisons
gekämpft und die er beherrscht hatte.**

그는 지난 시즌에 더 어린 황소들과 싸워서
다스렸습니다.

**Er konnte ihnen nicht folgen, denn vor ihm kauerte Buck
wieder.**

그는 그들을 따라갈 수 없었다. 그의 앞에는 벅이 다시 웅크리고 있었기 때문이다.

Der gnadenlose Schrecken mit den Reißzähnen versperrte ihm jeden Weg.

무자비한 송곳니를 가진 공포가 그가 갈 수 있는 모든 길을 막았습니다.

Der Bulle brachte mehr als drei Zentner geballte Kraft auf die Waage.

그 황소는 300파운드 이상의 무거운 힘을 가지고 있었습니다.

Er hatte ein langes Leben geführt und in einer Welt voller Kämpfe hart gekämpft.

그는 오랫동안 살았고, 투쟁의 세상에서 힘겹게 싸웠습니다.

Doch nun, am Ende, kam der Tod von einem Tier, das weit unter ihm stand.

하지만 이제, 마지막에 이르러 죽음은 그의 훨씬 아래에 있는 짐승에게서 왔습니다.

Bucks Kopf erreichte nicht einmal die riesigen, mit Knöcheln besetzten Knie des Bullen.

벅의 머리는 황소의 거대한 무릎에도 미치지 못했습니다.

Von diesem Moment an blieb Buck Tag und Nacht bei dem Bullen.

그 순간부터 벅은 밤낮으로 황소와 함께 지냈습니다.

Er gönnte ihm keine Ruhe, erlaubte ihm nie zu grasen oder zu trinken.

그는 그에게 결코 휴식을 주지 않았고, 방목하거나 물을 마시는 것도 허락하지 않았습니다.

Der Stier versuchte, junge Birkentriebe und Weidenblätter zu fressen.

황소는 어린 자작나무 새순과 버드나무 잎을 먹으려고 했습니다.

Aber Buck verjagte ihn, immer wachsam und immer angreifend.

하지만 벅은 그를 몰아냈고, 항상 경계하며 항상
공격했습니다.

**Sogar an plätschernden Bächen blockte Buck jeden
durstigen Versuch ab.**

심지어 졸졸 흐르는 시냇물에서도 벅은 목마른 사람들의
모든 시도를 막았습니다.

**Manchmal floh der Stier aus Verzweiflung mit voller
Geschwindigkeit.**

때로는 절망에 빠진 황소는 전속력으로 도망치기도
했습니다.

**Buck ließ ihn laufen und lief ruhig direkt hinter ihm her,
nie weit entfernt.**

벅은 그가 달리도록 내버려 두었고, 그의 바로 뒤에서
침착하게 달렸으며, 결코 멀리 떨어지지 않았습니다.

Als der Elch innehielt, legte sich Buck hin, blieb aber bereit.

무스가 멈추자 벅은 누워 있었지만 준비를 갖추고
있었습니다.

**Wenn der Bulle versuchte zu fressen oder zu trinken, schlug
Buck mit voller Wut zu.**

황소가 먹거나 마시려고 하면 벅은 맹렬한 분노로
공격했습니다.

**Der große Kopf des Stiers sank tiefer unter sein gewaltiges
Geweih.**

황소의 커다란 머리는 거대한 뿔 아래로 처져
있었습니다.

**Sein Tempo verlangsamte sich, der Trab wurde schwerfällig,
ein stolpernder Schritt.**

그의 걸음은 느려졌고, 질주는 무거워졌다. 비틀거리는
걸음걸이였다.

**Er stand oft still mit hängenden Ohren und der Nase am
Boden.**

그는 종종 귀를 늘어뜨리고 코를 땅에 대고 서
있었습니다.

**In diesen Momenten nahm sich Buck Zeit zum Trinken und
Ausruhen.**

그 시간 동안 벅은 술을 마시고 휴식을 취했습니다.

Mit heraushängender Zunge und starrem Blick spürte Buck, wie sich das Land veränderte.
혀를 내밀고 눈을 고정한 채, 벅은 땅이 변하고 있음을 느꼈다.

Er spürte, wie sich etwas Neues durch den Wald und den Himmel bewegte.
그는 숲과 하늘을 가로질러 새로운 무언가가 움직이는 것을 느꼈습니다.

Mit der Rückkehr der Elche kehrten auch andere Wildtiere zurück.
무스가 돌아오자 다른 야생 동물들도 돌아왔습니다.

Das Land fühlte sich lebendig an, mit einer Präsenz, die man nicht sieht, aber deutlich wahrnimmt.
그 땅은 눈에 보이지 않지만 뚜렷하게 알려진 존재감으로 살아 있는 듯했다.

Buck wusste dies weder am Geräusch, noch am Anblick oder am Geruch.
벅은 소리나 시각이나 후각으로 그것을 알지 못했습니다.

Ein tieferes Gefühl sagte ihm, dass neue Kräfte im Gange waren.
더 깊은 감각은 새로운 세력이 움직이고 있다고 그에게 말했습니다.

In den Wäldern und entlang der Bäche herrschte seltsames Leben.
숲과 개울을 따라 이상한 생명이 움직였다.

Er beschloss, diesen Geist zu erforschen, nachdem die Jagd beendet war.
그는 사냥이 끝난 후 이 영혼을 탐구하기로 결심했습니다.

Am vierten Tag erlegte Buck endlich den Elch.
네 번째 날, 벅은 마침내 무스를 내려왔습니다.

Er blieb einen ganzen Tag und eine ganze Nacht bei der Beute, fraß und ruhte sich aus.
그는 하루 종일 밤새도록 사냥한 사슴 곁에 머물며 먹이를 먹고 쉬었습니다.

Er aß, schlief dann und aß dann wieder, bis er stark und satt war.

그는 먹고, 자고, 다시 먹었는데, 그렇게 몸이 튼튼하고 배부르게 되었다.

Als er fertig war, kehrte er zum Lager und nach Thornton zurück.

준비가 되자 그는 캠프와 손튼 쪽으로 돌아섰습니다.

Mit gleichmäßigem Tempo begann er die lange Heimreise.

그는 꾸준한 속도로 집으로 돌아가는 긴 여정을 시작했습니다.

Er rannte in seinem unermüdlichen Galopp Stunde um Stunde, ohne auch nur ein einziges Mal vom Weg abzukommen.

그는 지칠 줄 모르고 몇 시간이고 달렸으며, 한 번도 길을 잃지 않았습니다.

Durch unbekannte Länder bewegte er sich schnurgerade wie eine Kompassnadel.

그는 알려지지 않은 땅을 나침반 바늘처럼 똑바로 나아갔다.

Sein Orientierungssinn ließ Mensch und Karte im Vergleich schwach erscheinen.

그의 방향 감각은 인간과 지도를 비교하면 약해 보였다.

Während Buck rannte, spürte er die Bewegung in der Wildnis stärker.

벅은 달릴수록 황야지대에서 더 강한 움직임을 느꼈다.

Es war eine neue Art zu leben, anders als in den ruhigen Sommermonaten.

그것은 고요한 여름철의 삶과는 다른 새로운 종류의 삶이었습니다.

Dieses Gefühl kam nicht länger als subtile oder entfernte Botschaft.

이런 느낌은 더 이상 미묘하거나 멀리서 전해지는 메시지가 아니었습니다.

Nun sprachen die Vögel von diesem Leben und Eichhörnchen plapperten darüber.

이제 새들은 이 삶에 대해 이야기했고 다람쥐들은 이 삶에 대해 지저귀었습니다.

Sogar die Brise flüsterte Warnungen durch die stillen Bäume.

심지어 바람조차도 조용한 나무들 사이로 경고를 속삭였다.

Mehrmals blieb er stehen und schnupperte die frische Morgenluft.

그는 여러 번 멈춰서서 신선한 아침 공기를 맡았습니다.

Dort las er eine Nachricht, die ihn schneller nach vorne springen ließ.

그는 거기에서 자신을 더 빨리 앞으로 뛰게 만드는 메시지를 읽었습니다.

Ein starkes Gefühl der Gefahr erfüllte ihn, als wäre etwas schiefgelaufen.

마치 무슨 일이 잘못된 것처럼, 무거운 위험감이 그를 가득 채웠다.

Er befürchtete, dass ein Unglück bevorstünde – oder bereits eingetreten war.

그는 재앙이 다가오고 있다거나 이미 다가왔다고 두려워했습니다.

Er überquerte den letzten Bergrücken und betrat das darunterliegende Tal.

그는 마지막 능선을 넘어 아래 계곡으로 들어갔다.

Er bewegte sich langsamer und war bei jedem Schritt aufmerksamer und vorsichtiger.

그는 더욱 천천히, 경계하며 조심스럽게 매 걸음을 옮겼다.

Drei Meilen weiter fand er eine frische Spur, die ihn erstarren ließ.

3마일을 나간 뒤 그는 몸을 굳게 만드는 새로운 길을 발견했습니다.

Die Haare in seinem Nacken stellten sich auf und sträubten sich vor Schreck.

그의 목덜미의 머리카락이 놀라움으로 흩날리고 곤두섰다.

Die Spur führte direkt zum Lager, wo Thornton wartete.
그 길은 쏜튼이 기다리고 있던 캠프를 향해 곧장
이어졌습니다.

Buck bewegte sich jetzt schneller, seine Schritte waren lautlos und schnell zugleich.
벅은 이제 더 빨리 움직였다. 그의 걸음걸이는
조용하면서도 빨랐다.

Seine Nerven lagen blank, als er Zeichen las, die andere übersehen würden.
그는 다른 사람들이 놓칠 징조를 읽으며 긴장감을
느꼈다.

Jedes Detail der Spur erzählte eine Geschichte – außer dem letzten Stück.
트레일의 각 세부 사항은 이야기를 담고 있었습니다.
마지막 부분을 제외하고요.

Seine Nase erzählte ihm von dem Leben, das hier vorbeigezogen war.
그의 코는 그에게 이 길을 지나간 삶에 대해 말해주었다.

Der Duft vermittelte ihm ein wechselndes Bild, als er dicht hinter ihm folgte.
그가 바로 뒤따르자 향기가 그에게 변화하는 그림을
선사했다.

Doch im Wald selbst war es still geworden, unnatürlich still.
하지만 숲 자체는 고요해졌습니다. 부자연스러울 정도로
고요해졌습니다.

Die Vögel waren verschwunden, die Eichhörnchen hatten sich versteckt, waren still und ruhig.
새들은 사라지고 다람쥐들은 숨어서 조용하고
고요했습니다.

Er sah nur ein einziges Grauhörnchen, das flach auf einem toten Baum lag.
그는 죽은 나무 위에 납작하게 앉아 있는 회색 다람쥐 한
마리만 보았습니다.

Das Eichhörnchen fügte sich steif und reglos in den Wald ein.

다람쥐는 숲의 일부처럼 뻣뻣하고 움직이지 않고 섞여
있었습니다.

Buck bewegte sich wie ein Schatten, lautlos und sicher
durch die Bäume.

벅은 그림자처럼 움직이며, 나무 사이로 조용하고
확실하게 움직였다.

Seine Nase zuckte zur Seite, als würde sie von einer
unsichtbaren Hand gezogen.

그의 코는 보이지 않는 손에 잡아당겨진 듯 옆으로
움직였다.

Er drehte sich um und folgte der neuen Spur tief in ein
Dickicht hinein.

그는 돌아서서 새로운 향기를 따라 덤불 깊숙이
들어갔다.

Dort fand er Nig tot daliegend, von einem Pfeil durchbohrt.

그는 그곳에서 니그가 화살에 찔려 죽은 채로 누워 있는
것을 발견했습니다.

Der Schaft durchdrang seinen Körper, die Federn waren
noch zu sehen.

화살은 그의 몸을 꿰뚫었고, 깃털은 여전히 보였다.

Nig hatte sich dorthin geschleppt, war jedoch gestorben,
bevor er Hilfe erreichen konnte.

니그는 그곳까지 기어갔지만 도움을 받기 전에
죽었습니다.

Hundert Meter weiter fand Buck einen weiteren
Schlittenhund.

100야드 더 가서 벅은 또 다른 썰매개를 발견했습니다.

Es war ein Hund, den Thornton in Dawson City gekauft
hatte.

그 개는 쏜튼이 도슨 시티에서 사온 개였습니다.

Der Hund befand sich in einem tödlichen Kampf und
schlug heftig auf dem Weg um sich.

그 개는 죽음의 싸움을 벌이고 있었고, 길에서 심하게
몸부림치고 있었습니다.

Buck ging um ihn herum, blieb nicht stehen und richtete
den Blick nach vorne.

벅은 멈추지 않고 그의 주위를 돌아다녔고, 시선은 앞을 응시했다.

Aus Richtung des Lagers ertönte in der Ferne ein rhythmischer Gesang.

캠프 방향에서 멀리서 리드미컬한 노래가 들려왔다.

Die Stimmen schwoll in einem seltsamen, unheimlichen Singsangton an und ab.

목소리가 이상하고, 섬뜩하고, 노래하듯이 오르락내리락했다.

Buck kroch schweigend zum Rand der Lichtung.

벅은 아무 말 없이 개간지 가장자리로 기어갔다.

Dort sah er Hans mit dem Gesicht nach unten liegen, von vielen Pfeilen durchbohrt.

그는 한스가 얼굴을 아래로 하고 누워 있는 것을 보았는데, 그의 몸에는 수많은 화살이 박혀 있었다.

Sein Körper sah aus wie der eines Stachelschweins und war mit gefiederten Schäften bestückt.

그의 몸은 깃털이 난 털이 빽빽이 난 고슴도치처럼 생겼습니다.

Im selben Moment blickte Buck in Richtung der zerstörten Hütte.

동시에 벅은 파괴된 롯지를 바라보았다.

Bei diesem Anblick stellten sich ihm die Nacken- und Schulterhaare auf.

그 광경을 보자 그의 목과 어깨에는 소름이 돋았다.

Ein Sturm wilder Wut durchfuhr Bucks ganzen Körper.

격렬한 분노의 폭풍이 벅의 온 몸을 휩쓸었다.

Er knurrte laut, obwohl er nicht wusste, dass er es getan hatte.

그는 자신이 그렇게 했다는 것을 알지 못한 채 큰 소리로 으르렁거렸다.

Der Klang war rau, erfüllt von furchterregender, wilder Wut.

그 소리는 날카로웠고, 무섭고 야만적인 분노로 가득 차 있었습니다.

Zum letzten Mal in seinem Leben verlor Buck den Verstand und die Gefühle.

벅은 인생에서 마지막으로 이성을 잃고 감정을
잃었습니다.

**Es war die Liebe zu John Thornton, die seine sorgfältige
Kontrolle brach.**

존 손튼에 대한 사랑으로 인해 그의 신중한 통제가
깨졌습니다.

Die Yeehats tanzten um die zerstörte Fichtenhütte.

예하트 가족은 파괴된 가문비나무 오두막 주위에서 춤을
추고 있었습니다.

**Dann ertönte ein Brüllen – und ein unbekanntes Tier
stürmte auf sie zu.**

그러자 포효하는 소리가 들렸고, 알 수 없는 짐승이
그들을 향해 달려들었습니다.

**Es war Buck, eine aufbrausende Furie, ein lebendiger Sturm
der Rache.**

그것은 벅이었다. 움직이는 분노, 복수의 살아있는
폭풍이었다.

**Wahnsinnig vor Tötungsdrang stürzte er sich mitten unter
sie.**

그는 살인의 욕구에 미쳐 그들 한가운데로 달려들었다.

**Er sprang auf den ersten Mann, den Yeehat-Häuptling, und
traf zielsicher.**

그는 첫 번째 남자, 예하트 족장에게 달려들어 정확히
공격했습니다.

**Seine Kehle war aufgerissen und Blut spritzte in einem
Strom.**

그의 목이 찢어지고 피가 물줄기로 뿜어져 나왔다.

**Buck blieb nicht stehen, sondern riss dem nächsten Mann
mit einem Sprung die Kehle durch.**

벅은 멈추지 않고 단번에 다음 남자의 목을
찢어버렸습니다.

**Er war nicht aufzuhalten – er riss, schlug und machte nie
eine Pause, um sich auszuruhen.**

그는 멈출 수 없었습니다.찢고, 베고, 쉬는 틈도 없이
계속했습니다.

Er schoss und sprang so schnell, dass ihre Pfeile ihn nicht treffen konnten.

그는 너무 빨리 달려가서 화살이 그를 맞힐 수 없었습니다.

Die Yeehats waren in ihrer eigenen Panik und Verwirrung gefangen.

예하트 가족은 그들만의 공황과 혼란에 빠졌습니다.

Ihre Pfeile verfehlten Buck und trafen stattdessen einander.

그들의 화살은 벅을 빗나가고 대신 서로를 맞혔습니다.

Ein Jugendlicher warf einen Speer nach Buck und traf einen anderen Mann.

한 청년이 벅에게 창을 던져 다른 남자를 맞혔습니다.

Der Speer durchbohrte seine Brust und die Spitze durchbohrte seinen Rücken.

창은 그의 가슴을 꿰뚫었고, 창끝은 그의 등을 찔렀다.

Die Yeehats wurden von Panik erfasst und zogen sich umgehend zurück.

예하트족은 공포에 휩싸여 전속력으로 퇴각했다.

Sie schrien vor dem bösen Geist und flohen in die Schatten des Waldes.

그들은 악령을 비명을 지르며 숲의 그림자 속으로 도망쳤습니다.

Buck war wirklich wie ein Dämon, als er die Yeehats jagte.

정말로 벅은 예하츠를 쫓아가는 동안 악마와 같았습니다.

Er raste hinter ihnen durch den Wald her und erlegte sie wie Rehe.

그는 숲을 뚫고 그들을 쫓아갔고, 그들을 사슴처럼 쓰러뜨렸습니다.

Für die verängstigten Yeehats wurde es ein Tag des Schicksals und des Terrors.

두려움에 떨던 예하트족에게는 그날이 운명과 공포의 날이 되었다.

Sie zerstreuten sich über das Land und flohen in alle Richtungen.

그들은 땅 곳곳에 흩어져서 모든 방향으로 멀리
도망쳤습니다.

**Eine ganze Woche verging, bevor sich die letzten
Überlebenden in einem Tal trafen.**

마지막 생존자들이 계곡에 모이기까지 꼬박 일주일이
걸렸습니다.

**Erst dann zählten sie ihre Verluste und sprachen über das
Geschehene.**

그제서야 그들은 손실을 계산하고 무슨 일이 일어났는지
이야기합니다.

**Nachdem Buck die Jagd satt hatte, kehrte er zum zerstörten
Lager zurück.**

벅은 추격에 지친 후 폐허가 된 캠프로 돌아갔다.

**Er fand Pete, noch in seine Decken gehüllt, getötet beim
ersten Angriff.**

그는 첫 번째 공격에서 사망한 피트가 담요를 두른 채
있는 것을 발견했습니다.

**Spuren von Thorntons letztem Kampf waren im Dreck in
der Nähe zu sehen.**

근처 흙에는 쏜튼의 마지막 투쟁의 흔적이 남아
있었습니다.

**Buck folgte jeder Spur und erschnüffelte jede Markierung
bis zum letzten Punkt.**

벅은 모든 흔적을 따라가며 각각의 흔적을 마지막
지점까지 냄새 맡았다.

**Am Rand eines tiefen Teichs fand er den treuen Skeet, der
still dalag.**

그는 깊은 웅덩이의 가장자리에서 충실한 스키트가
움직이지 않고 누워 있는 것을 발견했습니다.

**Skeets Kopf und Vorderpfoten lagen regungslos im Wasser,
er lag tot da.**

스키트의 머리와 앞발은 물속에 잠겨 있었고, 죽은 듯
움직이지 않았습니다.

**Der Teich war schlammig und durch das Abwasser aus den
Schleusenkästen verunreinigt.**

수영장은 진흙투성이였고 수문 상자에서 흘러나온 물로 더러워져 있었습니다.

Seine trübe Oberfläche verbarg, was darunter lag, aber Buck kannte die Wahrheit.

구름이 낀 표면은 그 아래에 무엇이 있는지 숨기고 있었지만, 벅은 진실을 알고 있었습니다.

Er folgte Thorntons Spur bis in den Pool – doch die Spur führte nirgendwo anders hin.

그는 손튼의 냄새를 수영장까지 따라갔다. 하지만 그 냄새는 다른 곳으로 이어지지 않았다.

Es gab keinen Geruch, der hinausführte – nur die Stille des tiefen Wassers.

밖으로는 아무런 향기도 나지 않았다. 오직 깊은 물의 고요함만이 느껴졌다.

Den ganzen Tag blieb Buck in der Nähe des Teichs und ging voller Trauer im Lager auf und ab.

벅은 하루종일 수영장 근처에 머물며 슬픔에 잠겨 캠프 안을 왔다 갔다 했습니다.

Er wanderte ruhelos umher oder saß regungslos da, in tiefe Gedanken versunken.

그는 불안하게 방황하거나, 고요히 앉아 깊은 생각에 잠겼습니다.

Er kannte den Tod, das Ende des Lebens, das Verschwinden aller Bewegung.

그는 죽음을 알았습니다. 삶의 끝, 모든 움직임의 소멸을 알았습니다.

Er verstand, dass John Thornton weg war und nie wieder zurückkehren würde.

그는 존 손튼이 떠났고 다시는 돌아오지 않을 것이라는 걸 알았습니다.

Der Verlust hinterließ eine Leere in ihm, die wie Hunger pochte.

그 상실은 그에게 굶주림처럼 뛰는 공허한 공간을 남겼습니다.

Doch dieser Hunger konnte durch Essen nicht gestillt werden, egal, wie viel er aß.

하지만 아무리 많이 먹어도 배고픔은 해소되지
않았습니다.

Manchmal, wenn er die toten Yeehats ansah, ließ der
Schmerz nach.

때때로 그는 죽은 예하트들을 바라보면서 고통이
사라졌습니다.

Und dann stieg ein seltsamer Stolz in ihm auf, wild und
vollkommen.

그러자 그의 안에서 이상하고도 강렬한 자부심이
솟아올랐습니다.

Er hatte den Menschen getötet, das höchste und
gefährlichste Wild von allen.

그는 인간을 죽였습니다. 인간이란 모든 게임 중에서도
가장 고귀하고 위험한 게임입니다.

Er hatte unter Missachtung des alten Gesetzes von Keule
und Reißzahn getötet.

그는 몽둥이와 송곳니라는 고대의 법을 어기고 살인을
저질렀습니다.

Buck schnüffelte neugierig und nachdenklich an ihren
leblosen Körpern.

벅은 호기심과 생각에 잠겨 그들의 생명 없는 몸을 냄새
맡았다.

Sie waren so leicht gestorben – viel leichter als ein Husky in
einem Kampf.

그들은 너무 쉽게 죽었어요. 싸움 속의 허스키보다 훨씬
쉽게요.

Ohne ihre Waffen waren sie weder wirklich stark noch
stellten sie eine Bedrohung dar.

무기가 없다면 그들에게는 진정한 힘도 위협도
없습니다.

Buck würde sie nie wieder fürchten, es sei denn, sie wären
bewaffnet.

벅은 그들이 무장하지 않는 한 다시는 그들을
두려워하지 않을 것이다.

Nur wenn sie Keulen, Speere oder Pfeile trugen, war er
vorsichtig.

오직 그들이 곤봉이나 창, 화살을 휴대하고 있을 때만
조심했다.

**Die Nacht brach herein und ein Vollmond stieg hoch über
die Baumwipfel.**
밤이 되었고, 나무 꼭대기 위로 보름달이 높이
떠올랐습니다.

**Das blasse Licht des Mondes tauchte das Land in einen
sanften, geisterhaften Schein wie am Tag.**
달빛의 희미한 빛이 땅을 낮처럼 부드럽고 희미한
빛으로 물들였다.

**Als die Nacht hereinbrach, trauerte Buck noch immer am
stillen Teich.**
밤이 깊어갈수록, 벅은 여전히 조용한 웅덩이 옆에서
애도하고 있었습니다.

Dann bemerkte er eine andere Regung im Wald.
그때 그는 숲 속에서 다른 움직임이 일어나는 것을
느꼈습니다.

**Die Aufregung kam nicht von den Yeehats, sondern von
etwas Älterem und Tieferem.**
그 감동은 예하츠 에서 나온 것이 아니라, 더 오래되고
더 깊은 곳에서 나온 것이었습니다.

**Er stand auf, spitzte die Ohren und prüfte vorsichtig mit der
Nase die Brise.**
그는 일어서서 귀를 치켜들고, 코를 대고 조심스럽게
바람을 살펴보았다.

**Aus der Ferne ertönte ein schwacher, scharfer Aufschrei, der
die Stille durchbrach.**
멀리서 조용함을 깨고 희미하고 날카로운 비명소리가
들려왔다.

Dann folgte dicht auf den ersten ein Chor ähnlicher Schreie.
그러자 첫 번째 소리 바로 뒤에 비슷한 함성의 합창이
이어졌습니다.

**Das Geräusch kam näher und wurde mit jedem Augenblick
lauter.**

소리는 점점 가까워졌고, 지날수록 소리는 점점 더 커졌습니다.

Buck kannte diesen Schrei – er kam aus dieser anderen Welt in seiner Erinnerung.

벅은 이 외침을 알고 있었다. 그것은 그의 기억 속 다른 세계에서 들려오는 소리였다.

Er ging in die Mitte des offenen Platzes und lauschte aufmerksam.

그는 열린 공간의 중앙으로 걸어가서 귀를 기울여 들었습니다.

Der Ruf ertönte vielstimmig und kraftvoller denn je.

그 부름은 많은 이의 주목을 끌었고 그 어느 때보다 더 강력했습니다.

Und jetzt war Buck mehr denn je bereit, seiner Berufung zu folgen.

그리고 지금, 그 어느 때보다도 벅은 자신의 소명에 응답할 준비가 되었습니다.

John Thornton war tot und hatte keine Bindung mehr an die Menschheit.

존 손튼은 죽었고, 그에게는 인간과의 유대감이 더 이상 남아 있지 않았습니다.

Der Mensch und alle menschlichen Ansprüche waren verschwunden – er war endlich frei.

인간과 인간에 대한 모든 주장은 사라졌습니다. 마침내 그는 자유로워졌습니다.

Das Wolfsrudel jagte Fleisch, wie es einst die Yeehats getan hatten.

늑대 무리는 예하트족이 그랬던 것처럼 고기를 쫓고 있었습니다.

Sie waren Elchen aus den Waldgebieten gefolgt.

그들은 숲이 우거진 땅에서 무스를 따라 내려왔습니다.

Nun überquerten sie, wild und hungrig nach Beute, sein Tal.

이제 그들은 야성적이고 먹이를 갈망하며 그의 계곡으로 들어갔습니다.

Sie kamen auf die mondbeschienene Lichtung und flossen wie silbernes Wasser.

그들은 달빛이 비치는 개간지로 은빛 물처럼 흘러
들어왔습니다.

Buck stand regungslos in der Mitte und wartete auf sie.
벅은 중앙에 서서 움직이지 않고 그들을 기다렸다.

**Seine ruhige, große Präsenz versetzte das Rudel in
Erstaunen und ließ es kurz verstummen.**
그의 차분하고 큰 존재감에 무리는 잠시 침묵에 잠겼다.

**Dann sprang der kühnste Wolf ohne zu zögern direkt auf
ihn zu.**
그러자 가장 대담한 늑대가 주저하지 않고 그에게
달려들었다.

**Buck schlug schnell zu und brach dem Wolf mit einem
einzigen Schlag das Genick.**
벅은 재빠르게 공격해 단 한 번의 타격으로 늑대의 목을
부러뜨렸다.

**Er stand wieder regungslos da, während der sterbende Wolf
sich hinter ihm wand.**
죽어가는 늑대가 그의 뒤로 몸을 비틀자 그는 다시
움직이지 않고 서 있었다.

Drei weitere Wölfe griffen schnell nacheinander an.
세 마리의 늑대가 잇따라 재빨리 공격해 왔습니다.

**Jeder von ihnen zog sich blutend zurück, die Kehle oder die
Schultern waren aufgeschlitzt.**
그들은 모두 피를 흘리며 물러섰고, 목이나 어깨가
베였다.

**Das reichte aus, um das ganze Rudel zu einem wilden
Angriff zu provozieren.**
그것은 무리 전체를 흥분하게 만들기에 충분했습니다.

**Sie stürmten gemeinsam hinein, waren zu eifrig und zu
dicht gedrängt, um einen guten Schlag zu erzielen.**
그들은 너무 열의에 차서 몰려들었고, 군중이 너무
많아서 제대로 공격할 수가 없었다.

**Dank seiner Schnelligkeit und Geschicklichkeit war Buck in
der Lage, dem Angriff immer einen Schritt voraus zu sein.**
벅의 빠른 속도와 기술 덕분에 그는 공격보다 앞서 나갈
수 있었습니다.

Er drehte sich auf seinen Hinterbeinen und schnappte und schlug in alle Richtungen.

그는 뒷다리를 돌리며 사방으로 몸을 휘두르며 공격했습니다.

Für die Wölfe schien es, als ob seine Verteidigung nie geöffnet oder ins Wanken geraten wäre.

늑대들에게는 그의 수비가 전혀 열리지 않거나 흔들리지 않는 것처럼 보였습니다.

Er drehte sich um und schlug so schnell zu, dass sie nicht hinter ihn gelangen konnten.

그는 돌아서서 너무 빨리 베어서 그들이 그의 뒤로 돌아올 수 없게 했습니다.

Dennoch zwang ihn ihre Übermacht zum Nachgeben und Zurückweichen.

그럼에도 불구하고, 그들의 수 때문에 그는 물러서야 했고 후퇴해야 했습니다.

Er ging am Teich vorbei und hinunter in das steinige Bachbett.

그는 수영장을 지나 바위투성이의 개울바닥으로 내려갔습니다.

Dort stieß er auf eine steile Böschung aus Kies und Erde.

그는 그곳에서 자갈과 흙으로 이루어진 가파른 언덕에 다다랐습니다.

Er ist bei den alten Grabungen der Bergleute in einen Eckeinschnitt geraten.

그는 광부들이 옛날에 땅을 파던 중에 생긴 모서리에 다가갔다.

Jetzt war Buck von drei Seiten geschützt und stand nur noch dem vorderen Wolf gegenüber.

이제 세 면이 보호받게 된 벅은 앞쪽 늑대만을 마주하게 되었다.

Dort stand er in der Enge, bereit für die nächste Angriffswelle.

그는 그곳에서 다음 공격에 대비해 궁지에 몰렸습니다.

Buck blieb so hartnäckig standhaft, dass die Wölfe zurückwichen.

벅은 늑대들이 물러설 정도로 사납게 자리를
지켰습니다.

**Nach einer halben Stunde waren sie erschöpft und sichtlich
besiegt.**
30분 후, 그들은 지쳐 있었고 눈에 띄게 패배했습니다.

**Ihre Zungen hingen heraus, ihre weißen Reißzähne glänzten
im Mondlicht.**
그들의 혀가 늘어져 있었고, 하얀 송곳니가 달빛에
반짝였다.

**Einige Wölfe legten sich mit erhobenem Kopf hin und
spitzten die Ohren in Richtung Buck.**
늑대 몇 마리가 머리를 들고 벅 쪽으로 귀를 쫑긋 세운
채 누워 있었습니다.

**Andere standen still, waren wachsam und beobachteten jede
seiner Bewegungen.**
다른 사람들은 움직이지 않고 경계하며 그의 모든
움직임을 지켜보았습니다.

Einige gingen zum Pool und schlürften kaltes Wasser.
몇몇은 수영장으로 가서 차가운 물을 마셨습니다.

Dann schlich ein großer, schlanker grauer Wolf sanft heran.
그러자 길고 마른 회색 늑대 한 마리가 부드럽게 앞으로
기어나왔다.

Buck erkannte ihn – es war der wilde Bruder von vorhin.
벅은 그를 알아보았다. 아까 봤던 그 야생형제였다.

**Der graue Wolf winselte leise und Buck antwortete mit
einem Winseln.**
회색 늑대가 부드럽게 징징거리자, 벅은 징징거리며
대답했다.

**Sie berührten ihre Nasen, leise und ohne Drohung oder
Angst.**
그들은 조용히, 위협이나 두려움 없이 코를 만졌습니다.

**Als nächstes kam ein älterer Wolf, hager und von vielen
Kämpfen gezeichnet.**
그 다음은 나이 많은 늑대 한 마리였는데, 수많은 전투로
인해 수척하고 흉터가 있었다.

Buck wollte knurren, hielt aber inne und schnüffelte an der Nase des alten Wolfes.

벅은 으르렁거리기 시작했지만, 잠시 멈추고 늙은 늑대의 코를 맡았습니다.

Der Alte setzte sich, hob die Nase und heulte den Mond an.

그 노인은 앉아서 코를 치켜들고 달을 향해 울부짖었다.

Der Rest des Rudels setzte sich und stimmte in das langgezogene Heulen ein.

나머지 무리도 앉아서 긴 울부짖음에 동참했습니다.

Und nun ertönte der Ruf an Buck, unmissverständlich und stark.

그리고 이제 벅에게 분명하고 강력한 부름이 왔습니다.

Er setzte sich, hob den Kopf und heulte mit den anderen.

그는 앉아서 머리를 들고 다른 사람들과 함께 울부짖었다.

Als das Heulen aufhörte, trat Buck aus seinem felsigen Unterschlupf.

울부짖음이 끝나자 벅은 바위로 된 은신처에서 나왔다.

Das Rudel umringte ihn und beschnüffelte ihn zugleich freundlich und vorsichtig.

무리가 그의 주위로 모여들어 친절하면서도 조심스럽게 냄새를 맡았다.

Dann stießen die Anführer einen lauten Schrei aus und rannten in den Wald.

그러자 지도자들은 비명을 지르며 숲으로 달려갔다.

Die anderen Wölfe folgten und jaulten im Chor, wild und schnell in der Nacht.

다른 늑대들도 뒤따라서 밤에 사납고 빠르게 울부짖으며 합창했다.

Buck rannte mit ihnen, neben seinem wilden Bruder her, und heulte dabei.

벅은 거친 형 옆에서 그들과 함께 울부짖으며 달렸다.

Hier geht die Geschichte von Buck gut zu Ende.

여기서 벅의 이야기는 마무리되는 게 좋을 듯합니다.

In den folgenden Jahren bemerkten die Yeehats seltsame Wölfe.

그 후 몇 년 동안, 예하트 부부는 이상한 늑대들을 발견했습니다.

Einige hatten braune Flecken auf Kopf und Schnauze und weiße Flecken auf der Brust.

어떤 종은 머리와 주둥이는 갈색이고 가슴은 흰색이었습니다.

Doch noch mehr fürchteten sie sich vor einer geisterhaften Gestalt unter den Wölfen.

하지만 그보다 더 두려웠던 것은 늑대들 사이에 유령 같은 존재가 있다는 것이었습니다.

Sie sprachen flüsternd vom Geisterhund, dem Anführer des Rudels.

그들은 무리의 우두머리인 유령개에 대해 속삭이듯 이야기를 나누었습니다.

Dieser Geisterhund war schlauer als der kühnste Yeehat-Jäger.

이 유령 개는 가장 대담한 예하트 사냥꾼보다 더 교활했습니다.

Der Geisterhund stahl im tiefsten Winter aus Lagern und riss ihre Fallen auseinander.

유령 개는 한겨울에 캠프에서 훔쳐와서 함정을 찢어버렸습니다.

Der Geisterhund tötete ihre Hunde und entkam ihren Pfeilen spurlos.

유령 개는 그들의 개를 죽이고 흔적도 없이 화살을 피해 도망쳤습니다.

Sogar ihre tapfersten Krieger hatten Angst, diesem wilden Geist gegenüberzutreten.

가장 용감한 전사들조차도 이 거친 영혼에 맞서는 것을 두려워했습니다.

Nein, die Geschichte wird im Laufe der Jahre in der Wildnis immer düsterer.

아니, 세월이 흐르면서 이야기는 더욱 어두워진다.

Manche Jäger verschwinden und kehren nie in ihre entfernten Lager zurück.

일부 사냥꾼은 사라져서 다시는 먼 캠프로 돌아오지 않습니다.

Andere werden mit aufgerissener Kehle erschlagen im Schnee gefunden.

어떤 동물들은 목이 찢어진 채 눈 속에서 죽은 채로 발견됩니다.

Um ihren Körper herum sind Spuren – größer als sie ein Wolf hinterlassen könnte.

그들의 몸 주위에는 늑대가 만들 수 있는 것보다 더 큰 발자국이 있습니다.

Jeden Herbst folgen die Yeehats der Spur des Elchs.

매년 가을이면 예하트들은 무스의 흔적을 따라간다.

Aber ein Tal meiden sie, weil ihnen die Angst tief im Herzen eingegraben ist.

하지만 그들은 두려움을 가슴 깊이 새긴 채 계곡 하나를 피합니다.

Man sagt, dass der böse Geist dieses Tal als seine Heimat ausgewählt hat.

그들은 이 계곡을 악령이 자신의 집으로 선택했다고 말합니다.

Und wenn die Geschichte erzählt wird, weinen einige Frauen am Feuer.

그리고 그 이야기가 전해졌을 때, 몇몇 여자들은 불 옆에서 울었습니다.

Aber im Sommer kommt ein Besucher in dieses ruhige, heilige Tal.

하지만 여름이면 그 조용하고 신성한 계곡을 찾는 방문객이 한 명 있습니다.

Die Yeehats wissen nichts von ihm und können es auch nicht verstehen.

예하트족은 그를 알지도 못하고, 이해할 수도 없었다.

Der Wolf ist großartig und mit einer Pracht überzogen wie kein anderer seiner Art.

늑대는 다른 어떤 늑대와도 비교할 수 없을 만큼 위대한
존재로, 영광으로 뒤덮여 있습니다.

**Er allein überquert den grünen Wald und betritt die
Waldlichtung.**

그는 혼자서 푸른 숲을 건너 숲 사이의 빈터로 들어간다.

**Dort sickert goldener Staub aus Elchhautsäcken in den
Boden.**

그곳에서는 무스 가죽 자루에서 나온 황금빛 먼지가
땅으로 스며든다.

**Gras und alte Blätter haben das Gelb vor der Sonne
verborgen.**

풀과 오래된 잎사귀가 햇빛으로부터 노란색을
가렸습니다.

Hier steht der Wolf still, denkt nach und erinnert sich.

여기 늑대는 침묵 속에 서서 생각하며 기억하고
있습니다.

**Er heult einmal – lang und traurig – bevor er sich zum
Gehen umdreht.**

그는 돌아서서 떠나기 전에 길고 슬픈 울부짖음을 한 번
울부짖는다.

**Doch er ist nicht immer allein im Land der Kälte und des
Schnees.**

하지만 그는 추위와 눈의 땅에서 항상 혼자 있는 것은
아닙니다.

**Wenn lange Winternächte über die tiefer gelegenen Täler
hereinbrechen.**

긴 겨울밤이 계곡 아래쪽에 내려올 때.

**Wenn die Wölfe dem Wild durch Mondlicht und Frost
folgen.**

늑대들이 달빛과 서리 속에서 사냥감을 쫓을 때.

**Dann rennt er mit großen, wilden Sprüngen an der Spitze
des Rudels entlang.**

그러고 나서 그는 무리의 선두로 달려가 높이, 사납게
뛰어오른다.

**Seine Gestalt überragt die anderen, aus seiner Kehle
erklingt Gesang.**

그의 모습은 다른 이들보다 훨씬 크고, 그의 목구멍은 노래로 가득 차 있습니다.

Es ist das Lied der jüngeren Welt, die Stimme des Rudels.
그것은 젊은 세계의 노래이며, 무리의 목소리입니다.

Er singt, während er rennt – stark, frei und für immer wild.
그는 달리면서 노래를 부릅니다. 강하고, 자유롭고, 언제나 거칠죠.